Proteção Efetiva contra a Despedida Arbitrária no Brasil

SILVIA ISABELLE RIBEIRO TEIXEIRA DO VALE

Juíza do Trabalho no TRT da 5ª Região. Membro do Conselho da Escola Judicial do TRT da 5ª Região e da Escola Associativa da AMATRA5. Especialista em Direito Processual Civil e do Trabalho — Universidade Potiguar. Mestre em Relações Sociais e Novos Direitos pela Universidade Federal da Bahia — UFBA. Professora de Direito e Processo do Trabalho em Cursos de Pós-Graduação lato sensu da Faculdade Baiana de Direito, da FTC, UFBA, EMATRA5 e da Escola Judicial do TRT da 5ª Região. Ex-Professora da Universidade Potiguar (RN) e da UFRN.

Proteção Efetiva contra a Despedida Arbitrária no Brasil

EDITORA LTDA.

© Todos os direitos reservados

Rua Jaguaribe, 571
CEP 01224-001
São Paulo, SP — Brasil
Fone (11) 2167-1101
www.ltr.com.br
Abril, 2015

Produção Gráfica e Editoração Eletrônica: R. P. TIEZZI
Projeto de Capa: FÁBIO GIGLIO
Impressão: GRAPHIUM

Versão Impressa: LTr 5172.6 — ISBN 978-85-361-8353-4
Versão digital: LTr 8649.6 — ISBN 978-85-361-8343-5

Dados Internacionais de Catalogação na Publicação (CIP)
(Câmara Brasileira do Livro, SP, Brasil)

Vale, Silvia Isabelle Ribeiro Teixeira do
   Proteção efetiva contra a despedida arbitrária no Brasil / Silvia Isabelle Ribeiro Teixeira do Vale. — São Paulo : LTr, 2015.

   Bibliografia

   1. Direito constitucional — Brasil 2. Direitos fundamentais — Brasil 3. Empregados — Dispensa — Legislação — Brasil 4. Estabilidade no emprego — Legislação — Brasil 5. Relações de trabalho I. Título.

15-01567   CDU-34:331.1

Índice para catálogo sistemático:

1. Brasil : Despedida arbitrária na relação do emprego : Direito do trabalho   34:331.1

*Dedico este livro
ao meu filho, Bento.*

Agradeço, inicialmente, a este deus maravilhoso que é a educação e aos meus pais, José Torres e Maristela, por terem a ele me apresentado logo na infância. Segui-lo não é fácil, mas o sacrifício paternal tudo consegue. É incrível! Espero poder fazer, pelo menos, parte do que meus pais fizeram em prol da minha educação, para o meu filho, Bento.

Aos amigos. Sem eles essa jornada também não seria possível, e os cito nominalmente: meu orientador, Rodolfo Pamplona, pela orientação valiosa, sábia e, principalmente, paciente; Edilton Meireles, que me apresentou boa parte da bibliografia necessária para a confecção da dissertação; aos queridos amigos que me co-orientaram de alguma forma, indicando livros e debatendo o tema comigo; meu muito obrigada a Murilo Sampaio, Luciano Martinez, Andrea Presas, Graça Varela e Leandro Fernandez.

Por fim, agradeço ao meu marido, Léo, paciência durante o processo intelectual e braçal na feitura da dissertação, bem como por se orgulhar tanto de mim, ainda que isso signifique a supressão do tempo consigo.

SUMÁRIO

Prefácio 13

Nota da Autora 17

Introdução 19

Capítulo I
Teoria Geral dos Direitos Fundamentais

1. A questão de terminologia 21
2. Breves considerações acerca dos antecedentes históricos à formação do Estado Liberal de Direito 26
3. O paradigma do Estado Liberal de Direito 29
4. A transposição do Estado Liberal para o Estado Social 34
5. O constitucionalismo social e o Estado Pós-social 39

Capítulo II
A Retomada de Algumas Premissas Teóricas Acerca dos Direitos Fundamentais do Trabalhador

1. A fundamentalidade dos Direitos Sociais do trabalhador e o entrincheiramento por meio das Cláusulas Pétreas 48

2. Classificação adotada 52

3. Eficácia dos Direitos Fundamentais Sociais 56

    3.1. Alcance do art. 5º, § 1º, da Constituição Federal de 1988, à luz da máxima efetividade e da força normativa da Constituição 58

    3.2. Eficácia dos direitos sociais prestacionais e o problema da reserva do possível. Breves considerações 62

    3.3. Os direitos sociais prestacionais são direitos subjetivos? 67

4. As liberdades sociais 74

    4.1. A proteção contra a despedida arbitrária como direito de liberdade 79

Capítulo III
O Dever de Proteção

1. Direitos Fundamentais como sistema de valores 82

2. Eficácia irradiante dos Direitos Fundamentais 86

3. Dever de proteção 88

4. Proporcionalidade: entre a proibição do excesso e a proteção insuficiente 91

5. O princípio da proporcionalidade como proibição da insuficiência 96

6. Proibição da insuficiência: doutrina nacional e o Supremo Tribunal Federal 103

7. A proteção estatal insuficiente diante da ausência de regulamentação do art. 7º, I, da Constituição Federal de 1988 108

Capítulo IV
O "Estado de Arte" do Direito Brasileiro sobre o Suposto Direito Potestativo de Despedir

1. Compreensão histórica da estabilidade 112

2. O Fundo de Garantia do Tempo de Serviço 114

3. A Constituição Federal de 1967. O semear da mudança ideológica 118

4. A Carta Política de 1988 e o fruto da mudança 120

5. Vida e morte (?) da Convenção n. 158 da OIT 124

6. O óbice estabelecido pela jurisprudência 130

7. A repetição de antigos paradigmas? 146

8. O alcance do art. 7º, I, diante da regra contida no art. 5º, § 1º, da Constituição de 1988 151

9. Eficácia plena da primeira parte do art. 7º, I, da Constituição e a antijuridicidade da despedida imotivada 153

Capítulo V
Direitos Fundamentais na Relação de Emprego

1. Considerações iniciais 159

2. A ideologia do poder social do empregador 162

3. Origem da teoria acerca da eficácia dos Direitos Fundamentais entre os particulares (Drittwirkung) 172

    3.1. Doutrina da *state action* 173

    3.2. Teoria da eficácia indireta 175

    3.3. Teoria da eficácia direta 178

    3.4. A doutrina de Alexy 183

    3.5. A doutrina de Jürgen Schwabe 185

    3.6. Eficácia dos Direitos Fundamentais na relação de emprego 186

Capítulo VI
O Devido Processo Legal Aplicável à Relação de Emprego. Um Modelo para a Motivação da Despedida

1. O direito à informação e devido processo legal como direitos laborais inespecíficos 191

2. O dever de informação e a boa-fé contratual 196

3. Motivação e devido processo legal para aplicação de penalidades: o paradigma estabelecido pelo Código Civil 198

    3.1. Entidades associativas e sociedades 199

    3.2. Relações condominiais 204

    3.3. O dever de motivação na ação de despejo 205

4. A necessidade da motivação da despedida como consequência do devido processo legal aplicável à relação de emprego 206

5. Desnecessidade de lei complementar para regulamentar o art. 7º da CRFB/88 210

6. Os motivos econômico, técnico, disciplinar e financeiro 211

7. Consequências da despedida sem motivação 213

8. Sugestões às restrições ao dever de motivar 214

Conclusões 217

Referências 221

Prefácio

Tanto na minha condição de magistrado, quanto de professor efetivo do Programa de Pós-graduação em Direito (Mestrado e Doutorado) da Universidade Federal da Bahia, tenho tido o privilégio de conhecer e acompanhar o desenvolvimento de novos talentos.

Um deles, sem sombra de dúvida, é a autora do presente livro.

Trata-se de uma jovem juíza do mesmo regional em que atuo desde 1992, quando ingressei como servidor concursado e, depois, a partir de 1995, como magistrado de carreira.

Meu primeiro contato com ela foi justamente no Tribunal Regional do Trabalho da 5ª Região.

Ali, fui apresentado a uma jovem entusiasmada, recém-empossada, que se mostrava sempre disposta a participar de eventos jurídicos acadêmicos e/ou institucionais.

Disse-me, em certa oportunidade, que gostaria de atuar no magistério de pós-graduação na Bahia, pois já havia atuado na docência superior por seis anos em seu estado natal (RN).

Estimulei-a a se submeter à seleção para o concorrido Mestrado em Direito da Universidade Federal da Bahia, verdadeiro "celeiro" de grandes profissionais do ensino e pesquisa jurídicas.

Depois disso, quase não tivemos contato, assoberbados que vivemos pela enorme pletora de atividades na vida judicante, notadamente com as pressões das metas exigidas pelo Conselho Nacional de Justiça.

Qual não foi minha surpresa e satisfação, pois, em vê-la aprovada, em primeiro lugar, na imediata seleção subsequente do mencionado curso de pós-graduação *stricto sensu*?

E, para meu gáudio, pelos critérios objetivos da colocação no disputado concurso, fui designado seu orientador de dissertação, o que se somou à imensa honra de tê-la como minha aluna na disciplina "Metodologia da Pesquisa em Direito", em que pude constatar presencialmente a sua inteligência, seriedade acadêmica e dedicação.

É justamente o resultado da pesquisa empreendida neste mestrado que ora vem a lume sob o formato deste livro.

Nomeado originalmente como "A antijuridicidade da despedida arbitrária no Brasil: o devido processo legal como solução para uma nova hermenêutica", trata-se o presente texto da versão atualizada e revisada da dissertação defendida em sessão pública perante banca examinadora por mim presidida, na prerrogativa de orientador, e composta pelos ilustres Professores Doutores Edilton Meireles (UFBA) e Daniela Muradas Reis (UFMG), que lhe outorgou a nota máxima, distinção e recomendação de publicação.

Com este trabalho, Silvia Isabelle Ribeiro Teixeira do Vale enfrenta, com coragem, um dos mais tormentosos temas da contemporaneidade.

De fato, tem o texto como objetivo principal a análise perfunctória da temática da despedida arbitrária na relação de emprego, assim entendida como a denúncia contratual vazia, visualizando-a como um ato frontalmente antijurídico, pois contrário ao modelo traçado pela Constituição Federal de 1988.

Chega a ser irônico constatar que, mais de duas décadas depois da promulgação do atual texto constitucional, o Estado-Legislador ainda permaneça inerte em relação ao seu dever de proteger o Direito Fundamental do trabalhador em face da despedida sem motivação.

Constatando, porém, que o Estado-Juiz, apesar da proteção estatal insuficiente, acabava por repetir o modelo positivado (ou cuja positivação se omitia...), insurge-se a autora contra tal postura, denunciando que se trata de uma equivocada interpretação da Constituição.

Assim, firmando-se na mais moderna hermenêutica, brada contra a ignorância da circunstância de que os Direitos Fundamentais também são diretamente aplicáveis na seara trabalhista, podendo, sim, limitar, inclusive, direitos igualmente constitucionais, como a livre iniciativa.

Com a ousadia de analisar o problema tanto na perspectiva teórica, quanto prática, parte a autora da concepção da teoria geral dos direitos fundamentais, aplicando-as para as relações trabalhistas, com o dissecar do tema do dever de proteção. Sem descurar do tradicional problema da diversidade entre regras e princípios, examina, a fundo, o "estado de arte" do direito brasileiro sobre o alegado direito potestativo de despedir para, aplicando efetivamente os direitos fundamentais nos vínculos empregatícios, propugnar por um devido processo legal, com a apresentação de um modelo para a motivação da despedida.

Realmente, um desafio!

E muito bem cumprido!

Só nos resta, portanto, louvar a iniciativa da autora de publicar suas conclusões, abençoando o nascimento desta sua obra de estreia que, por certo, se tornará um referencial brasileiro sobre o tema.

Salvador, janeiro de 2014

Rodolfo Pamplona Filho
Juiz Titular da 1ª Vara do Trabalho de Salvador/BA (Tribunal Regional do Trabalho da Quinta Região). Professor Adjunto da Graduação e Pós-Graduação em Direito (Mestrado e Doutorado) da Faculdade de Direito da UFBA — Universidade Federal da Bahia. Professor Titular de Direito Civil e Direito Processual do Trabalho da Universidade Salvador — UNIFACS. Coordenador dos Cursos de Especialização em Direito Civil e em Direito e Processo do Trabalho da Faculdade Baiana de Direito. Mestre e Doutor em Direito das Relações Sociais pela PUC/SP — Pontifícia Universidade Católica de São Paulo. Máster em Estudios en Derechos Sociales para Magistrados de Trabajo de Brasil pela UCLM — Universidad de Castilla-La Mancha/Espanha. Especialista em Direito Civil pela Fundação Faculdade de Direito da Bahia. Membro da Academia Brasileira de Direito do Trabalho (antiga Academia Nacional de Direito do Trabalho — ANDT), Academia de Letras Jurídicas da Bahia, Academia Brasileira de Direito Civil, Instituto Brasileiro de Direito de Família (IBDFam) e Instituto Brasileiro de Direito Civil (IBDCivil).

Nota da Autora

Este livro é fruto de uma grande inquietude a respeito do que se convencionou chamar de denúncia contratual vazia. Jamais me conformei com a ideia de que o empregador pode despedir o respectivo empregado sem a apresentação de um motivo socialmente justo.

Após uma grande pesquisa na Legislação estrangeira, pude perceber que algo que já se notabilizou banal e corriqueiro aqui no Brasil é tratado de forma bem diferente em países com história semelhante à nossa, e me senti desafiada a escrever sobre o tema da despedida arbitrária, mas sob um novo viés, o do devido processo legal, direito laboral inespecífico.

Espero que gostem da leitura e que também se sintam tocados por este diálogo entre o Direito do Trabalho e as normas constitucionais.

Salvador, janeiro de 2014

Silvia Isabelle Ribeiro Teixeira do Vale

Introdução

A Constituição Federal de 1988 estabelece a proteção contra a despedida arbitrária, remetendo a possibilidade de indenização à Lei Complementar, que ainda não foi sequer votada, mesmo passados mais de vinte e cinco anos da promulgação do Texto Maior.

A interpretação doutrinária e jurisprudencial prevalecente concebe tal dispositivo constitucional como de eficácia limitada, dependente, portanto, de legislação ordinária e, enquanto esta não vem, segundo tal hermenêutica, todos os empregados, inclusive os públicos vinculados às sociedades de economia mista e empresas públicas, podem ser despedidos sem qualquer motivação por parte do empregador.

O presente trabalho pretende analisar como a primeira parte do art. 7º, I, do Texto Constitucional possui eficácia plena, impedindo a denúncia contratual vazia, entendida no estudo como arbitrária e antijurídica, além de ofensiva à boa-fé objetiva.

Para comprovar o pensamento, foi elaborada uma detalhada análise de como a proteção contra a despedida sem motivação é direito de liberdade e, assim sendo, possui plena eficácia.

O Estado-Legislador, esquivando-se do seu mister, descumpre o dever protetivo constitucional e ignora a vinculação objetiva aos Direitos Fundamentais, agindo de forma ofensiva ao princípio da proibição da proteção insuficiente, corolário do princípio da proporcionalidade.

Por seu turno, o Estado-Juiz, entendendo como viável a denúncia contratual vazia no contrato de emprego, repete o mesmo paradigma, sendo o tema em análise ainda considerado bem avançado, muito embora a partir da Carta Política de 1988 tenha sido instalado o Estado Democrático de Direito, que proíbe o arbítrio.

No capítulo VI, procurou-se estabelecer premissas para a conclusão do trabalho, afirmando que os Direitos Fundamentais invadem diretamente a relação de emprego e limitam a livre-iniciativa, para no último capítulo se fixar entendimento segundo o qual o dever de motivação decorre da própria cláusula do devido processo legal, que se irradia para o contrato de emprego.

Capítulo I

Teoria Geral dos Direitos Fundamentais

1. A QUESTÃO DE TERMINOLOGIA

Uma questão a ser previamente tratada diz respeito ao uso das expressões direitos humanos, direitos do homem e direitos fundamentais, sendo a análise de extrema importância para a classificação dos Direitos Sociais, objeto do presente estudo.

Embora as expressões "direitos humanos" e "direitos do homem" sejam comumente empregadas entre autores latinos, "direitos fundamentais" frequentemente utilizada por publicistas de influência germânica e "liberdades públicas" pelos franceses — o que é compreensível, pois, em relação a esses últimos, os primeiros direitos libertários consagrados em uma carta política com pretensão universal foram firmados justamente na França — parece que não há dissonância em relação ao núcleo caracterizador de tais direitos, sendo a dignidade da pessoa humana o tutano que percorre o esqueleto dos ditos Direitos.

Nesse sentido, afiança Gilmar Ferreira Mendes que o princípio da dignidade da pessoa humana "inspira os típicos direitos fundamentais, atendendo à exigência do respeito à vida, à liberdade, à integridade física e íntima de cada ser humano, ao postulado da igualdade em dignidade de todos os homens e à segurança"[1].

O indigitado princípio, a ser mais adiante retomado neste trabalho, também parece dar colorido à noção de Direitos Fundamentais apontada por Romita, quando o Juslaborista define os citados direitos como fundados no reconhecimento da dignidade da pessoa humana, assegurando "a cada homem as garantias de liberdade, igualdade, solidariedade, cidadania e justiça"[2].

A Carta Política de 1988, ao que parece, não prezou pela técnica, ora se referindo aos direitos humanos, ora aos direitos fundamentais. Como é visto no art. 4º, inciso II, o dispositivo alude a direitos humanos, enquanto o Título II e art. 5º, § 1º, tratam dos Direitos e Garantias Fundamentais.

Por sua vez, o art. 5º, inc. LXXI, trata dos direitos e liberdades constitucionais, ao passo que o art. 60, § 4º, inciso IV faz referência a direitos e garantias individuais, o que pode levar à interpretação mais ortodoxa, segundo a qual os direitos sociais não são protegidos pelo manto das cláusulas pétreas.

O presente trabalho adotará a expressão "Direitos Fundamentais", por se acreditar que ela contempla todas as categorias de Direitos Fundamentais já aludidas na nossa Carta Política, como os direitos e deveres individuais e coletivos, os direitos sociais, a nacionalidade, os direitos políticos e toda a capitulação dos partidos políticos, vez que a expressão "Direitos Fundamentais" é fruto da evolução legislativa, sendo bastante observar que a Constituição de 1824 tratava das "Garantias dos Direitos Civis e Políticos dos Cidadãos Brasileiros", enquanto a Constituição de 1891, de forma bastante lacunosa, tratava da "Declaração de Direitos" como epígrafe da Secção II. Já a expressão "Direitos e Garantias Individuais", primeiramente estabelecida na Constituição de 1934, foi mantida nas Cartas de 1937, 1946 e 1967, mesmo após a Emenda n. 1, de 1969, chegando o Legislador Constituinte de 1988 à expressão "Direitos Fundamentais".

Após assegurar que a Constituição portuguesa de 1976 adotou a terminologia "direitos fundamentais", Cristina Queiroz doutrinou que a referida expressão tem origem na Constituição alemã aprovada na igreja de S. Paulo em Francaforte (1848), sendo que o qualificativo "fundamentais" tinha como escopo "sublinhar o caráter de 'reconhecimento' e não da 'criação' de direi-

---

(1) MENDES, Gilmar Ferreira e outros. *Curso de direito constitucional*. 2. ed. São Paulo: Saraiva, 2008. p. 237.
(2) ROMITA, Arion Sayão. *Direitos fundamentais nas relações de trabalho*. São Paulo: LTr, 2005. p. 36.

tos por parte do Estado. O caráter pré-estadual e de indisponibilidade dos direitos quedava assim estabelecido"[3].

Explica Canotilho que os direitos do homem seriam inatos à "própria natureza humana e daí o seu caráter inviolável, temporal e universal", enquanto os direitos fundamentais concernem aos "direitos objetivamente vigentes numa ordem jurídica concreta"[4], ou seja, os direitos fundados em uma carta constitucional e nesse trilhar aproxima-se de Sarlet, quando este afirma serem os Direitos Fundamentais aqueles direitos "do ser humano, reconhecidos e positivados na esfera do direito constitucional positivo de determinado Estado"[5], embora esse último tenha afirmado que a expressão "direitos humanos" guarda relação "com os documentos de direito internacional, por referir-se àquelas posições jurídicas que se reconhecem ao ser humano como tal, independentemente de sua vinculação com determinada ordem constitucional"[6] e que, por tal característica, pretendem-se supranacionais, como os direitos humanos estabelecidos nas normas internacionais.

Para Jorge Miranda, que adota a expressão "Direitos Fundamentais", estes são equivalentes às posições jurídicas subjetivas das pessoas "enquanto tais, individual ou institucionalmente consideradas, assentes na Constituição, seja na Constituição formal, seja na Constituição material"[7], abandonando, ao que parece, o conceito jusnaturalista de Direitos Fundamentais, enquanto direitos inatos ao ser humano.

O indigitado autor também apresenta interessante conclusão, ao afirmar que "não há direitos fundamentais sem reconhecimento duma esfera própria das pessoas, mais ou menos ampla, frente ao poder político". É dizer, "não há verdadeiros direitos fundamentais sem que as pessoas estejam em relação imediata com o poder, beneficiando de um estudo comum e não separadas em razão dos grupos ou das condições a eu pertençam". E finaliza ratificando: "não há direitos fundamentais sem Estado ou, pelo menos, sem comunidade política integrada"[8].

---

(3) QUEIROZ, Cristina. *Direito constitucional:* as instituições do estado democrático e constitucional. São Paulo: RT, 2009. p. 364.
(4) CANOTILHO, J.J. Gomes. *Direito constitucional e teoria da constituição.* 5. ed. Coimbra: Almedina, 2002. p. 391.
(5) SARLET, Ingo Wolfgang. *A eficácia dos direitos fundamentais:* uma teoria geral dos direitos fundamentais na perspectiva constitucional. 10. ed. Porto Alegre: Livraria do Advogado, 2009. p. 29.
(6) *Op. cit.*, p. 29.
(7) MIRANDA, Jorge. *Manual de direito constitucional.* 2. ed. Coimbra: Coimbra, 1993. t. IV, p. 7.
(8) *Op. cit.*, p. 8.

Após afirmar que os direitos fundamentais têm como objetivo a fixação da liberdade, por meio da dignidade humana, e que isso é realmente o mais importante para a classificação de tais direitos, Paulo Bonavides ainda afiança que "direitos fundamentais são aqueles direitos que o direito vigente qualifica como tais"[9], nesse particular, aproximando-se da citada definição traçada por Miranda.

Péres Luño é extremamente explicativo ao afirmar que há diversidade entre a terminologia Direitos Humanos e Direitos Fundamentais e a necessidade de se firmarem as peculiaridades deles, para que ambos possam ser aplicados com precisão e rigor. Para tanto, assegura que os Direitos Humanos possuem conceito mais amplo e impreciso, sendo *"un conjunto de facultades e instituciones que, en cada momento historico, concretan las exigencias de la dignidad, la liberdad y la igualdad humanas, las cuales deben ser reconocidas positivamente por los ordenamientos jurídicos a nivel nacional e internacional"*. Ao passo que os Direitos Fundamentais são *"aquellos derechos humanos garantizados por el ordenamiento jurídico positivo, en la mayor parte de los casos en su normativa constitucional, y que suelen gozar de una tutela reforzada"*[10].

Sem descurar do quanto já aludido anteriormente, Manoel Jorge e Silva Neto estabelece a diversidade firmada entre a expressão "direitos fundamentais" e "direitos do homem", sendo certo que a designação dedicada àqueles diz respeito ao "conjunto de direitos assim considerados por específico sistema normativo-constitucional" ao passo que estes, equivalentes aos direitos humanos, dizem respeito às "terminologias recorrentemente empregadas nos tratados e convenções internacionais"[11].

Por seu turno, José Afonso da Silva é mais explicativo ao estabelecer a diferenciação entre direitos naturais, humanos, individuais, públicos subjetivos, liberdades fundamentais e públicas, e direitos fundamentais do homem, adotando essa última terminologia como a mais atual e condizente com a historicidade dos direitos que ora são chamados de fundamentais.

Afirma o referido publicista que direitos naturais são aqueles "inerentes à natureza do homem, *direitos inatos* que cabem ao homem só pelo fato de ser homem", para mais adiante afiançar que tal terminologia não é mais aceita, posto que a historicidade própria de tais direitos repele que estes sejam fundados na razão humana ou na natureza das coisas, sendo assim

---

(9) BONAVIDES, Paulo. *Curso de direito constitucional.* 23. ed. São Paulo: Malheiros, 2008. p. 560.
(10) LUÑO, Pérez. *Los derechos fundamentales.* Madrid: Tecnos, 1984. p. 42.
(11) SILVA NETO, Manoel Jorge e. *Curso de direito constitucional.* Rio de Janeiro: Lumen Juris, 2006. p. 461.

reconhecidos pelo Estado, diante do exercício democrático da soberania popular.

Diz esse último autor que os *direitos humanos* são "expressão proferida nos documentos internacionais", apontando ele dissenso doutrinário no sentido de que não há direito que não seja destinado ao homem, sendo tão somente este o titular de direitos, embora se acredite que tal afirmação não encontra lugar, tendo-se que pouco a pouco vai se formando a ideia segundo a qual aos animais irracionais também são destinados direitos e, poder-se-ia acrescentar, até às pessoas jurídicas, que, hodiernamente, são reconhecidamente detentoras de direito à defesa da honra objetiva (Súmula n. 227 do STJ), inclusive com a possibilidade de indenização por danos morais.

Doutrina, ainda, o indigitado autor que os *direitos individuais* e *públicos subjetivos* dizem respeito aos "direitos do indivíduo isolado", remetendo a terminologia ao individualismo, já tão ultrapassado pela historicidade dos direitos em relação às suas dimensões ou gerações.

Explica, em sequência, que *liberdades fundamentais* ou *públicas* são conceitos "limitativos e insuficientes", acrescentando que "é um conceito ainda pobre de conteúdo, muito ligado à concepção dos direitos públicos subjetivos e dos direitos individuais na sua formulação tradicional individualista", para, por fim, afirmar que a expressão *direitos fundamentais do homem* constitui-se mais adequada, pois, "além de referir-se a princípios que resumem a concepção do mundo e informam a ideologia política de cada ordenamento jurídico, é reservada para designar [...] aquelas prerrogativas e instituições que o Direito concretiza em garantias de uma convivência digna, livre igual para todas as pessoas"[(12)].

Embora sem maiores explicações, Manoel Gonçalves Ferreira Filho[(13)] foi o primeiro a utilizar a expressão "direitos humanos fundamentais", em obra com titulação idêntica, na qual se trata exatamente da evolução, abrangência e proteção a tais direitos.

Parece, no entanto, que, analisando tudo o quanto já visto, os direitos humanos ligam-se mais precisamente aos direitos inatos ao ser humano, segundo uma concepção jusnaturalista, com fixação nas modernas Cartas Internacionais de Direitos, a exemplo da Declaração Universal dos Direitos Humanos, de 1948; enquanto os direitos fundamentais são fincados em uma compreensão já positivista, sendo certo que estes são os direitos formalmente

---

(12) SILVA, José Afonso da. *Curso de direito constitucional positivo*. 25. ed. São Paulo: Malheiros, 2005. p. 175-178.
(13) FERREIRA FILHO, Manoel Gonçalves. *Direitos humanos fundamentais*. São Paulo: Saraiva, 2004.

reconhecidos em uma determinada carta estatal. Assim, já consignou Sarlet que os primeiros findam transformados em direitos fundamentais "pelo modelo positivista, incorporando-os ao sistema de direito positivo como elementos essenciais", tendo-se que, "apenas mediante um processo de 'fundamentalização', os direitos naturais e inalienáveis da pessoa adquirem a hierarquia jurídica e seu caráter vinculante em relação a todos os poderes constituídos no âmbito de um Estado Constitucional"[14].

Bobbio, após afirmar que muitas das condições para efetivação dos Direitos Fundamentais se encontram na própria história de cada país, pontifica que, "quando se trata de enunciá-los, o acordo é obtido com relativa facilidade, independentemente do maior ou menor poder de convicção de seu fundamento absoluto; quando se trata de passar à ação, ainda que o fundamento seja inquestionável, começam as reservas e oposições". E prossegue, em lapidar conclusão: "o problema fundamental em relação aos direitos do homem, hoje, não é tanto o de *justificá-los*, mas o de *protegê-los*. Trata-se de um problema não filosófico, mas político"[15] (grifos originais).

2. BREVES CONSIDERAÇÕES ACERCA DOS ANTECEDENTES HISTÓRICOS À FORMAÇÃO DO ESTADO LIBERAL DE DIREITO

Abandonando a crença segundo a qual os direitos fundamentais teriam surgido na antiguidade, crê-se que valores como a dignidade da pessoa humana, liberdade e igualdade entre os homens já eram tidos tanto na filosofia clássica quanto no pensamento cristão, tanto é assim que a democracia fora idealizada em Atenas, e tinha como mote a noção de que o homem era livre e detentor de individualidade, exercida na *polis*, local onde o "homem livre" poderia exercitar com igual liberdade a fala, expressando-se e somente existindo enquanto pessoa no espaço público.

Evidente que não se pode afirmar sejam tais embrionários direitos tidos como fundamentais segundo a versão moderna, porquanto, somente o homem não trabalhador e liberto da necessidade de laborar para sobreviver era considerado homem livre, sendo ignorada na antiguidade a noção de que todos os homens, por simplesmente serem humanos, são detentores dos mesmos direitos.

---
(14) *Op. cit.*, p. 32.
(15) BOBBIO, Norberto. *A era dos direitos*. Rio de Janeiro: Elsevier, 2004. p. 23.

O próprio conceito de privacidade era bem diverso do modernamente concebido. O homem, grego ou romano, tinha noção da sua mortalidade e, como desejava vencer tal condição, somente lograva conseguir tal intento com o pensamento, considerado imortal, e o fazia por meio do discurso no espaço público, na vã tentativa de edificar uma dignidade extraordinária a marcar a sua existência na Terra de modo peremptório.

Com tanta obsessão em se eternizar, por ter certeza de sua existência passageira e terrena, as necessidades básicas e fisiológicas humanas eram relegadas aos homens não livres, assim considerados aqueles que estavam *privados* da expressão na esfera pública, pois precisavam laborar para sobreviver. Surge o *animal laborans*, homem tido como o mais desenvolvido dentre todos os animais presentes na Terra, mas não apto a ser tratado como Homem, exatamente por ser *privado* da vida pública e, portanto, de dignidade plena, somente observada aos homens livres no pensamento.

Ensina Fábio Rodrigues Gomes que a partir dessa perspectiva a noção de privacidade significava que o indivíduo estava sendo "privado" daquilo que ele considerava mais importante: a participação na esfera pública. Assim, "os homens que precisassem laborar e tivessem restritos o seu convívio na *polis* em virtude das necessidades ordinárias da vida, estariam inferiorizados perante os demais, pois não lhes seria dada a oportunidade de mostrar quem realmente eram". Concebia-se o *escravo* como algo semelhante ao animal doméstico, sem acesso à esfera pública, perdendo, "além da sua liberdade, todo o seu mérito, ficando alijado de qualquer pretensão de imortalidade, visto que por serem obscuros, morreriam sem deixar vestígio algum de terem existido"[16].

Nesse contexto de exclusão, não se pode afirmar que havia Direitos Fundamentais, segundo a noção moderna, já na antiguidade.

Todavia, tanto na Grécia, berço da Democracia, quanto em Roma, estuário da República, não se fazia presente a ideia de poder político ilimitado, tão encontrada na Idade Média nos governantes e até nas próprias relações privadas, por meio do feudalismo.

Konder Comparato[17], citando Aristóteles, informa que este, em sua *Ética a Nicômaco*, relata o diálogo havido entre o rei dos persas, Xerxes, e um antigo rei de Esparta. Na oportunidade, o soberano persa, prestes a invadir a

---

(16) GOMES, Fábio Rodrigues. *Direito fundamental ao trabalho*: perspectivas histórica, filosófica e dogmático-analítica. Rio de Janeiro: Lumen Juris, 2008. p. 274-274.
(17) COMPARATO, Fábio Konder. *A afirmação histórica dos direitos humanos*. São Paulo: Saraiva, 2004. p. 41.

Grécia, manifestou o profundo desprezo que lhe inspirou aquele povo pouco numeroso, composto de pessoas todas iguais e livres e que não obedecem a um chefe único. O espartano retrucou, dizendo que, se os gregos são livres, a sua liberdade não é completa: eles têm um senhor, a lei, que eles temem mais do que os teus súditos a ti.

Surgiu aí, nesse momento da História, o embrião da ideia de Estado de Direito.

Após a queda do império romano do Ocidente em 453 da era cristã, instalou-se uma nova civilização, fortemente marcada pela concentração de poder na figura da nobreza e do clero, o que ensejou a própria ideia de limitação do poder, com sucesso apenas no final do século XVIII, mediante a libertação das treze colônias inglesas no território hoje reconhecido como Estados Unidos da América, em 1776, e a Revolução Burguesa de 1789, ocorrida na França.

O marco inicial sobre a evolução dos direitos humanos é tido como a *Magna Charta Libertatum*, firmada em 1215 pelo Rei João Sem Terra e pelos bispos e barões ingleses para garantir aos nobres alguns direitos feudais, relegando-se, no entanto, tais "direitos" à população (mais adiante, na Idade Média, considerado o "Terceiro Estado") não nobre e fora do clero, o que demonstra igualmente o intuito excludente de tal Carta de Direitos, que apenas serviu como ponto de partida de alguns direitos e liberdades civis clássicos, como o *habeas corpus*, o devido processo legal e a garantia da propriedade, não trazendo à baila reais direitos fundamentais e/ou humanos com intuito generalizante.

Sarlet aponta que todos os documentos libertários firmados nos séculos XVI e XVII, a exemplo do Édito de Nantes, promulgado por Henrique IV na França, em 1598, que tratou da liberdade religiosa, apesar de terem contribuído decisivamente para a formação teórica do movimento liberal burguês, não podem ser tidos como documentos que encerravam Direitos Fundamentais, haja vista que tais poderiam ser arbitrariamente substituídos pela autoridade monárquica[18].

Kriele, citado por André Ramos Tavares, atesta que o primeiro direito fundamental foi a proteção contra a prisão arbitrária, divergindo, assim, da clássica tese de Jellinek, que acreditava no direito de liberdade de religião como o Direito Fundamental originário[19].

---

(18) *Op. cit.*, p. 42.
(19) TAVARES, André Ramos. *Curso de direito constitucional*. São Paulo: Saraiva, 2003. p. 369.

Nesse mesmo sentido, leciona Konder Comparato, afirmando que "o *habeas corpus* já existia na Inglaterra, desde há vários séculos (mesmo antes da *Magna Carta*), como mandado judicial (*writ*) em caso de prisão arbitrária"[20], mas não se dava importância à garantia, por não haver previsão legal em relação ao procedimento a ser utilizado, o que esvaziava o seu conteúdo.

A tirania, fruto da concentração de poderes nas mãos da monarquia, perdurou na Europa durante os dois séculos que sucederam a Idade Média, o que também desencadeou, sobretudo na Inglaterra, um forte movimento no sentido oposto, com algum sucesso, a exemplo da *Bill of Rights* (1689), que afastou a ideia segundo a qual todo poder emana do rei e em seu nome é exercido, reservando o poder de legislar ao Parlamento, criando-se, assim, a divisão de poderes, recusando-se, por consequência, o arbítrio a que os súditos se submetiam pela força do monarca.

3. O PARADIGMA DO ESTADO LIBERAL DE DIREITO

Mesmo antes de as colônias britânicas se declararem independentes, estas se reuniram em um Congresso Continental em 1774, tendo-se, na oportunidade, recomendado a formação de governos independentes. A Virgínia saiu na frente e, em 12 de janeiro de 1776, fez publicar a sua própria declaração de direitos, documento intitulado "Declaração do Bom Povo da Virgínia", no qual se lê no artigo I que "todos os homens são por natureza igualmente livres e independentes, e têm certos direitos inerentes, dos quais, quando entram em qualquer estado de sociedade, não podem por qualquer acordo, privar ou despojar os pósteros; quer dizer, o gozo da vida e liberdade, com os meios de adquirir a possuir propriedade, e perseguir e obter felicidade e segurança"[21].

Duas semanas após, a "liberdade" e a busca da "felicidade" foram repetidas na Declaração da Independência dos Estados Unidos, como direitos inerentes à condição humana, tendo a referida Carta a importância de ter sido o primeiro documento político a reconhecer a existência de direitos inerentes a todo ser humano, independente das diferenças de sexo, raça, religião, cultura ou posição social, tudo a partir da legitimidade da

---

(20) COMPARATO, Fábio Konder. *A afirmação histórica dos direitos humanos*. São Paulo: Saraiva, 2004. p. 85.
(21) DALLARI, Dalmo de Abreu. *Elementos de teoria geral do estado*. São Paulo: Saraiva, 1994. p. 176.

soberania popular, o que, na Europa, somente ocorreu com a revolução burguesa de 1789.

Em 1787, onze anos após a criação dos Estados Confederados, surge a primeira Constituição escrita e Federal, unificando as treze colônias estadunidenses que, apesar de primar pela liberdade do ser humano de forma inata, não previu um rol de direitos, falta somente sanada em 1791, ano da aprovação de dez emendas que formavam o *Bill of Rights* americano, tratando de liberdades públicas e garantias constitucionais em prol dos cidadãos americanos.

Igual ideia de liberdade foi talhada na Declaração dos Direitos do Homem e do Cidadão, carta francesa de 1789, que, embora burguesa e extremamente liberal, também pretendeu consagrar a ideia de direitos humanos de forma universal, sobretudo a ideia de autonomia entre os homens, que já não podiam mais ser protegidos pelas mãos de ferro do Estado, agora inimigo dos direitos humanos, diante da chegada da nova ordem ideológica, antitética ao absolutismo e também contrária a qualquer forma de intervenção nas relações privadas, mais adiante intitulada de liberalismo.

Diferentemente da Declaração de Direitos dos diversos Estados americanos, bem como a primeira Constituição escrita de 1787, que intentavam assegurar a liberdade e a independência, passando necessariamente pelo individualismo extremado, que é observado naquela sociedade até os dias atuais, a Declaração de Direitos francesa teve por fim assegurar a liberdade do homem universal, pretendendo, de forma grandiosa, apresentar os valores libertários para todos os Estados, independentemente de religião, classe social, etnia e tudo o mais que pudesse servir de empecilho para a plena liberdade humana.

Todavia, a liberdade tão apregoada pelos franceses não visava ao homem em sua concretude, concebendo-o tão somente no aspecto abstrato, tanto que não se previu como a real liberdade seria alcançada ao patamar legislativo, nem se tratou de fraternidade, que somente passou a constituir a famosa tríade na Constituição francesa de 1848.

Tais ideais libertários, vindos, sem dúvida, já das cartas americanas de independência dos povos hoje estadunidenses, influenciaram fortemente a Europa, durante todo o século XIX e aqui no Brasil serviram como supedâneo para revoltas contra a monarquia, como se percebe na Conspiração baiana de 1798, bem como na Inconfidência mineira, que chegou até a se utilizar dos três princípios apregoados pela Revolução Francesa.

A liberdade, para os franceses de então, significava o total afastamento do Estado, este contraposto à igualdade e opressor do homem livre e abstrato em sua liberdade. Entretanto, na tríade, fora a igualdade o centro ao redor do qual gravitavam a liberdade e a fraternidade, tanto que uma das primeiras providências para o alcance libertário foi a publicação da Lei Le Chapelier, em 1791, que suprimiu as corporações de ofício e as assembleias provinciais, então ofensivas à plena autonomia do indivíduo.

Como afiança Paulo Bonavides, com a chegada do Estado liberal, o "homem-cidadão sucedia ao homem-súdito"[22].

É interessante perceber, porém, que, contrariando o teor da liberdade em seu clássico sentido, que somente concebia livre o homem na *polis*, expressando suas ideias de forma democrática, para os franceses, a liberdade significava justamente o oposto, sendo considerado livre o homem em sua privacidade e autonomia, ideal que, com o tempo, percebeu-se ser o golpe de misericórdia da própria liberdade, já que o indivíduo isolado era despido de poder, pois este, teoricamente advindo do povo, era, na prática, representado pela burguesia por meio do voto censitário, que apenas repetia e legitimava o *status quo*.

O ideal libertário que, embora tivesse intenção universal, somente vislumbrava o ser humano de forma abstrata terminou por quebrar todas as bases sobre as quais se assentava a sociedade, já que família, trabalho e posse eram estruturados segundo a lógica feudal e, quando esta restou esfacelada, não veio nada para substituí-la. Assim, apenas o homem, isolado em sua privacidade, agora longe do estado e de um senhor, poderia usufruir plenamente sua liberdade.

Mas, que liberdade?

A liberdade formal, que, pela abstenção plena do Estado, representado pela burguesia ascendente, se transmudava materialmente na liberdade de não poder e não ter, embora fosse o Homem livre.

A concepção moderna de liberdade é contrária à concepção clássica, tanto que alguns estudiosos[23] advogam que não havia liberdade quer na

---

(22) BONAVIDES, Paulo. *Do estado liberal ao estado social*. 10. ed. São Paulo: Malheiros, 2011. p. 30.
(23) Nesse sentido, afirma Fustel de Coulanges que o Leviatã da Antiguidade queria a alma e o corpo do indivíduo, sendo "erro grosseiro, entre todos os erros humanos, acreditar-se em que, nas Cidades antigas, o homem gozava de liberdade. O homem não tinha sequer a mais ligeira ideia do que esta fosse. O homem não julgava que pudesse existir com direitos em face da Cidade e dos seus deuses. [...] O sistema de governo tomou vários nomes, sendo uma vez monarquia, de outra vez aristocracia, ou ainda uma democracia, mas com nenhuma dessas revoluções ganhou o homem a sua verdadeira

polis ou na *urbis*, pois o Homem de então era plenamente livre na sua acepção coletiva, jamais individual. A vida sequer lhe pertencia, já que os próprios homens espartanos tinham por obrigação o serviço militar já na primeira infância, o que perdurava por toda a existência, sendo sua vida exaltada e dignificada na medida em que era perdida, nas guerras em prol da pátria. Em Roma, o serviço militar era obrigatório até os 46 anos. Era a racionalidade de uma época, cuja liberdade passava necessariamente pelo homem em seu sentido coletivo e não segundo uma concepção individualista.

Bobbio, citando passagem da obra de Benjamin Constant, sobre a antítese firmada ente o liberalismo e a democracia, já afirmou que o objetivo dos antigos era "a distribuição do poder político entre todos os cidadãos de uma mesma pátria: era isso que eles chamavam de liberdade. O objetivo dos modernos é a segurança nas fruições privadas: eles chamam de liberdade às garantias acordadas pelas instituições para aquelas fruições"[24].

O Estado liberal trouxe, assim, a ideia de liberdade perante o Estado, sendo este abstencionista, negativo, para que se pudesse alcançar a plena individualidade, ao revés do que mais adiante, já no século XX, se intitulou Estado Social, trazendo este à baila uma outra noção de liberdade, esta que então se realizava por intermédio do Estado, e não por exclusão deste.

A liberdade individual seguia a lógica do Estado Liberal, que exaltava a separação entre Estado e Sociedade. Se, em face do Estado, o Homem era sujeito de direitos individuais, assim entendidos como direitos à plena liberdade e autonomia; na sociedade, o Homem era igualmente livre para firmar negócios, no sistema *laissez faire*, sendo esta seara impermeável à tutela estatal, porquanto "o Estado deveria reduzir ao mínimo a sua ação, para que a sociedade pudesse se desenvolver de forma harmoniosa"[25]. Estado e Sociedade formavam seguimentos diversos, apenas se imiscuindo quando o indivíduo tinha a sua esfera de individualidade invadida por aquele, que, segundo a racionalidade absenteísta, deveria ser mínimo, intervindo limitadamente na autonomia privada.

---

liberdade, a liberdade individual. Ter direitos políticos, poder votar e nomear magistrados, ser arconte, a isto se chamou liberdade, mas o homem, no fundo, nunca foi mais do que escravo do Estado. Os antigos, sobretudo os gregos, exageraram sempre a importância e os direitos da sociedade, e isto, sem dúvida alguma, devido ao caráter sagrado e religioso de que, originariamente, a sociedade se revestiu" (COULANGES, Fustel. *A cidade antiga*. São Paulo: Martin Claret, 2012. p. 50).
(24) BOBBIO, Norberto. *Liberalismo e democracia*. São Paulo: Brasiliense, 2011. p. 8.
(25) SARMENTO, Daniel. *Direitos fundamentais e relações privadas*. 2. ed. Rio de Janeiro: Lumen Juris, 2008. p. 13.

O Direito acompanhou essa mesma lógica liberal, bipartindo-se entre público e privado, sendo aquele regido pelas regras próprias dos direitos fundamentais, assegurando ao cidadão a plena liberdade e autonomia, enquanto neste vigorava a racionalidade também da autonomia, mas autonomia para agir de todo modo não proibido ou limitado pelo Estado que, por ser abstencionista, não intervinha nas relações privadas; ao revés, era o principal promotor da igualdade em seu sentido formal, afirmando por meio da legislação, formada pela classe censitariamente burguesa, que todos os cidadãos são livres e regidos pelas leis, elaboradas por um Poder Legislativo que não encontrava limites na Constituição e apenas formalizava direitos até então tidos como inatos ao Homem.

O jusnaturalismo, então considerado metafísico e incapaz de traduzir as vicissitudes humanas, passou a ser positivado, o que, com o tempo, redundou no seu sepultamento enquanto conteúdo revolucionário e transcendente ao Homem.

O Estado passou a se preocupar em assegurar formalmente direitos inquestionáveis segundo a concepção evolucionista, o que terminou por condenar à morte os próprios direitos do Homem, que se viu amarrado à legislação viciada de vontades nem sempre correspondentes à maioria, cenário que se reafirmava pela ausência de controle de constitucionalidade e pela exaltação do Parlamento, teoricamente representante do povo, mas materialmente defensor da minoria representada por pessoas mais aquinhoadas.

Os europeus, talvez impressionados e preocupados em frear o poder do Executivo, não perceberam que um mal maior se apresentava na sociedade supostamente livre, constituído em torno da onipotência do Poder Legislativo, que não encontrava limites sequer na própria legislação.

A sociedade de então vivenciou um período de completa desigualdade firmada pela legislação, que não poderia ser analisada pelo Poder Judiciário, este fiel representante da "boca da Lei", não lhe sendo devida a interpretação das normas editadas pelo ilimitado e onipotente Poder Legislativo, reservando-se à pequenez do silogismo, cenário, infelizmente, ainda encontrado em alguns julgados de magistrados mais conservadores.

Enquanto na Europa grassava a ideia do culto à lei, nos Estados Unidos da América vigorava ideologia oposta, fundada na Constituição como o topo da cadeia normativa, devendo todas as outras normas inferiores a ela se adequarem, até porque eram passíveis de controle de constitucionalidade, o que a Europa somente veio a se estabelecer no início do século XX.

4. A TRANSPOSIÇÃO DO ESTADO LIBERAL PARA O ESTADO SOCIAL

Sem abandonar o sistema capitalista[26], o século XX foi testemunha da transmudação do Estado liberal para o social, lembrando Bonavides que o Estado social assim como os demais sistemas de organização política se encontravam no capitalismo, tanto que "a Alemanha nazista, a Itália fascista, a Espanha franquista, o Portugal salazarista foram 'Estados sociais'"[27].

A ideia de um Estado social findou presente ainda sob os auspícios da época de ouro do Estado liberal. Em um primeiro momento, com a chegada de um Estado de Direito cuja pregação da autonomia do indivíduo mediante o pleno exercício da liberdade era o grande paradigma, houve a euforia própria das revoluções ideológicas, mas, assim como na miopia, quanto mais a população "livre" se aproximava da autonomia, menos percebia que esta, ao revés do pretendido, escravizava mais do que libertava, sendo a frase de Lacordaire lapidar para resumir o quanto afirmado: "entre o forte e o fraco, entre o pobre e o rico, é a liberdade que escraviza, é a lei que liberta"[28].

O Homem no Estado liberal era apenas um meio para o alcance do fim capitalista, o que ensejou, logicamente, uma grande insatisfação do proletariado, que se viu coisificado pela necessidade de acumulação de capital.

Décadas se passaram até o *Manifesto Comunista* (1848), que somente teve as suas ideias implantadas no alvorecer do século XX com a revolução bolchevista, até que houvesse uma real preocupação com o que Bonavides chamou de "quarto estado"[29], o povo.

A Igreja, antes da implantação do regime liberal, beneficiada de forma diferenciada, juntamente com a monarquia, agora desejava mudança nas relações sempre tensas firmadas entre o capital e o trabalho, tanto que, em 1891, o sumo pontífice Leão XIII fez publicar a Encíclica *Rerum Novarum*,

---

(26) "Puede establecerse la distinción entre dos modalidades de Estado de Derecho: el liberal y el social, bien entendido que este último no significa la ruptura con la primera, sino un intento de adaptación de las notas clássicas del Estado de Derecho a su nuevo contenido y a SUS condiciones ambientales." (MONEREO PÉREZ, José Luiz. *Derechos sociales de la cidadania y ordenamiento laboral*. Madrid: CES, 1996. p. 118).
(27) BONAVIDES, Paulo. *Do estado liberal ao estado social*. 10. ed. São Paulo: Malheiros, 2011. p. 184.
(28) *Apud* SÜSSEKIND, Arnaldo *et al*. *Instituições de direito do trabalho*. 8. ed. Rio de Janeiro: Freitas Bastos, 1981. p. 32.
(29) *Op. cit.*, p. 185.

requisitando uma intervenção do Estado nas relações de trabalho, que afrontavam a dignidade do ser humano, diminuindo-o a uma mera peça na engrenagem do capital.

Iniciava-se, assim, o que posteriormente veio a ser denominada doutrina social da Igreja. Posteriormente, no ano de 1931, o Papa Pio XII segue os passos já percorridos pelo renovado clero, publicando a *Quadragesimo Anno*, sendo a questão social sempre lembrada em documentos posteriores, a exemplo das Encíclicas *Master et Magistra* (1961) e *Pacem in Terris* (1963), ambas publicadas por João XXIII. Respectivamente em 1967 e 1969, Paulo VI publicou *Populorum Progressio* e *Humanae Vitae*.

Se era verdade que o Homem era livre e o poder dele derivava, não menos correto era perceber que, na realidade, essa liberdade constituia-se apenas formal, pois não contemplava o povo oprimido, fraco em representatividade e esquálido em seu isolamento, ocasionando a sua não representação de forma coletiva e consequente piora das condições sociais.

Com o passar dos anos, firmou-se a ideia segundo a qual de nada adiantava o Homem possuir liberdade, pois, para ser plenamente liberto, necessitava da intervenção estatal, racionalidade propagada, sobretudo, na classe trabalhadora, já ascendente e evidentemente oprimida pelo capital, regido pelas próprias leis do mercado, impermeável aos Direitos Fundamentais.

A insatisfação popular era evidente e o velho liberalismo não era capaz de resolver o grave problema social, advindo da desigualdade econômica, que se tornava ainda mais presente diante do afastamento do Estado, e a ideia liberal, que, se antes parecia a panaceia para todos os males, agora se descortinava como um grande mal, mostrando a sua verdadeira face totalitária, diante do capital, cada vez mais concentrado nas mãos dos que não representavam, nem sequer de longe, o proletariado, embora, por um critério eminentemente censitário, formalmente representasse a todos.

Não resolvendo o liberalismo a tensão social relatada, entrou em falência e o fruto colhido foi a revolução do período, ocorrida nos mais diversos recantos do mundo ocidental capitalista.

Uma das primeiras transformações ocorreu no modo de participação popular na formação da legislação. Saía de cena o sufrágio censitário, para estrear a liberdade política, exercida por meio do sufrágio universal. Perdia aí o liberalismo clássico.

Mediante o sufrágio universal, o "quarto estado ingressava, de fato, na democracia política e o liberalismo, por sua vez, dava mais um passo para o desaparecimento, numa decadência que deixou de ser apenas doutrinária para se converter em decadência efetiva, com a plena ingerência do Estado na ordem econômica"[30].

O Estado liberal, embora decadente, não desapareceu, apenas se transformou, e o seu maior ideal, a liberdade moderna, manteve-se presente por meio da intervenção estatal nas relações privadas, sobretudo as econômicas, dando vez, assim, à liberdade e igualdade em seu sentido material. O Homem deixava de ser visto de forma abstrata e passava a ser enxergado concretamente, visando-se às suas necessidades básicas, alcançadas por intermédio do Estado e não perante este.

Na primeira metade do século XIX, Robert Peel editava na Inglaterra as primeiras normas sociais, com fins evidentemente protetivos ao trabalhador, objetivando minimizar o horrendo impacto trazido pela Revolução Industrial na classe operária.

Com Bismarck, a Alemanha, já nas décadas de 1960 e 1970 do século XIX, também editou normas protetivas à classe operária, talvez para já conter os avanços dos ideais socialistas, que ocupavam cada vez mais lugar nas mentes trabalhadoras[31].

A Revolução Russa de 1917, sob forte influência do Marxismo, disseminou ideias opostas aos interesses capitalistas e o temor de que processos revolucionários eclodissem de vez e tomassem o poder, menosprezando o capitalismo, acelerou o processo do que, mais adiante, seria chamado de *Walfare State*, impondo assim a transição do Estado Liberal para o Estado Social.

A queda do sufrágio censitário e a mudança para o sufrágio universal também trouxe significativa mudança na formulação da legislação, que passava a representar interesses da classe antes relegada pela burguesia, fiel representante no Parlamento. Direitos como saúde, educação e previdência, antes ignorados, passaram a fazer parte da grande pauta para formulação das leis, com o fito, sobretudo, de não fazer ruir o sistema capitalista que, bem ou mal, dependia da classe operária apaziguada e isso só era possível com uma legislação mais interventiva, que assegurasse materialmente a igualdade e, principalmente, a liberdade.

Toda essa mudança na legislação não foi fruto do agraciamento incauto do Legislador, mas, sim, movimento necessário para que o próprio capitalismo se transformasse e sobrevivesse, ficando evidente que o trabalhador

---

(30) BONAVIDES, Paulo. *Do estado liberal ao estado social*. 10. ed. São Paulo: Malheiros, 2011. p. 189.
(31) Cf. SARMENTO, Daniel. *Op. cit.*, p. 17.

depende do capital, mas este não sobrevive sem aquele em um sistema simbiótico e, para que ambos coexistam, a dialética se impõe.

Essa redefinição do papel estatal não foi vivenciada somente no mundo capitalista, sendo certo que, também nos países que passaram a adotar o sistema socialista, houve forte intervenção do Estado, com olhos para o acúmulo coletivo dos meios de produção.

Nesse mesmo sentido, Sarmento, explicando a transformação do Estado Liberal em Social, observa que a livre concorrência, sem qualquer amarra, estimulava a concentração de capital e, consequentemente, a formação de monopólios e oligopólios, o que desfavorecia o capital. Assim, "até para a preservação do próprio sistema capitalista, tornava-se necessário que o Estado assumisse uma posição mais ativa no cenário econômico, para disciplinar e impor certos limites às forças presentes no mercado"[32].

No dizer de Eros Grau, a atuação mais intervencionista do Estado "não conduz à substituição do sistema capitalista por outro, pois é justamente a fim de impedir tal substituição — seja pela via da transição para o socialismo, seja mediante a superação do capitalismo e do socialismo — que o Estado é chamado a atuar sobre e no domínio econômico"[33].

A Constituição Mexicana de 1917 dedicou um capítulo inteiro à definição dos princípios a serem aplicados ao trabalho e à previdência social, mas apenas como um convite à legislação infraconstitucional, sem, de fato, normatizar a ordem social.

Nessa mesma linha de programaticidade, na Alemanha, a nova Constituição, publicada no ano de 1919 em Weimar, refletiu a nova racionalidade social, dedicando boa parte de suas disposições ao trato dos direitos do Homem, à vida social, à religião e sociedades religiosas, à instrução e estabelecimento de ensino e à vida econômica. A propriedade passou a ter função social, voltada para o interesse geral; previu-se a reforma agrária e a socialização das empresas; protegeu-se o trabalho; garantiu-se o direito à sindicalização, a previdência social e a cogestão das empresas[34].

É dizer, embora as Constituições tenham passado a tratar sobre a questão social, não conceberam seriamente o programa, tendo-o sempre sob o aspecto programático, aproximando-se mais ainda da Constituição formal, quando se necessitava de uma Constituição material, mas interventiva e,

---

(32) Cf. SARMENTO, Daniel. *Op. cit.*, p. 18.
(33) GRAU, Eros Roberto. *A ordem econômica na Constituição de 1988*. 15. ed. São Paulo: Malheiros, 2012. p. 43.
(34) Cf. FERREIRA FILHO, Manoel Gonçalves. *Op. cit.*, p. 49.

de fato, comprometida com a mudança. O que se via era um mero engodo, para apaziguar todos os conflitos sociais trazidos pela acumulação de capital, que gerava tanta desigualdade, pois, como já disse Grau, "só o processo de produção é social; o processo de acumulação capitalista é essencialmente individualista"[35].

A grande superação do modelo liberal clássico ocorreu após a quebra da Bolsa de Nova Iorque, em 1929, durante o hiato formado entre o "fim" da Primeira Grande Guerra e o "início" da Segunda. Depois do colapso econômico no país que pregava a plena liberdade da economia, viu-se a necessidade de adoção de políticas econômicas materialmente interventivas, com o objetivo de redução do desemprego, pois, como já se disse em outras palavras, o empregado — com vínculo de emprego vivo, lógico — interessa ao capital, que não subsiste solitariamente e jamais poderá prescindir da força humana.

Nesse cenário, prevaleceram as ideias de Maynard Keynes[36], que vislumbrou uma atitude mais enérgica por parte do Estado em relação à intervenção nas relações econômicas, para que o capital, assim, pudesse sobreviver à crise. O Presidente Roosevelt adotou o ideário keynesiano, formulando um pacote econômico que entrou para a História como o *New Deal*, objetivando firmar de uma vez o poder estadunidense.

O Estado Liberal se transformava em Estado Social, preocupado com o bem-estar do povo, formado eminentemente pela classe operária. O conceito de igualdade era modificado, passando o governo a adotar políticas de inserção social, por meio, sobretudo, das normas trabalhistas, que passaram a ocupar espaço apartado do Direito Civil, com racionalidade própria, voltada, eminentemente, para a proteção material do cidadão trabalhador. Se, antes, a igualdade era prevista em Lei, agora ela passava a ser assegurada por esta, mediante forte intervencionismo estatal, plenamente ocupado das questões sociais e econômicas, para que as liberdades humanas constitucionalmente previstas não fossem postas de lado por pura impossibilidade de usufruto, diante da exclusão social.

O Estado, anteriormente tido como grande oponente dos Direitos Fundamentais, agora se descortinava como o grande realizador deles, pois, o que se buscava superar era "a contradição entre a igualdade política e a desigualdade social[37], desvelando um outro tipo de Estado, o Social,

---

(35) *Op. cit.*, p. 42.
(36) Cf. MONEREO PÉREZ, José Luiz. *Op. cit.*, p. 126.
(37) BONAVIDES, Paulo. *Do Estado liberal ao estado social*. 10. ed. São Paulo: Malheiros, 2011. p. 185.

que é, "por sua própria natureza", intervencionista e necessita "sempre da presença militante do poder político nas esferas sociais, onde cresceu a dependência do indivíduo, pela impossibilidade em que este se acha, perante fatores alheios à sua vontade, de prover certas necessidades existenciais mínimas"[38].

Em 1948, após o fim da Segunda Guerra Mundial, a Assembleia Geral da ONU promulgou a Declaração Universal dos Direitos do Homem, destacando os direitos sociais, que passaram a conviver com os direitos civis e políticos, integrando, pela primeira vez, o rol dos direitos humanos.

5. O CONSTITUCIONALISMO SOCIAL E O ESTADO PÓS-SOCIAL

As Constituições liberais, por ignorarem o Homem coletivo, somente se preocupavam em disciplinar o poder estatal e os direitos individuais, assim concebidos como direitos civis e políticos.

Lembra Ferreira Filho[39] que "o principal documento da evolução dos direitos fundamentais para a consagração dos direitos econômicos e sociais foi a Constituição francesa de 1848"[40], que, em seu preâmbulo, já reconhecia como tarefa da República "proteger o cidadão na sua pessoa, sua família, sua propriedade, seu trabalho, e pôr ao alcance de cada um a instrução indispensável a todos os homens". Também tratou a aludida Carta sobre direitos de previdência e assistência social, quando, ainda em seu preâmbulo, reconheceu como também dever da República "assegurar a existência dos cidadãos necessitados, seja procurando-lhes trabalho nos limites de seus recursos, seja dando-lhes, à falta de trabalho, socorros àqueles que estão sem condições de trabalhar". Tais previsões, no entanto, como se viu, não faziam parte do corpo mesmo da Constituição, mas o preâmbulo possuía força normativa.

Todas as Cartas Políticas advindas do Estado liberal se fizeram extremamente perenes, e a ausência de dissenso em sua formação talvez tenha contribuído para isso. Sem embargo, os direitos contemplados nas Constituições eram de afastamento completo do Estado e confeccionados pelo

---
(38) BONAVIDES, Paulo. Op. cit., p. 200.
(39) Porém, Perez Luño (Op. cit., p. 33) afirma que a Carta jacobina de 1789 inicia "con una tabla de derechos del hombre, muy importante por su contenido democrático (en ella se reconocen los derechos al trabajo, a la protección frente a la pobreza y a la educación)".
(40) Op. cit., p. 45.

Poder Legislativo que representava a classe dominante — burguesia — que, por encerrar linearidade ideológica, não vislumbrava conflito algum na formação legislativa.

Os Direitos Fundamentais decorrentes das Constituições liberais eram extremamente autoaplicáveis e vislumbrados como direitos subjetivos em face do Estado, pois não havia o temor de qualquer interferência do Estado nas relações privadas, o que, de mais a mais, entrincheirava a própria burguesia, detentora não só do poder econômico, mas também do poder político, materializado por meio do sufrágio censitário, realidade que, como já se mostrou, somente restou alterada com a participação política e democrática com o sufrágio universal, que, ao revés do quanto esperado, paradoxalmente, preservou a liberdade moderna, um dogma da racionalidade liberal mais tradicional, mas sob nova roupagem, a liberdade de personalidade, alcançada por intermédio da intervenção estatal, que assegurava o que mais adiante seria chamado de liberdade no sentido material.

Ao revés disso, as Constituições sociais encerravam árduo conflito e instabilidade, por intentar justamente a conciliação entre o Estado e o indivíduo, agora tido como classe e não mais isolado em sua autonomia.

Fruto da falência do Estado liberal, surgem, no início do século XX, após o fim da Primeira Guerra Mundial, as primeiras Constituições tratando dos Direitos Fundamentais Sociais, a exemplo da Constituição mexicana de 1917, da Constituição russa, de 1918 e da sempre lembrada Constituição de Weimar, de 1919. Todas essas Cartas tinham a nota característica da programaticidade dos Direitos Sociais, peculiaridade que funcionava como uma espécie de trégua constitucional para os conflitos ideológicos, prevendo alguns direitos sociais, mas sem grandes compromissos práticos, diante da hermenêutica positivista que ainda grassava entre os doutos.

Bonavides assegura que a "programaticidade dissolveu o conceito jurídico de Constituição, penosamente elaborado pelos constitucionalistas do Estado liberal e pelos juristas do positivismo. De sorte que a eficácia das normas constitucionais volveu à tela de debate"[41].

Por desconhecer esses novos Direitos (educação, cultura, previdência e trabalho, saúde), o antigo Direito Constitucional entrou em crise e se, antes, no Estado liberal, as normas constitucionais se faziam aplicáveis automaticamente, aqui, no então chegado Constitucionalismo social, as normas eram programáticas, pois não se sabia ao certo o alcance dos neófitos Direitos

---

(41) BONAVIDES, Paulo. *Curso de direito constitucional*. 23. ed. São Paulo: Malheiros, 2008. p. 232.

diante do Estado, que se via, ainda, desaparelhado para atender ao clamor social constitucionalizado.

Iniciava-se a era dos Direitos de segunda geração, ou dimensão, e o Estado, antes contraposto do indivíduo, passou a ser o agente por meio do qual os aludidos direitos poderiam ser efetivados, tendo as primeiras normas trabalhistas servido como catalisador dessa transformação:

> *el fenómeno de asimilación en los Textos Constitucionales de los principios jurídicos y derechos laborales fundamentales tien una trascendencia extraordinaria para la consolidación del Derecho del Trabajo como piez clave del sistema político del Estado formalizado en dichas normas fundamentales, especialmente si se tiene en cuenta el valor político y jurídico de la Constitución en la sociedad moderna.*[42]

As Constituições, por terem a nota da programaticidade, passaram a ser tidas, apenas, como um mero documento político e a sua acepção como documento jurídico ainda iria demorar algumas décadas na Europa e, aqui no Brasil, ainda mais, somente a partir da década de oitenta do século XX.

Foi necessária uma guerra mundial, com morte de milhões de judeus, para que a Europa iniciasse um reencontro com a teoria da Constituição, entendendo as normas constitucionais como sistema de valores, superiores à legislação comum e com força normativa, acepções parcialmente já conhecidas pela Corte Constitucional americana, que, já em 1803, no sempre lembrado *leading case* Marbury *versus* Madison[43], atribuiu superioridade à Constituição, característica não encontrada no direito constitucional europeu, onde vigorava, de forma plena, o princípio da legalidade e, por consequência, a superioridade do Poder Legislativo.

Mesmo tendo-se atribuído programaticidade às normas constitucionais sociais, a despeito de vincularem comportamentos públicos futuros, não se poderia ignorar que tais não eram desprovidas de eficácia, sendo certo que havia vinculação do Poder Legislativo ao programa traçado na Constituição, no seu sentido positivo — necessidade de legislar segundo os critérios já traçados — e no sentido negativo — obrigação de não legislar no

---

(42) MONEREO PÉREZ, José Luiz. *Op. cit.*, p. 117.

(43) "O direito norte-americano — em 1803, no célebre caso Marbury v. Madison, relatado pelo *Chief Justice* da Corte Suprema John Marshall — afirmou a supremacia jurisdicional sobre todos os atos dos poderes constituídos, inclusive sobre o Congresso dos Estados Unidos da América, permitindo-se ao Poder Judiciário, mediante casos concretos postos em julgamento, interpretar a Carta Magna, adequando e compatibilizando os demais atos normativos com suas superiores normas" (MORAES, Alexandre de. *Direito constitucional*. 20. ed. São Paulo: Atlas, 2006. p. 662).

sentido oposto ao direito fundamental consagrado no texto constitucional. As normas programáticas também poderiam gerar invalidade das normas infraconstitucionais que, com elas, conflitassem, no cotejo do controle de constitucionalidade, então novidade no Direito europeu.

A implantação do Estado Social, paternalista que era, se mostrou dispendiosa, causando demasiado endividamento dos países que o adotaram, os quais, com o passar dos anos, perceberam a impossibilidade de atendimento de todas as necessidades sociais. Já na década de setenta, surgia na Alemanha, país que até então primava pela implantação do Estado Social, o princípio da reserva do possível, justamente para tentar frear o ímpeto de dispêndio de dividendos públicos, ganhando destaque com a publicação do julgado BVerfGE 33, 303, exarado pelo Tribunal Constitucional Federal da Alemanha, em 18 de julho de 1972.

Mesmo com o advento da Lei Fundamental de Bonn, em 1949, não se vê presente no Texto Constitucional Direitos Sociais bem delineados[44], forçando jurisprudência e doutrina germânicas a estabelecerem o conceito de mínimo existencial[45], extraído dos primeiros artigos da referida Lei, que tratam sobre os princípios da dignidade da pessoa humana e Estado Social. Até hoje a referida Lei Fundamental, apesar de reconhecer como fundamentais os direitos sociais estabelecidos pelos Estados-membros, somente dispõe especificamente sobre direitos do trabalho no art. 139 da Constituição de Weimar, em vigor por força do art. 140 da Lei Fundamental de Bonn, quando trata sobre o descanso aos domingos e em dias oficialmente reconhecidos como festivos, mas somente para proteger a liberdade religiosa[46].

---

(44) Esclarece Edilton Meireles que a omissão "não pode ser creditada, hoje, tão somente, às circunstâncias históricas do aparecimento da Lei Fundamental e que conduziram o Parlamento a entender que seria precipitado dispor sobre direitos sociais dada à característica provisória da mesma (o que se revelou equivocado) e a imprevisibilidade da evolução social e econômica da Alemanha pós-guerra. Isso porque, quando da reunificação alemã (*Dutsche wiedervereinigung*, em 3 de outubro de 1990) e que redundou em alterações na Lei Fundamental alemã, intentou-se inserir nesta os princípios sociais já consagrados pela comunidade jurídico-germânica. Contudo, tais projetos foram rejeitados, dado um certo sentimento de 'aversão a normas constitucionais de conteúdos sociais detalhados', ao menos em nível federal" (MEIRELES, Edilton. *A constituição do trabalho*. São Paulo: LTr, 2012. p. 66).

(45) Assim concebido por Walber de Moura Agra como o princípio da densidade normativa, que consiste "em se garantir aos direitos que exigem uma concretização jurídico-política uma precisão de seu conteúdo, que ao mesmo tempo em que protege o substrato material contido na Constituição, não cerceia a discricionariedade de escolha inerente aos poderes Executivo e Legislativo, que é própria do regime democrático" (AGRA, Walber de Moura. A legitimação da jurisdição constitucional pelos direitos fundamentais. *In:* AGRA, Walber de Moura; CASTRO, Celso Luiz Brada de; TAVARES, André Ramos (coords.). *Constitucionalismo:* os desafios no terceiro milênio. Belo Horizonte: Fórum, 2008. p. 487-517.

(46) Cf. MEIRELES, Edilton. *Op. cit.*, p. 67.

A partir da década de setenta, o Estado do Bem-Estar Social, recém-criado e sequer completamente efetivado, entra em crise com os dois choques do petróleo, pondo novamente em discussão a viabilidade de intervenção estatal nas relações privadas, máxime econômicas e trabalhistas. Nesse cenário, começaram os países capitalistas a implantar políticas de "flexibilização" das relações de trabalho, ressuscitando uma ideia jaz de liberalismo, agora sob nova pele, o chamado "neoliberalismo".

O Estado-Providência, tal como primitivamente idealizado, mostrou-se inchado, dispendioso e incapaz de cumprir com o prometido desiderato, diante da evidente crise econômica, que era agravada pelo aumento populacional e o envelhecimento desta, fazendo ruir (ou quase) os paradigmas de previdência e assistência social, crise esta extremamente maximizada pela globalização, que se alimenta do fluxo livre do capital internacional e da padronização dos modos de produção, permitindo, com isso, que os países postos às franjas do capital e da competitividade econômica sucumbam às tentadoras premissas do *laissez faire*, em um fiel retorno à desproteção estatal e consequente darwinismo social.

Na Inglaterra, governada por Margareth Tatcher, assim como nos Estados Unidos de Ronald Reagan, campeava a ideia de conservadorismo no setor social, que restou fortalecido nesse último país com a nomeação de magistrados com iguais ideais na Suprema Corte, atitude que, até os dias atuais, impede o avanço sobre qualquer debate acerca de majoração dos direitos sociais[47].

O desemprego ganhou uma nova qualificação: estrutural, pois rondava feito um espectro não só os países em desenvolvimento e de industrialização tardia, como o Brasil, mas também países já desenvolvidos, a exemplo dos Estados Unidos da América e diversos países da Europa, ocupando o epicentro das discussões acerca da recente crise europeia, iniciada em 2008 e ainda não ultrapassada[48].

A França, no ano de 1982, baixou um pacote de flexibilização das normas trabalhistas, à época conhecido como Lei Aureaux, fazendo-se acompanhar da Espanha, que idealizou o contrato a tempo parcial e publicou diversas

---

(47) Cf. GOMES, José Joaquim Barbosa. *Ação afirmativa e princípio constitucional da igualdade:* o direito como instrumento de transformação social — a experiência dos EUA. Rio de Janeiro: Renovar, 2001.

(48) Interessante perceber que hoje o Brasil encara uma realidade até então impensável: trabalhadores europeus imigrando para cá em busca de uma colocação no mercado de trabalho, fazendo um movimento inverso do anteriormente observado ao longo de décadas. A Espanha, por exemplo, já conta com a mais alta taxa de desemprego de sua História, de acordo com o sítio: <http://www.tsf.pt/PaginaInicial/Economia/Interior.aspx?content_id=2086508> e a França atingiu a taxa de 10,2% de desemprego, sendo esta a maior desde o terceiro trimestre de 1999, segundo a *Revista Veja* de 6.9.2012.

normas no afã de coibir o desemprego, expedientes que, com o tempo, mostraram-se infrutíferos no combate ao mal.

Idênticos ventos foram soprados aqui no Brasil, onde o neoliberalismo chegou como a panaceia para aplacar o mal causado pelo perdulário Estado Social, que sequer havia chegado perto de ser implantado[49]. A privatização parecia ser a cartada inicial para impedir um maior endividamento do Estado e, apesar das muitas vozes discordantes, se impôs.

No cenário do Direito do Trabalho, sempre apontado como grande vilão das relações sociais pelos neoliberalistas, as mudanças de adaptação igualmente terminaram por serem observadas, com alterações na legislação tentando, em tese, "fabricar" novos postos de trabalho, por meio de cooperativas sem vínculos com tomadores de serviços, contratos a tempo parcial e duração determinada, atitudes que, com o passar dos anos, permitiram uma maior oferta de fraude à legislação, o que é facilmente observado diante das diversas lides trabalhistas que envolvem cooperativas fraudulentas, revestidas sob o manto de uma suposta legalidade para, na prática, aviltar direitos tão caros ao trabalhador.

Ao final da década de noventa foi formulada a proposta de desregulamentação da Consolidação das Leis Trabalhistas[50], com a singela intenção de flexibilizar, embora de forma escancarada tratasse de rasgar as normas protetivas que iluminam as relações laborais.

Aliás, a argumentação de que tais normas foram um presente da Era Vargas e foram firmadas "de cima para baixo" é uma afirmação que tem como pano de fundo o enfraquecimento de todo o movimento que redundou na eclosão da CLT, pois, seguindo-se tal raciocínio, se aludidas normas jamais refletiram a realidade e, se existindo, impedem que o Brasil cresça, força é concluir que elas não fariam falta alguma quando desaparecessem do cenário jurídico, que hoje clamaria pela flexibilização na corrida por um lugar na economia internacional.

Nesse mesmo sentido, já doutrinou Coutinho, afirmando que o "mito da concessão" esconde "o reconhecimento dos direitos como conquistas históricas, transformando-os em dádivas ou benevolências divinas de um Estado ou doações de um governante condoído com as penúrias por que

---

(49) Nesse período, várias foram as tentativas de flexibilização da Norma Trabalhista, a exemplo da suspensão contratual negociada, instituição do regime de banco de horas, contrato com duração determinada etc.
(50) Ressuscitado em 2007 por meio do Projeto de Lei n. 1.987.

passa o povo"[51], encontrando eco na fala de Cavalcante, para quem "a visão prévia de que seria uma dádiva do Estado, na esteira da teoria de outrora, ou a versão de que a legislação celetista não passa de cópia da *Carta del Lavoro*, enfraquece-o em termos de legitimação e traz implicações graves na forma como é aplicado e efetivado"[52]. É dizer, "a pré-compreensão legítima do direito do Trabalho no Brasil é a de que se trata de uma resultante do esforço da classe subalterna ao longo de décadas do século passado, que resultou na infiltração de um argumento de justiça nas relações de trabalho"[53].

Ficou da ideologia do Estado Social a vontade de edificar um país sob os valores próprios de tal racionalidade, o que foi, inclusive, posto já no preâmbulo da Carta Política de 1988 e, nesse contexto, o maior desafio de qualquer estudioso que se debruce sobre o problema social e o estudo do Direito Constitucional é fazer conciliar a livre-iniciativa com os valores implementados pelo art. 170 da Constituição de 1988.

Esse desiderato de alcançar países já plenamente desenvolvidos, tentando ocupar um lugar na constelação da competitividade econômica internacional faz com que o debate aqui no Brasil passe muito timidamente pelos Direitos Fundamentais Sociais (máxime os pertinentes aos trabalhadores) que, apesar de terem ocupado lugar de destaque no Texto Constitucional, merecendo, inclusive, o epíteto de pétreos, ainda padecem de plena e amadurecida efetividade.

Conceitos estrangeiros como o "princípio" da reserva do possível em um país que sequer realizou a primeira etapa do projeto social ganham relevo e permitem que a classe excluída seja majorada, em um contexto em que o direito ao trabalho e o valor social do trabalho não são levados a sério, pois, se o fossem, a jurisprudência dos Tribunais Superiores não ignoraria o fato de que o empregado com vínculo de emprego vivo, amplamente desprotegido pela Legislação, é uma vítima fácil para os empregadores que desejam menosprezar o ser humano, praticando despedidas discriminatórias veladas, sob a desculpa de um legítimo exercício do direito potestativo, tido também pela doutrina como uma parcela de poder do empregador, realidade que, ao longo do presente trabalho, será refutada em todos os sentidos à luz da moderna hermenêutica constitucional.

---

(51) COUTINHO, Aldacy Rachid. A autonomia privada: em busca da defesa dos direitos fundamentais dos trabalhadores. *In:* SARLET, Ingo Wolfgang (org.). *Constituição, direitos fundamentais e direito privado*. Porto Alegre: Livraria do Advogado, 2003. p. 165-183.
(52) CAVALCANTE, Ricardo Tenório. *Jurisdição, direitos sociais e proteção do trabalhador*. Porto Alegre: Livraria do Advogado, 2008. p. 133.
(53) *Idem.*

Se não se consegue sequer implantar o modelo social, como se pode firmar presença no Estado Pós-Social[54], menosprezando o que a Constituição Federal de 1988 já estabelece?

Esse é o desafio do estudioso do Direito do Trabalho, que tem como missão lembrar sempre aos economistas, legisladores, sindicatos e empresas, que, se o empregado serve ao capital, este igualmente não pode prescindir daquele, e que a maior chaga social do mundo moderno é o desemprego, que causa depressão, ansiedade e aumenta até o custo do Estado, que se vê premido de fornecer seguro-desemprego, bolsa-família e todos os outros instrumentos para amenizar o impacto que os economistas mais incautos resistem na percepção: o desemprego, por ser um mal social, deve ser combatido, mas não com políticas que desprezem o ser humano trabalhador, dando-lhe subempregos somente para gerar índices internacionais. Nesse contexto, a discussão passa necessariamente pela proteção contra a despedida imotivada, diante de toda a construção histórica que repudia o arbítrio.

Se hoje se fala tanto em assédio moral, atitude prontamente desprezada pelos Poderes Constituídos, é necessário que antes disso se reflita sobre a causa do ato danoso, sendo certo que o empregado formal e duplamente desprotegido pela inércia do Poder Legislativo, ratificada pelas decisões conservadoras do Poder Judiciário, que esvaziam completamente o conteúdo protetivo do art. 7º, I, do Texto Constitucional, se vê obrigado a resistir bravamente enquanto o empregador predador pratica assédio, altera unilateralmente o contrato de trabalho, suprime e atrasa salários etc. e, ao mesmo tempo em que tudo isso ocorre, pela inércia do obreiro, que sequer estava completamente livre para acionar o Poder Judiciário, há prescrição aplicada no curso do contrato de trabalho, conforme se interpreta de forma quase unânime na doutrina[55] e também a jurisprudência, ignorando-se o óbvio: o empregado encontra-se, na atualidade, segundo a interpretação em voga, encurralado e impedido de guerrear pelos seus direitos fundamentais trabalhistas no curso do contrato de emprego.

Todas essas questões serão analisadas e respondidas ao longo do presente trabalho, mas não sem antes retomar as premissas constitucionais necessárias às conclusões.

---

(54) O termo foi utilizado por Sarmento (*op. cit.*, p. 33), segundo o próprio, "à falta de nome melhor".
(55) Em conhecido texto sobre o assunto, Márcio Túlio Viana já afirmou que não se pode aplicar a prescrição no curso do contrato de trabalho quando não há efetiva proteção à relação de emprego, sendo isso um verdadeiro paradoxo a ser resolvido pelo Poder Judiciário (VIANA, Márcio Túlio. Os paradoxos da prescrição: quando o trabalhador se faz cúmplice involuntário da perda dos seus direitos. *Revista do Tribunal Regional do Trabalho 3ª Região*, Belo Horizonte, v. 47, n. 77, p. 163-172, jan./jun. 2008).

Capítulo II

A Retomada de Algumas Premissas Teóricas Acerca dos Direitos Fundamentais do Trabalhador

Foi a Constituição de 1934 que, rompendo com a tradição liberal até então presente, trouxe uma nova realidade, inaugurando o Estado Social brasileiro, dando ênfase ao homem em seu sentido concreto, prevendo direitos sociais em seu Título IV — Ordem Econômica e Social — e, seguindo a tradição da época, tratou programaticamente em seu art. 121 de direitos como proibição de:

> diferença de salário para um mesmo trabalho, por motivo de idade, sexo, nacionalidade ou estado civil; salário mínimo, capaz de satisfazer, conforme condições de cada região, às necessidades normais do trabalhador; trabalho diário não excedente de oito horas, reduzíveis, mas só prorrogáveis nos casos previstos em lei; proibição de trabalho a menores de 14 anos; de trabalho noturno a menores de 16 anos; e em indústrias insalubres, a menores de 18 anos e a mulheres; repouso hebdomadário, de preferência aos domingos; férias anuais remuneradas; indenização ao trabalhador dispensado sem justa causa.[56]

---

(56) Cf. CAMPANHOLE, Adriano; CAMPANHOLE, Hilton Lobo. *Todas as constituições do Brasil*. São Paulo: Atlas, 1971. p. 423-424.

Todas as demais Constituições que sucederam a de 1934 igualmente trataram de direitos fundamentais sociais, mas somente a Constituição de 1988 destinou um capítulo inteiro aos Direitos Sociais e outro à Ordem Econômica, elevando formal e materialmente os direitos fundamentais do trabalho e até prevendo o próprio direito fundamental ao trabalho.

O extenso rol de direitos destinados aos trabalhadores urbanos, rurais e avulsos, embora tenha se mostrado avançado, hoje tem como grande desafio o real alcance, passando pela reflexão acerca da fundamentalidade, eficácia, acepção de sentido formal, material, subjetiva e objetiva e, sobretudo, como tais direitos podem e devem ser aplicados no âmbito das relações privadas, já que foram concebidos exatamente com este fim.

Todos os direitos fundamentais sociais dos trabalhadores possuem uma nota característica, a saber, a busca da dignidade da pessoa do trabalhador, o que, por força do *caput* do art. 7º, permite o entrincheiramento de todas as possíveis modificações no sentido negativo ou retrocessivo de ditos direitos.

1. A FUNDAMENTALIDADE DOS DIREITOS SOCIAIS DO TRABALHADOR E O ENTRINCHEIRAMENTO POR MEIO DAS CLÁUSULAS PÉTREAS

Foi escolha do Legislador Constituinte originário ofertar o condão da fundamentalidade aos Direitos Sociais do trabalhador, tanto que dedicou, no Título II, que trata justamente dos Direitos e Garantias Fundamentais, um capítulo inteiro destinado aos Direitos Fundamentais Sociais, tanto os de defesa, quando os prestacionais.

Com o único escopo de espancar de vez qualquer alegação acerca da não fundamentalidade dos Direitos Sociais e, consequentemente, a sua desproteção por meio das cláusulas pétreas, cabe nesse momento uma pequena digressão doutrinária nesse sentido, com o único intento de justificar o alcance da expressão "Direitos Individuais", presente no § 4º do art. 60 do Texto Constitucional.

Para tanto, deixa-se de lado a discussão acerca dos limites temporais, formais e circunstanciais, importando ao objeto do presente trabalho tão somente a análise dos limites materiais do Poder Constituinte Reformador, exatamente por ser nesse particular que se encontra a proteção às cláusulas pétreas.

Relacionam-se as limitações de ordem material ao Poder Constituinte Reformador ao objeto mesmo da modificação, fixando-se no próprio texto constitucional originário um conteúdo mínimo, imutável e intocável, blindado das modificações posteriores, doutrinariamente conhecido como cláusulas pétreas.

O art. 60, § 4º, IV, do Texto Constitucional, que se constitui em limite material ao exercício do Poder Constituinte reformador, refere-se aos direitos e garantias fundamentais[57], sendo consequência inarredável a conclusão de que o Legislador Constituinte blindou determinados direitos presentes no Texto Constitucional originário, impedindo que tais pudessem ser tocados, corroídos pelo exercício do Poder Constituinte derivado, de reforma ou revisão. Assim, diante de tal proteção constitucional, não pode este sequer deliberar sobre proposta tendente a abolir ou mesmo modificar para diminuir o âmbito de proteção dos Direitos Fundamentais.

As vedações materiais às quais se refere somente preveem literalmente a proteção aos direitos e garantias individuais, estando, segundo interpretação meramente gramatical, alheios à proteção petrificada traçada pela Constituição aos direitos fundamentais sociais e até mesmo aos coletivos.

Como é repetido por todos[58] que tratam de hermenêutica constitucional, a interpretação gramatical é a mais pobre e, em um primeiro momento, refutada, para dar lugar à exegese sistemática e, sobretudo, valorativa, tendo-se que modernamente os direitos fundamentais, de defesa ou prestacionais, são entendidos como um grande sistema de valores[59].

A interpretação no sentido de permitir a invasão dos direitos fundamentais sociais pelo legislador constituinte derivado despreza que o grande compromisso assumido já no preâmbulo da Constituição de 1988 foi constituir um Estado Democrático e Social de Direito e tal compromisso passa necessariamente pelo respeito aos direitos sociais dos trabalhadores já presentes no texto constitucional originário[60].

---

(57) Diferentemente da Constituição portuguesa de 1976, que em seu art. 290 estabelece literalmente a proteção pétrea aos direitos fundamentais sociais dos trabalhadores, ao mesmo tempo em que também entrincheira os direitos civis e políticos do cidadão.
(58) Veja-se a obra de BONAVIDES. *Curso de direito constitucional*, cit., p. 440-441.
(59) Especificamente sobre esse ponto, haverá capítulo próprio mais adiante.
(60) No mesmo sentido, BONAVIDES, Paulo. *Curso de direito constitucional*, p. 597, para quem "Só uma hermenêutica constitucional dos direitos fundamentais em harmonia com os postulados do Estado Social e democrático de Direito pode iluminar e guiar a reflexão do jurista para a resposta alternativa acima esboçada, que tem por si a base de legitimidade haurida na tábua dos princípios gravados na própria Constituição e que, conforme vimos, fazem irrecusavelmente inconstitucional toda inteligência restritiva da locução jurídica "direitos e garantias individuais, a qual não pode, assim, servir de argumento nem de esteio à exclusão dos direitos sociais".

A própria Constituição já fornece a resposta, quando em seu art. 1º, IV, tenta equilibrar a balança social, atribuindo o mesmo patamar aos fundamentos do valor social do trabalho e da livre-iniciativa, sendo certo que esta, tão desejada em um sistema capitalista como o brasileiro, não pode jamais ignorar aquele valor, sob pena de a propriedade não cumprir a sua função social.

O raciocínio literal igualmente relega ao oblívio a dignidade da pessoa humana, grande fundamento do Estado Democrático e Social de Direito e valor maior que informa todos os Direitos Fundamentais, sendo impossível o alcance desejado no texto constitucional, de uma sociedade livre, justa e solidária sem que haja uma plena observância dos Direitos Fundamentais sociais dos trabalhadores, tendo-se que o trabalhador oprimido, vacilante em seus direitos fundamentais, não se constitui livre, não sendo a relação entre capital e trabalho justa e, muito menos, solidária.

A discussão não é sem motivo. Ao revés, o Brasil vivencia uma época em que o clichê do neoliberalismo sempre toma lugar nos debates travados acerca da eterna tensão entre o capital e o trabalho, havendo até quem acredite no sucesso da fórmula do negociado sobre o legislado, assunto que sempre retorna com uma nova roupagem, ora sob o argumento de que a terceirização em atividade-fim é a solução para o problema do desemprego (ou subemprego), hodiernamente chamado "estrutural", ora aludindo-se à parassubordinação do desemprego, hodiernamente chamado "pejotização"[61], mas sempre tendo como pano de fundo o enfraquecimento dos direitos fundamentais dos trabalhadores.

A interpretação literal também não encontra lugar na própria técnica utilizada para confecção da Constituição de 1988, que ora se refere aos direitos humanos, ora aos direitos fundamentais.

O Supremo Tribunal Federal parece ter ignorado a conclusão literal aludida, quando na ADI-MC n. 939[62] entendeu que o princípio da anterioridade tributária, embora fora do catálogo de direitos individuais do art. 5º da Constituição Federal de 1988, é considerado cláusula pétrea, por ser direito fundamental, conclusão que foi decisiva para considerar inconstitucional a Emenda que tentava excepcionar o dito princípio no caso de Imposto Provisório sobre Movimentação Financeira.

---

(61) Sobre o tema: LIMA, Francisco Meton Marques de. A "pejutização" do contrato de trabalho — retorno ao princípio da autonomia da vontade — Lei n. 11.196/05. *Revista LTr*, v. 71, n. 6, p. 6/689-06/704, jul. 2007.
(62) DJ de 17.12.1993.

Em síntese, afastando a interpretação gramatical do texto constitucional, segundo a qual somente estariam cobertos pelo manto das cláusulas pétreas os Direitos Fundamentais individuais presentes no art. 5º da Constituição Federal de 1988, a conclusão inarredável é a de que todo o rol de direitos fundamentais sociais dos trabalhadores se revestem da proteção pétrea[63] em relação ao poder constituinte derivado. Nesse mesmo sentido, a doutrina de Sarlet, para quem é "virtualmente pacífica na doutrina internacional a noção de que — a despeito da diversa estrutura normativa e de suas consequências jurídicas — ambos os 'grupos de direitos se encontram revestidos pelo manto da 'fundamentalidade'"[64].

Raciocínio em contrário e meramente literal impede que todos os direitos coletivos sejam também protegidos pelo manto da petrificidade, levando o exegeta até a conceber que o mandado de segurança individual se constitui em cláusula pétrea, mas o coletivo não, raciocínio que parece equivocado.

Nesse trilhar, a melhor hermenêutica considerará materialmente inconstitucional a alteração sofrida pelo art. 7º, inciso XXIX, da CRFB/88, que trouxe nova hipótese de prescrição, esta observada no curso do contrato de trabalho dos empregados rurícolas, modificação esta que ofende diretamente o conteúdo pétreo do texto constitucional.

Aliás, a própria interpretação no sentido de que é devida a prescrição no transcorrer do contrato de trabalho, segundo alguns[65], se reveste de inconstitucionalidade, por não permitir que o empregado usufrua livremente o seu direito de acionar o Poder Judiciário, diante da presente subordinação própria do contrato de emprego, sobretudo em um sistema interpretativo dominante que considera viável a desproteção do trabalhador em relação à sua dispensa arbitrária ou sem justa causa.

---

(63) Em idêntico sentido, SARLET, Ingo Wolfgang. *A eficácia dos direitos fundamentais*, cit., p. 161, para quem "à luz de uma interpretação sistemática e teleológica é possível sustentar a tese de que todos os direitos e garantias fundamentais da Constituição (inclusive os situados fora do catálogo) constituem limite material à reforma constitucional, já que o Constituinte contemplou a todos com a mesma força jurídica e fundamentalidade".
(64) SARLET, Ingo Wolfgang. *Eficácia dos direitos fundamentais*. 10. ed. Porto Alegre: Livraria do Advogado, 2009. p. 82.
(65) Jorge Luiz Souto Maior defendeu tese aprovada no CONAMAT com a seguinte ementa: PROTEÇÃO CONSTITUCIONAL CONTRA A DISPENSA ARBITRÁRIA (art. 7º, I, CF). NÃO REGULAMENTAÇÃO. PRESCRIÇÃO QUINQUENAL: INAPLICABILIDADE. Considerando que a prescrição não é um "prêmio" para o mau pagador, enquanto não aplicado efetivamente o direito de proteção contra a dispensa arbitrária previsto no inciso I do art. 7º da CF, que gera ao trabalhador a impossibilidade concreta de buscar os seus direitos pela via judicial, não se pode considerar eficaz a regra do inciso XXIX do art. 7º, no que se refere à prescrição que corre durante o curso da relação de emprego. (Disponível em: <http://www.conamat.com.br/teses/16042010180951.doc>. Acesso em: 4.1.2015).

2. Classificação adotada

Importa agora firmar posição doutrinária acerca da classificação adotada em relação aos Direitos Fundamentais Sociais, tendo-se que, classicamente, os direitos de liberdade ou defesa, assim considerados como de primeira geração ou dimensão, normalmente são concebidos como de eficácia plena, ao passo que os outros, os direitos prestacionais, habitualmente igualados aos de segunda geração (sociais, econômicos e culturais), por tradição, contemplam eficácia limitada ou, como se viu ao norte, até programática.

A localização não é sem razão, tendo-se que, mais adiante, no item 4 deste mesmo capítulo, será retomado o debate para firmar posicionamento, apondo o direito do trabalhador contra a despedida arbitrária ou sem justa causa no patamar de direito de defesa.

Isso não tem o condão de encerrar a discussão somente por essa caracterização, porquanto o regramento constitucional objeto do presente estudo, diante da atecnia legislativa já relatada alhures, padece de reflexão acerca da sua densidade normativa, o que não se confunde com a simples eficácia da norma.

Como já aludido, os direitos fundamentais, diante do critério liberal-burguês herdado do período posterior à Revolução Francesa de 1789, são divididos em direitos de defesa e direitos a prestações, identificando-se habitualmente os primeiros com os direitos de primeira geração e estes com os direitos de segunda dimensão ou geração.

Mesmo passados mais de duzentos anos da dita revolução, ainda permanece a diferenciação doutrinariamente, o que em geral implica a distinção dos "direitos" em relação à eficácia, conclusão que, como será demonstrado ao longo do presente trabalho, não encontra lugar na moderna hermenêutica constitucional, que percebe os Direitos Fundamentais sob dupla dimensão, a subjetiva, classicamente adotada, e a objetiva, fruto do desenvolvimento da classificação já formulada por Jellinek e prontamente estabelecida pela jurisprudência germânica da segunda metade do século passado, enxergando os aludidos direitos como ordem de valores pinçados da sociedade, pois, como afiança Alexy, "o direito fundamental completo é um feixe de posições de diferentes conteúdos e diferentes estruturas"[66], observadas abstrata e concretamente.

---

(66) ALEXY, Robert. *Teoria dos direitos fundamentais*. Tradução de Virgílio Afonso da Silva. São Paulo: Malheiros, 2008. p. 254.

Jellinek, ocupando-se de posicionar abstratamente os Direitos Fundamentais, formulou a teoria dos *status*, segundo a qual, em relação ao Estado, o indivíduo possui quatro *status*: *status passivo*, ou *status subiectionis*, o *status negativo* ou *status libertatis*, o *status positivo* ou *status civitatis* e o *status ativo* ou *status da cidadania ativa*[67].

No *status passivo*, o indivíduo se coloca em estado de sujeição frente ao Estado, significando, segundo Alexy, que aquele se encontra "em uma determinada posição que possa ser descrita com o auxílio das modalidades de dever, proibição e competência — ou de seu converso, a sujeição"[68].

Em relação ao *status negativo*, normalmente identificado com os direitos de defesa, Alexy assegura que tal conclusão seria contraditória "com as considerações feitas por Jellinek", e prossegue dizendo que o referido mestre afirmou que referido *status* é observado quando "ao membro do Estado é concedido um status, no âmbito do qual ele é o senhor, uma esfera livre do Estado, que nega o seu *imperium*"[69], assegurando que, para Jellinek, essa liberdade negativa somente seria observada quando a conduta do indivíduo fosse irrelevante ao Estado. É dizer, o que o professor de Heidelberg classificou como sendo "irrelevância jurídica", nada mais do que "liberdade não protegida"[70], ou seja, qualquer ação não obrigatória e tampouco proibida.

Sem embargo, Alexy constata que o referido *status* é formado apenas por faculdades, ou por liberdades públicas não protegidas, apresentando a ótica positiva do *status negativo*, pois, segundo conclui, nesse particular, a atividade do Estado não se encerra em deixar de proibir a conduta, pois, ao proibi-la, indiretamente, a reconhece, sendo justamente aí o equívoco em identificar o *status negativo* com o direito de defesa, ou somente com o afastamento do Estado. E é ainda mais explicativo: "todas as ações que a um indivíduo não são nem obrigatórias nem proibidas pertencem ao seu espaço de liberdades" (conteúdo negativo do *status*) e "todas as ações que ou lhe são obrigatórias ou proibidas pertencem ao seu *espaço de obrigações*"[71] (conteúdo passivo do *status*).

Já no tocante ao *status positivo*, o indivíduo está nele inserido quando o "Estado a ele reconhece a capacidade jurídica para recorrer ao aparato estatal e utilizar as instituições estatais"[72]. É dizer, quando o Estado "garante ao

---

(67) Cf. ALEXY, Robert. *Op. cit.*, p. 255.
(68) *Op. cit.*, p. 257.
(69) *Op. cit.*, p. 258.
(70) ALEXY, Robert. *Op. cit.*, p. 259.
(71) Cf. ALEXY, Robert. *Op. cit.*, p. 261.
(72) Cf. ALEXY, Robert. *Op. cit.*, p. 263.

indivíduo pretensões positivas"⁽⁷³⁾. Explicando mais claramente tal teoria, explana mais uma vez Alexy que "o fato de o indivíduo ter esse tipo de pretensão em face do Estado significa [...] que ele tem *direitos a algo* em face do Estado e que [este] tem uma *competência* em relação ao seu cumprimento". E prossegue afirmando que o "cerne do status positivo revela-se como o direito do cidadão, em face do Estado, a ações estatais"⁽⁷⁴⁾. Ou seja, o que para o indivíduo se afigura um direito, para o Estado é um dever.

No *status ativo*, ao indivíduo é imposto um dever ou uma obrigação, como o dever de votar, ou de servir o exército, para os homens a partir de dezoito anos.

Não obstante a clássica divisão, Canotilho⁽⁷⁵⁾ afirma que os direitos prestacionais se dividem em acesso à utilização de prestações estatais — estes subdivididos em direitos derivados e direitos originários a prestações — e, noutra banda, em direitos à participação na organização e procedimento. A divisão tem forte inspiração na distinção presente na Constituição da República portuguesa de 1976, na qual se lê que os direitos fundamentais são divididos em dois grupos, formados por direitos, liberdades e garantias (Título II), e pelos direitos econômicos, sociais e culturais (Título III) e o próprio legislador constituinte previu diferenciação em relação aos regimes jurídicos dos aludidos direitos fundamentais, privilegiando os "direitos, liberdades e garantias", muito embora tenha incluído no rol das cláusulas pétreas os direitos fundamentais sociais.

Já para Alexy⁽⁷⁶⁾, a divisão dos direitos fundamentais se perpetra em três grandes grupos: direito a algo, liberdades e competências, respectivamente. Os direitos a algo se dividem em ações negativas ou direitos de defesa, por seu turno, divididos em: i) direito a que o Estado impeça ou obstaculize determinadas ações do titular do direito; ii) direito a que o Estado não afete determinadas propriedades ou situações do titular; iii) direito a que o Estado não elimine determinadas posições jurídicas do titular do direito; e as ações positivas, ou direito a prestações, subdivididos em prestações fáticas (*lato sensu*), também detalhadas nos direitos à proteção, organização e procedimento, e direito a prestação em sentido estrito, além das prestações jurídicas. Tal divisão, de grande importância não só para o Direito germânico, mas também para todos os estudiosos do Direito Constitucional, será

---

(73) Cf. ALEXY, Robert. *Op. cit.*, p. 263-264.
(74) Cf. ALEXY, Robert. *Op. cit.*, p. 265.
(75) CANOTILHO, J. J. Gomes. *Direito constitucional*. 5. ed. Coimbra: Almedina, 2002. p. 522 e ss.
(76) ALEXY, Robert. *Teoria dos direitos fundamentais*. Tradução de Virgílio Afonso da Silva. São Paulo: Malheiros, 2008.

neste trabalho utilizada, sobretudo quando da análise dos direitos/deveres de proteção estatal, conforme se verá no capítulo III.

Encontra-se, na doutrina pátria, a lição de José Afonso da Silva, que também já tratou do assunto e, depois de afirmar que todas as classificações "mais confundem do que esclarecem", apresenta proposta, dividindo os direitos fundamentais nacionais de acordo com o conteúdo: a) direitos fundamentais do homem-indivíduo (direitos individuais); b) direitos coletivos (do homem como membro de uma coletividade); c) direitos fundamentais do homem social (ou, simplesmente, direitos sociais); d) direitos à nacionalidade (do homem-nacional); e) direitos do homem-cidadão (ou direitos políticos).

Por seu turno, Sarlet[77], dizendo-se muito mais preocupado com a dupla dimensão dos direitos fundamentais — o que será analisado no próximo capítulo —, estabelece critério bem didático, dividindo os Direitos Fundamentais em dois grandes grupos, formados pelos direitos de defesa e os direitos a prestações, estes subdivididos em: i) direitos a prestações em sentido amplo (direitos à proteção e à participação na organização e procedimento) e ii) direitos a prestações em sentido estrito. Tal classificação atende ao objeto do presente trabalho e aqui será utilizada, mas sem ignorar que o legislador constituinte pátrio não se utilizou de boa técnica para confecção e organização dos Direitos Fundamentais, sendo certo que é possível se encontrar no rol dos Direitos Fundamentais sociais, tanto direitos de defesa, quanto direitos a prestações em sentido estrito[78].

Veja-se, por exemplo, o direito de greve, estatuído no art. 9º do Texto Constitucional, que, em que pese topograficamente presente no capítulo que trata dos direitos sociais, encerra um legítimo direito de defesa, o mesmo ocorrendo com o direito objeto deste estudo, a saber, a proteção em face da despedida arbitrária, que igualmente desafia classificação defensiva na divisão dos Direitos Fundamentais.

---

(77) *Op. cit.*, p. 167.
(78) Nesse trilhar, informa Sarlet que "boa parte dos direitos dos trabalhadores, positivados nos arts. sétimo a onze de nossa Lei Suprema, são, na verdade, concretizações do direito de liberdade e do princípio da igualdade (ou da não-discriminação), ou mesmo posições jurídicas dirigidas a uma proteção contra ingerências por parte dos poderes públicos e entidades privadas. É o caso, por exemplo, da limitação da jornada de trabalho, do reconhecimento das convenções e acordos coletivos de trabalho, das normas relativas à prescrição, da proibições consignadas no artigo sétimo, incisos XXX a XXXIII, da igualdade de direitos entre o trabalhador com vínculo empregatício e o trabalhador avulso, da liberdade de associação sindical, bem como do direito de greve, apenas para ficarmos no âmbito das hipóteses mas evidentes" (*Op. cit.*, p. 174). E, fornecendo os mesmos fundamentos e exemplos, a doutrina de QUEIROZ JÚNIOR, Hermano. *Os direitos fundamentais dos trabalhadores na Constituição de 1988*. São Paulo: LTr, 2006. p. 67.

É certo, também, que a divisão proposta não significa em absoluto que um determinado direito fundamental somente possa ser enquadrado como de defesa ou prestacional, sendo mais adequado se falar em preponderância em relação ao sistema classificatório, já que os próprios direitos de defesa podem assumir postura prestacional e vice-versa.

3. Eficácia dos direitos fundamentais sociais

Embora o art. 5º, § 1º, do Texto Constitucional de 1988 seja enfático no sentido de se considerar plenamente eficazes os Direitos Fundamentais, sem descurar em relação às gerações (ou dimensões) ou até mesmo no tocante aos particulares, a realidade tem demonstrado que isso não é suficiente, tendo-se que normas fundamentais há que, a despeito de exporem proteção a Direito Fundamental de suma importância para o bom desenvolvimento do Estado Democrático de Direito, ainda padecem de baixa densidade normativa, cabendo ao aplicador do Direito, sobretudo ao Estado-Juiz, compatibilizar a redação da norma com princípios como a força normativa da Constituição ou a plena eficácia de suas normas e a própria unidade do Texto Constitucional.

A discussão acerca da eficácia e alcance das normas constitucionais não é assunto moderno e, apesar da farta doutrina produzida, ainda padece de finalização terminológica segura e definitiva.

Foi Ruy Barbosa quem, partindo da doutrina e jurisprudência estadunidenses, primeiro tratou sobre o tema aqui no Brasil, dividindo as normas constitucionais em autoaplicáveis (ou autoexecutáveis) e normas não autoaplicáveis (ou não autoexecutáveis), assim entendidas pela doutrina estrangeira aludida, respectivamente, como normas *self-executing, self-acting,* ou *self-enforcing* e normas *not self-executing, not self acting,* ou *not self-enforcing,* ainda sob a égide da Constituição de 1891. Para o referido publicista, deve-se atentar para o enunciado ou conteúdo do preceito constitucional, para, a partir daí, se determinar se a correspondente norma é dirigida ao Legislador ou ao Judiciário, demonstrando que o mais importante a ser analisado é se a norma exige concretização ao patamar legislativo ou não, para gerar por si só efeitos jurídicos imediatos[79].

---

(79) Cf. SARLET, Ingo Wolfgang. *A eficácia dos direitos fundamentais*, cit., p. 242.

José Afonso da Silva, sem abandonar completamente a divisão alhures apontada, dividiu as normas constitucionais em três grupos, a saber, normas de eficácia plena, de eficácia contida e de eficácia limitada. As primeiras são aquelas que não dependem de qualquer regulamentação do legislador ordinário, por serem completas, de aplicabilidade direta, integral e imediata, pois, "desde a entrada em vigor da Constituição, produzem, ou têm possibilidade de produzir, todos os efeitos essenciais, relativamente aos interesses, comportamentos e situações, que o legislador constituinte, direta ou indiretamente, quis regular"[80].

As segundas igualmente são aptas a gerar efeitos diretos, mas não integralmente, podendo ser limitadas pelo legislador ordinário, sendo "aquelas em que o legislador constituinte regulou suficientemente os interesses relativos à determinada matéria, mas deixou margem à atuação restritiva por parte da competência discricionária do poder público, nos termos que a lei estabelecer ou nos termos de conceitos gerais nelas enunciados"[81].

Já as normas de eficácia limitada possuem eficácia reduzida, não sendo aplicável a partir do texto mesmo da Constituição, carecendo, necessariamente, de intervenção legislativa ordinária para que possam ser efetivamente aplicáveis, englobando tanto as normas declaratórias de princípios programáticos, quanto as normas declaratórias de princípios institutivos e organizatórios[82].

Partindo do pressuposto segundo o qual todas as normas constitucionais, sobretudo as normas fundamentais constitucionais, mesmo com redação eivada de programaticidade ou que deixa transparecer necessária intervenção legislativa ordinária, são dotadas de eficácia, ainda que mínima, ao longo deste trabalho será adotada a ideia de Sarlet, que prefere falar em normas constitucionais de alta e baixa densidade normativa, sendo aquelas "aptas a, diretamente e sem intervenção do legislador, gerar os seus efeitos essenciais" e estas as que "não possuem normatividade suficiente para [...] gerar seus efeitos principais, ressaltando-se que, em virtude de uma normatividade mínima (presente em todas as normas constitucionais), sempre apresentam certo grau de eficácia jurídica"[83].

Todavia, não há como ignorar o fato de que a técnica legislativa adotada para confecção e positivação dos Direitos Fundamentais importa necessaria-

---
(80) SILVA, José Afonso da. *Aplicabilidade das normas constitucionais*. 7. ed. São Paulo: Malheiros, 2007. p. 79.
(81) SILVA, José Afonso da. *Op. cit.*, p. 79.
(82) SILVA, José Afonso da. *Op. cit.*, p. 73 e 106.
(83) SARLET, Ingo Wolfgang. *A eficácia dos direitos fundamentais*. 10. ed. Porto Alegre: Livraria do Advogado, 2008. p. 252.

mente na eficácia deles, sem deixar de lado o quanto já afirmado em relação à mínima eficácia consagrada em todas as normas jusfundamentais, ainda que sejam programáticas.

Doutra banda, não se pode igualmente ignorar o fato de que determinados Direitos Fundamentais já foram positivados "como autênticas ordens de legislar"[84], ou, como prefere Canotilho, como "normas impositivas"[85], sendo certo que já nesse momento se pode afirmar com exatidão que a proteção em face da despedida arbitrária, objeto do presente trabalho, constitui-se em norma impositiva, contendo em si o art. 7º, I, da CRFB/88 uma ordem dirigida diretamente ao Legislador, impondo que este exercite o seu múnus e crie normas jurídicas protetivas ao emprego, sobretudo traçando diretrizes indenizatórias no tocante à denúncia vazia do contrato de trabalho, conforme já prevê do indigitado dispositivo constitucional.

Em relação à multifuncionalidade atinente aos Direitos Fundamentais, estes são classicamente divididos em direitos de defesa, assim compreendidos como os direitos que tratam de liberdade, igualdade, políticos e garantias fundamentais; e os direitos a prestações, modernamente subdivididos em direitos a prestações em sentido amplo (proteção e participação na organização e procedimento) e direitos a prestações em sentido estrito, como os direitos sociais vinculados à prestação material, sendo certo que se, em relação aos direitos de defesa habitualmente, não há maiores discussões acerca da sua eficácia imediata, não se pode afirmar o mesmo no tocante aos direitos a prestações, passíveis de forte divergência doutrinária em relação à sua eficácia, já que requerem uma intervenção estatal material e legislativa positiva, questões estas não resolvidas somente pela leitura do art. 5º, § 1º, da Constituição pátria, em que pese a sua importante e inovadora previsão quanto à plena e imediata eficácia das normas tratantes de Direitos Fundamentais.

3.1. Alcance do art. 5º, § 1º, da Constituição Federal de 1988, à luz da máxima efetividade e da força normativa da Constituição

No dizer de Canotilho, o princípio da máxima efetividade, também chamado de princípio da eficiência ou princípio da interpretação efetiva,

---

(84) SARLET, Ingo Wolfgang. *Op. cit.*, p. 259.
(85) CANOTILHO, J. J. Gomes. *Op. cit.*, p. 1240.

significa que: "a uma norma constitucional deve ser atribuído o sentido que maior eficácia lhe dê"[86], sendo sempre e atualmente invocado para se resolverem questões constitucionais difíceis, em caso de dúvida acerca do alcance e da interpretação de determinado preceito constitucional.

Outro princípio bastante festejado é o da força normativa da Constituição, que pode até aparentar obviedade diante da sua autoexplicabilidade, mas é fruto de imenso avanço científico e mudança paradigmática na hermenêutica constitucional da segunda metade do século passado, tendo-se que, até então, os países ocidentais de orientação romano-germânica seguiam diretriz interpretativa sem grandes questionamentos em relação às limitações do Poder Legislativo, o que levava à compreensão segundo a qual a Constituição era um mero documento político, desconstituído de força normativa ampla, contendo normas inferiores às ordinariamente confeccionadas.

Seguindo método intitulado de hermenêutico concretizador, Konrad Hesse tratou da Constituição jurídica, que, em síntese, deve guardar simetria com os valores sociais de seu tempo chamada de Constituição real; caso contrário, servirá de elemento catalisador para conflito, "cujo desfecho há de verificar contra a Constituição escrita, esse pedaço de papel que terá de sucumbir diante dos fatores reais de poder dominantes no país"[87]. O citado publicista também afiançou que a Constituição se converterá em "força ativa se fizerem presentes, na consciência geral — particularmente, na consciência dos princípios responsáveis pela ordem constitucional —, não só a *vontade de poder*, mas também a *vontade de constituição*"[88] (grifos no original).

Para Canotilho, o princípio hermenêutico da força normativa da Constituição quer dizer que "na solução dos problemas jurídico-constitucionais deve dar-se prevalência aos pontos de vista que, tendo em conta os pressupostos da constituição, contribuem para uma eficácia óptima da lei fundamental". Nesse trilhar, "deve dar-se primazia às soluções hermenêuticas que, compreendendo a historicidade das estruturas constitucionais, possibilitam a 'atualização' normativa, garantindo, do mesmo pé, a sua eficácia e permanência" [89].

Esse também parece ser o entendimento de Bandeira de Melo, quando salienta que o Direito tem como nota típica a imposição de conduta, sendo o regramento constitucional "um conjunto de dispositivos que estabelecem

---

(86) *Op. cit.*, p. 1208.
(87) HESSE, Konrad. *A força normativa da constituição*. Tradução de Gilmar Ferreira Mendes. Porto Alegre: Sergio Antonio Fabris, 1991. p. 9.
(88) *Op. cit.*, p. 19.
(89) *Op. cit.*, p. 1210.

comportamentos obrigatórios para o Estado e para indivíduos", não sendo as normas constitucionais meros convites à legislação, opções ideológicas sem conteúdo normativo, ainda que encerrem preceito programático, pois "não há norma constitucional alguma destituída de eficácia" e todas as normas constitucionais "irradiam efeitos jurídicos, importando sempre numa inovação da ordem jurídica preexistente a entrada em vigor da Constituição a que aderem e a ordenação instaurada"[90].

O art. 5º, § 1º, do Texto Constitucional pátrio, instituindo que "as normas definidoras dos Direitos Fundamentais têm aplicabilidade imediata", foi fortemente inspirado no art. 18/1 da Constituição portuguesa de 1976 e no art. 1º, III, da Lei Fundamental de Bonn, que tratam também da eficácia dos Direitos Fundamentais[91]; mas, embora possa se retirar do seu conteúdo um certo perfume dos princípios da máxima efetividade das normas constitucionais e da força normativa da Constituição, a simples leitura não é suficiente para determinar o seu real alcance, tendo-se que o problema da eficácia das normas jusfundamentais, como já detectado ao norte, é resolvido muito mais prestando-se atenção à técnica utilizada pelo Legislador Constituinte, atentando-se para a baixa ou alta densidade normativa de cada dispositivo, do que pela aplicação cega do preceito indigitado.

Como bem disposto por Sarlet[92], as teses a respeito do alcance do art. 5º, § 1º, da nossa Constituição podem ser bipolares, havendo os que acreditam que o mandamento constitucional é suficiente para resolver o problema da eficácia dos direitos fundamentais, sendo a mesma plena e imediata[93], ante o dispositivo constitucional; e os que, ao revés, fundamentam que o Legislador, ao estabelecer tal regramento, disse além do que desejava, cabendo ao intérprete conter a sanha ampliativa em um primeiro momento conduzida pelo artigo constitucional[94].

---

(90) MELLO, Celso Antônio Bandeira de. *Eficácia das normas constitucionais e direitos sociais*. 1. ed. 3. tir. São Paulo: Malheiros, 2011. p. 13.
(91) Art. 18/1 da Constituição portuguesa de 1976: "os preceitos constitucionais respeitantes aos direitos, liberdades e garantias são diretamente aplicáveis e vinculam as entidades públicas e privadas". Art. 1º, III, da Lei Fundamental alemã: "os direitos fundamentais a seguir enunciados vinculam o Legislador, o Poder Executivo e o Judiciário como direito diretamente vigente".
(92) *Op. cit.*, p. 263 e ss.
(93) Nesse sentido, é a doutrina de Grau, para quem "o preceito inscrito no § 1º do art. 5º da Constituição de 1988 afirma a aplicação imediata das normas definidoras de direitos e garantias fundamentais. Isso significa que tais normas devem ser imediatamente cumpridas pelos particulares, independentemente da produção de qualquer ato legislativo ou administrativo. Significa, ainda, que o Estado também deve prontamente aplicá-las, decidindo pela imposição do seu cumprimento, independentemente da produção de qualquer ato legislativo ou administrativo, e as tornando jurídica e formalmente efetivas" (GRAU, Eros Roberto. *A ordem econômica na Constituição de 1988*. 15. ed. São Paulo: Malheiros, 2012. p. 318).
(94) Esse é, em síntese, o pensamento de Gebran Neto, citado por Sarlet (*Op. cit.*, p. 264).

Especificamente no tocante aos direitos de defesa, não há qualquer dissenso doutrinário em relação à sua plena e automática aplicabilidade. Assim, é correto dizer que todos os direitos de defesa são autoaplicáveis, por conta da técnica de redação empregada e, também, por encerrarem direitos absenteístas, cabendo ao Estado ou até mesmo aos particulares se absterem de perpetrar determinada conduta libertária, o que não impede sejam os mesmos direitos defensivos tidos no sentido prestacional, como sói ocorrer com os direitos políticos, que, primariamente, encerram direitos de defesa, mas também requerem por parte do Estado conduta prestacional no sentido do fornecimento do aparato necessário para a livre fruição do direito de sufrágio.

Se é certo que, em relação a todas as normas constitucionais, pende a presunção de máxima eficácia, justamente em face do princípio de terminologia idêntica, em se tratando de Direitos Fundamentais, a presunção de plena e imediata eficácia é ainda maior, sendo ainda mais correto afirmar que tais possuem um *plus* eficacial capaz de gerar tal presunção, por força do princípio presente no art. 5º, § 1º, da nossa Constituição. Mas tal afirmação, como já aludido, por si só, não resolve o problema, sendo certo que somente a análise tópico-sistemática das normas jusfundamentais aplicáveis ao caso concreto, atrelada à interpretação evolutiva e à observância da densidade normativa de cada específico Direito Fundamental, será hábil a ensejar o seu real alcance.

Apesar da sedutora tese de que o art. 5º, § 1º, da Constituição pátria contém determinação no sentido de se considerarem todas as normas que tratam de Direitos Fundamentais já autoaplicáveis, parece que novamente a razão está na temperança de Sarlet, para quem o aludido dispositivo constitucional encerra conteúdo principiológico no sentido proposto por Alexy, sendo mandamento de otimização, devendo o intérprete e todos os órgãos estatais, quando em dúvida acerca do alcance do Direito Fundamental, dá-lhe a maior eficácia possível, pois o "postulado da aplicabilidade imediata não poderá resolver-se, a exemplo do que ocorre com as regras jurídicas, de acordo com a lógica do tudo ou nada, razão pela qual o seu alcance dependerá do exame da hipótese em concreto, isto é, da norma de direito fundamental em pauta"[95], ou, em outras palavras, pela técnica da ponderação de interesses constitucionalmente assegurados.

---

(95) *Op. cit.*, p. 270.

3.2. Eficácia dos direitos sociais prestacionais e o problema da reserva do possível. Breves considerações

Os direitos de defesa, como já mencionado, por requisitarem apenas uma atitude abstencionista (deixando de lado, evidentemente, a sua versão positiva) por parte do Estado ou dos particulares, normalmente não encontram divergência na doutrina[96] em relação à sua plena eficácia, realidade sempre corroborada com a afirmação de que tais direitos não dependem de grande dispêndio estatal, não se vinculando sequer ao denominado princípio da reserva do possível.

A tese não se sustenta quando se verifica que diversos direitos capitulados como defensivos necessitam de forte amparo e dispêndio estatal, como sói ocorrer nas eleições, conforme ao norte analisado, ou até no próprio direito de propriedade, que requer o acionamento ao Poder Judiciário e grande apelo policial para sua fiel defesa, gerando, por conseguinte, um custo, o que demonstra que tal afirmação figura mais como um sofisma do que como uma realidade, tendo-se que todos os Direitos Fundamentais são custosos ao Estado.

Nesse trilhar, como afirma Gustavo Amaral, "todos os direitos têm custos porque todos pressupõem o custeio de uma estrutura de fiscalização para implementá-los"[97] e, corroborando com a tese, a lição de Sarlet, para quem todos os direitos fundamentais "são, de certo modo, sempre direitos positivos, no sentido de que também os direitos de liberdade exigem um conjunto de medidas positivas por parte do poder público, que abrangem a alocação significativa de recursos materiais e humanos para a sua proteção e implementação[98].

Nunca é demais frisar que o Estado, quando resolveu tomar para si a tutela jurisdicional, afastando a possibilidade de autotutela, criou a necessidade de custeio com o sistema carcerário e policial para impedir a tortura e o exercício arbitrário do ofendido e quase ninguém ignora que essa opção pela paz na sociedade por meio do monopólio estatal desencadeia um imenso dispêndio — mesmo que isso diga respeito aos "primeiros direitos fundamentais" —, mas isso, como é da cultura constitucional, não é questionado e posto como impedimento para a segurança de todos os cidadãos.

---

(96) Cf. SARLET, Ingo Wolfgang. *Eficácia dos direitos fundamentais*, cit., p. 280.
(97) AMARAL, Gustavo. *Direito, escassez & escolha*: critérios jurídicos para lidar com a escassez de recursos e as decisões trágicas. 2. ed. Rio de Janeiro: Renovar, 2010. p. 39.
(98) *Op. cit.*, p. 285.

Outra grande argumentação em prol da plena eficácia dos direitos de defesa reside no fato de que estes têm como desiderato a limitação de poder, estatal ou particular, ao passo que os direitos sociais a prestações, por almejarem a igualdade, necessitam de atitude positiva por parte do Estado (ou até dos particulares), para que o princípio da isonomia na sua visão material seja alcançado plenamente.

Isso porque todos os direitos sociais prestacionais — como habitação, saúde e educação —, assim entendidos como direitos positivos e estimulados pelo Estado por obrigação constitucional, visam a assegurar, por meio de uma desigualdade jurídica, a plena igualdade material, tendo-se que o contrário da igualdade não é a desigualdade, mas, sim, a própria igualdade, somente alcançada mediante uma política de inserção social justa[99], daí a necessidade de intervenção estatal positiva nas relações sociais e na economia, para o usufruto da liberdade concreta, não abstrata e formal, maior objetivo de todos os Direitos Fundamentais.

Apesar do quanto afirmado, aderindo à tese de plena eficácia dos direitos de defesa, é possível se vislumbrar uma visão negativa dos direitos sociais prestacionais, assim entendidos como os direitos à organização e procedimento desses mesmos direitos, ou até mesmo a necessidade de o Estado não intervir na prestação já concedida — fato que se liga diretamente à própria vedação ao retrocesso social —, vicissitudes que, por hora, não serão exploradas.

Sem embargo, enquanto os custos dos direitos sociais prestacionais são apontados como o grande entrave da sua efetivação material, os custos pertinentes aos direitos de defesa são em geral desprezados, até culturalmente, tendo-se que classicamente os direitos defensivos são tidos como "naturais" e inatos ao ser humano, pois historicamente o Estado apenas se preocupava em assegurar a liberdade em seu sentido formal, abstendo-se de intervir nas relações privadas e na economia para assegurar a igualdade.

Com a chegada do Estado Social, essa realidade estatal abstencionista se mostrou insuficiente, redundando no questionamento acerca dos dividendos estatais, pois as prestações sociais costumam ser mais dispendiosas do que o aparato estatal necessário para viabilizar os direitos de defesa, o que ocasionou a vinculação tão somente dos direitos sociais prestacionais

---

(99) Nesse sentido: "Enquanto nos outros valores (justiça, segurança, liberdade) a polaridade significa o momento da sua negação (injustiça, insegurança, falta de liberdade), na igualdade o seu oposto não a nega, senão que muitas vezes a afirma. Aí está o paradoxo da igualdade. A desigualdade nem sempre é contrária à igualdade" (TORRES, Ricardo Lobo. *Os direitos humanos e a tributação:* imunidades e isonomia. Rio de Janeiro: Renovar, 1995. p. 261-262).

à "reserva do possível"[100], assim entendida como "aquilo que o indivíduo pode exigir da sociedade", conforme decidido pelo Tribunal Constitucional alemão, no julgado *BVerfGE*, 33[101].

Refutando uma distinção *forte* entre os direitos de liberdade e os direitos sociais no plano da reserva do possível, tendo-se que ambos os direitos possuem custos e, por tal razão, a argumentação não pode servir de fundamento para a não eficácia dos direitos sociais prestacionais, Novais ainda lembra que alguns direitos sociais prestacionais, entendidos sob a sua vertente negativa, não custam nada, como "os deveres estatais de respeitar ou não impedir o acesso a cuidados de saúde pagos pelos próprios particulares (integráveis no direito social à saúde com um todo)"[102], sendo mais correto se falar em contraponto da reserva do possível à dimensão principal de cada direito, tendo-se que, "por força de sua natureza, os direitos sociais são [na dimensão positiva], juridicamente condicionados pela reserva do possível[103].

É saber, a reserva do possível é argumento limitador imanente aos direitos sociais prestacionais na opinião do referido autor, por serem tais sempre vinculados a uma necessária fonte de custeio e, pela própria natureza, custarem mais caro ao Estado. A razão, no entanto, parece estar novamente com Sarlet, quando este argumenta que a afirmação de que a reserva do possível é elemento integrante dos direitos fundamentais é equivocada, "como se fosse parte do seu núcleo essencial ou mesmo como se estivesse enquadrada no âmbito do que se convencionou denominar de limites imanentes dos direitos fundamentais"[104], porquanto a reserva do possível enquanto argumentação em torno da escassez de recursos é critério artificialmente criado pelos intérpretes das Constituições, podendo servir

---

(100) A reserva do possível pode ser tida no sentido jurídico, cabendo ao Estado-Legislador decidir acerca da viabilidade da confecção de leis para tratar do respectivo direito social prestacional; e fático, assim entendido como a provisão de numerário nos cofres públicos, resolvida, em um primeiro plano, pelos Poderes Legislativo e Executivo.
(101) Na oportunidade, a Corte alemã analisou demanda judicial proposta por estudantes que não haviam sido admitidos em escolas de medicina de Hamburgo e Munique em face da política de limitação do número de vagas em cursos superiores adotada pela Alemanha em 1960. A pretensão foi fundamentada no art. 12 da Lei Fundamental daquele Estado, segundo a qual *"todos os alemães têm direito a escolher livremente sua profissão, local de trabalho e seu centro de formação"*. Ao decidir a questão o Tribunal Constitucional entendeu que o direito à prestação positiva — no caso aumento do número de vagas na universidade — *encontra-se sujeito à reserva do possível, no sentido daquilo que o indivíduo pode esperar, de maneira racional, da sociedade*. Ou seja, a argumentação adotada refere-se à razoabilidade da pretensão.
(102) NOVAIS, Jorge Reis. *Direitos sociais:* teoria jurídica dos direitos sociais enquanto direitos fundamentais. Coimbra: Coimbra, 2010. p. 97.
(103) NOVAIS, Jorge Reis. *Op. cit.*, p. 101.
(104) *Op. cit.*, p. 288.

tanto para conceder ou negar um determinado Direito Fundamental, quando com outro conflitante.

A ideia de vinculação ou justiciabilidade[105] dos direitos sociais prestacionais aos custos correlatos cai por terra quando se percebe que o Estado às vezes pode despender mais numerário com os direitos de defesa, como sói ocorrer quando uma vítima de tortura recebe indenização, ou um proprietário ingressa na Justiça e tem o seu pleito indenizatório aceito, diante da constatação de desapropriação indireta, custos normalmente muito mais elevados do que o fornecimento de determinados remédios ou mesmo uma habitação digna.

Novais aponta o caminho a ser percorrido:

> tomados como um todo, encontramos nos dois tipos de direitos modalidades de afetação pela reserva do possível. Há, no entanto, uma diferença sensível. Enquanto os bens de liberdade e de autonomia jusfundamentalmente protegidos pelos direitos de liberdade não *custam* (por exemplo, liberdade de religião, de expressão, de manifestação, de associação, de greve, não *custam*, não é possível *comprá-las* no mercado), então, em princípio, a reserva do financeiramente possível não os afeta intrinsecamente; só os afeta relativamente aos deveres estatais destinados a promover o acesso individual a esses bens ou a garantir a sua efetividade prática através da criação de institutos, procedimentos, serviços, apoios ou compensações. Diferentemente, como os bens jusfundamentalmente protegidos pelos direitos sociais são bens escassos, *custosos, procuráveis* no mercado, então a reserva do financeiramente possível, em geral, afeta-os intrinsecamente; só não os afeta relativamente aos deveres estatais de respeito e não impedimento do acesso a esses bens por parte dos particulares que dispõem, por si mesmos, dos correspondentes recursos próprios para garantir o acesso.

Se se tomar, todavia, como pressuposto que a Constituição é um sistema aberto de regras e princípios e que os Direitos Fundamentais (de defesa

---

(105) "Por 'justiciabilidade' entende-se a possibilidade de o titular do direito reclamar perante o juiz ou tribunal o cumprimento das obrigações que derivam desse direito. Nesse sentido, ser titular de um direito subjetivo significa deter um poder jurídico reconhecido pelo direito objetivo, isto é, deter o poder de participar na criação de uma norma individual por intermédio de uma ação específica em justiça, designadamente através de reclamação ou queixa" (QUEIROZ, Cristina M. M. *Direitos fundamentais sociais*: funções, âmbito, conteúdo, questões interpretativas e problemas de justiciabilidade. Coimbra: Coimbra, 2002. p. 148).

ou prestacionais) são princípios, assim entendidos como mandamentos de otimização, é saber, que devem sempre ser tomados segundo a sua máxima efetividade, é fácil perceber que, detendo os mesmos tal qualidade, possuem limitações externas, como o é a reserva do possível, podendo todos, direitos defensivos ou prestacionais, serem confrontados, quando colidentes nos casos concretos, segundo a regra da ponderação, prevalecendo topicamente o princípio que tiver maior peso, consideradas as condições da respectiva questão concreta, o que não quer dizer seja o Direito Fundamental escolhido, diante da escassez de recursos e possibilidades de escolha, prevalecente sempre, tendo-se que as condições postas determinam o resultado em um ou outro sentido.

Melhor explicando, se os recursos estatais são escassos, cabe inicialmente ao Legislador decidir, segundo a escala de prioridades, qual direito fundamental será materialmente protegido, de acordo com os critérios de ponderação, observando-se a reserva do possível, que funciona sempre como limite à escolha em um ou outro sentido. Não sendo atendido o objetivo protetivo, cabe ao Judiciário a análise do caso concreto, estabelecendo novamente juízo de ponderação, dessa feita com diversos testes de constitucionalidade e sem ignorar o fato de que o procedimento de escolha anterior igualmente encontra fundamento em prioridades tidas pelos demais Poderes e que, portanto, não pode ser posto de lado sem mais.

É certo, porém, que, em se tratando de Direitos Fundamentais sociais prestacionais, a reserva do possível funciona como um limite sempre presente, pois eles são prevalentemente de dimensão positiva, comportando custo estatal maior e a análise da sua viabilidade ou não é prefacialmente perpetrada pelo Legislador, cuja priorização orçamentária deve ser respeitada pelo Juiz.

Os recursos sempre existem, sempre há dinheiro em caixa, mas a escolha sobre onde o numerário deverá ser aplicado de forma prioritária é efetuada pelo Legislador, cabendo ao Estado-Juiz "apreciar se a dificuldade financeira alegada pelo poder político é suficientemente relevante, do ponto de vista do interesse público, para afastar ou fazer ceder a pretensão individual" e se a escolha efetuada e fundamentada "não merecem censura jurídico-constitucional, controlos esses a que, do outro lado da questão, não é indiferente a importância ou premência de realização do respectivo direito social"[106].

É dizer, a escolha feita pelo Legislador, diante da escassez de recursos estatais, deve ser respeitada pelo Juiz, não cabendo a este substituir a

---

(106) NOVAIS, Jorge Reis. Op. cit., p. 117.

escolha feita anteriormente pela sua própria, pois, assim agindo, esbarra no princípio da separação dos poderes. Apenas quando a escolha efetuada pelo Estado-Legislador se mostrar incabível diante das prioridades estatais tidas no caso concreto posto em Juízo, é que caberá a intervenção judicial no sentido de se fornecer a prestação social pretendida[107].

3.3. Os direitos sociais prestacionais são direitos subjetivos?

Os Direitos Sociais prestacionais (ao trabalho, educação, saúde, moradia, lazer, segurança, previdência social, assistência aos desamparados e proteção à maternidade e à infância) previstos no art. 6º da nossa Constituição, por possuírem conteúdo indeterminado, não especificamente previsto já no Texto Constitucional, suscitam pertinente questionamento acerca da justiciabilidade e da possibilidade de serem tais Direitos subjetivos, tendo-se que, diante da característica já denotada, cabe ao legislador ordinário a fixação dos parâmetros do usufruto e alcance dos mesmos.

Os direitos de defesa não raramente são apontados pela doutrina[108] como direitos mais palpáveis do ponto de vista da positivação, pois a técnica utilizada na confecção deles é mais direta, não comportando forte intervenção legislativa no sentido da sua limitação e alcance, enquanto os direitos sociais prestacionais, por serem indeterminados e não esmiuçados na Constituição, comumente necessitam de grande intervenção legislativa, pois a técnica de redação utilizada no Texto Constitucional não é capaz de abarcar todas as vicissitudes que comportam a proteção de ditos direitos, até porque não poderia fazê-lo, diante da dinâmica social, que gera um imenso risco de mudança de estrutura normativa, fazendo ensejar insegurança e constante modificação constitucional.

Aponta também a doutrina que os direitos de defesa, por não reclamarem, em regra, concretização legislativa, são direitos absolutos, ao passo que os direitos sociais prestacionais, por necessitarem não só da aludida

---

(107) Nesse sentido: "Uma vez que compete constitucionalmente ao poder político democraticamente legitimado definir prioridades e fazer escolhas no domínio da afetação dos recursos disponíveis — isto é, concretizar a reserva que afeta os direitos sociais —, então ao juiz só é reconhecida a última palavra se ele puder apurar, sem infracção do princípio da separação de poderes, portanto, sem usurpar as competências de definição e escolha orçamentais, que, apesar da reserva do possível que afeta os direitos sociais, o poder político ou a administração poderiam e deveriam fornecer a prestação social controvertida sob pena de violação do direitos social, seja por força da irrelevância da questão financeira, seja por força da extrema premência e urgência de realização do direito social" (NOVAIS, Jorge Reis. *Op. cit.*, p. 118).
(108) Cf. SARLET, Ingo Wofgang. *Op. cit.*, p. 257.

concretização, mas habitualmente estarem vinculados à reserva do possível, são tidos como direitos relativos, tese que se afigura equivocada, pois não há um só direito fundamental absoluto[109].

Questão que primeiro deve ser analisada é a pertinente à natureza jurídica das normas ordinárias que concretizam Direitos Fundamentais sociais prestacionais, como as que tratam de saúde, previdência e educação, que, mesmo não estando formalmente em um Texto Constitucional, podem ser tidas como materialmente fundamentais, tendo-se em vista que tratam justamente de Direitos Fundamentais, embora em patamar ordinário.

Os direitos sociais, visualizados segundo a sua dimensão principal, que é a prestacional, em geral, padecem de determinabilidade na Constituição. É dizer, a norma constitucional não institui, em termos definitivos, todas as peculiaridades dos aludidos direitos, cabendo ao legislador ordinário fazê-lo, sendo as normas infraconstitucionais, nesse particular, normas fundamentais, pela abertura do catálogo presente no art. 5º, § 2º, da Constituição Federal de 1988.

Diante desse conteúdo de indeterminação, habitualmente os direitos sociais prestacionais, por se vincularem mais fortemente à reserva do possível, são tidos pela doutrina[110] como direitos não subjetivos (concepção negativista), não concordando Novais com tal assertiva, assegurando que a característica da indeterminabilidade, embora atrelada à reserva do possível, estimula o legislador constituinte a fixar "apenas um dever jurídico de realização do direito social de forma gradual e diferida no tempo por parte do Estado", assim como também remete "implicitamente para o legislador ordinário a fixação das prestações devidas no cumprimento dessa obrigação em função das disponibilidades e das circunstâncias de cada momento"[111].

Por intermédio da atuação do legislador ordinário, fixando, com precisão e firmeza, o conteúdo do direito fundamental, este é concretizado e tornado definitivo. São o que a doutrina germânica[112] intitulou de direitos sociais prestacionais derivados, cuja acepção como direito subjetivo e fundamental é defendida mais uma vez por Novais, quando, em sua obra, afiança:

---

(109) Cf. SARLET, Ingo Wolfgang. *Op. cit.*, p. 290.
(110) Novais (*op. cit.*, p. 87) cita os principais impedimentos, normalmente apontados doutrinariamente, para que os direitos sociais sejam tidos como subjetivos: "a) o fato de os direitos sociais valerem sob reserva do (financeiramente) possível; b) os fato de os direitos sociais apresentarem uma estrutura de direitos positivos; e c) a indeterminabilidade do conteúdo constitucional dos direitos sociais".
(111) *Op. cit.*, p. 152.
(112) Por todos: ALEXY, Robert. *Op. cit.*, p. 442 e ss.

os direitos sociais são direitos fundamentais, de conteúdo em grande medida indeterminado no plano constitucional, mas determinável através da atuação conformadora e concretizadora do legislador ordinário; na medida em que cumpram e enquanto cumpram essa função de realização dos direitos constitucionais sociais, os chamados direitos *a prestações derivadas* de criação legal são direitos fundamentais ou, mais rigorosamente, são faculdades, pretensões dos direitos particulares integráveis no direito fundamental *como um todo*, ou seja, o direito fundamental que tem como referência normativa a disposição constitucional consagradora do direito social.

Mais adiante, o referido autor parece se manifestar a respeito da vinculação dos direitos sociais a prestações como direitos subjetivos, quando analisa que a distinção entre direitos sociais prestacionais derivados e originais perde importância na Constituição de Portugal e na do Brasil, que tratam "indiferentemente uns e outros"[113], sendo possível concluir que tanto há direito social prestacional subjetivo retirado da própria constituição, quanto previsto na própria lei ordinária.

A concepção de direitos prestacionais derivados como subjetivos em nada discrepa da tese clássica, segundo a qual a Constituição é um mero documento político, traçando conceitos indeterminados e um convite ao Legislador, sendo considerados direitos subjetivos apenas as normas ordinárias atinentes aos direitos constitucionais — máxime Direitos Fundamentais —, mas não as presentes na própria Constituição.

Como já analisado no item 3.1 do presente capítulo, o Constitucionalismo instituído a partir da segunda metade do século passado não aceita mais a supremacia da legislação ordinária em detrimento das normas presentes na Constituição, hoje tida não só como ordem de valores, mas capaz de encerrar direitos subjetivos, já retirados diretamente de seu próprio texto, mesmo que se tratem de direitos sociais, interessando mais o modo como está redigido o dispositivo constitucional, para que se tenha acerca da sua densidade normativa.

Todavia, uma coisa é certa: ao Judiciário não cabe mais tomar as normas sociais prestacionais como meros lembretes de que um dia o Legislador, quando assim o desejar, concretizará o direito e que até lá há um hiato intransponível ao Estado-Juiz.

---

(113) NOVAIS, Jorge Reis. *Op. cit.*, p. 162, nota de rodapé n. 180.

A missão hoje posta pela Constituição, enquanto sistema de valores, é a vinculação direta do Estado-Juiz ao próprio Texto da Constituição, cabendo-lhe a interpretação que mais estimule eficácia a norma jusfundamental, para que o seu conteúdo não reste esvaziado e sem valor.

Pensar o contrário é permanecer na interpretação ortodoxa de que o Judiciário é a "boca da Lei", quando até infraconstitucionalmente há previsão de que, na falta de previsão legal, sejam os princípios[114] (hoje concebidos como normas) utilizados no julgamento, para que seja alcançado ao máximo o escopo protetivo estatal.

Esse parece ser também o entendimento de Bandeira de Mello, quando, ao analisar os princípios regentes da Ordem Econômica e Social na Constituição, afiança que tais "não chegam a conferir aos cidadãos uma utilidade substancial, concreta, desfrutável positivamente e exigível quando negada", sendo, no entanto, fontes de direitos, pois podem: "a) proporcionar aos administrados a possibilidade de se oporem judicialmente ao cumprimento de regras e à prática de comportamentos adversos ao estatuído na Carta do país", assim como "b) imporem ao Judiciário, quando da interpretação e dicção do Direito nos casos concretos, decisões que convirjam na mesma direção e sentido destes preceitos"[115].

Quando alude ao salário mínimo, com previsão constitucional no art. 7º, IV, o citado publicista parece conceber a possibilidade de se retirar desse direito social um direito subjetivo, quando há omissão do Legislador, ou norma que não atende aos fins previstos no próprio dispositivo legal, levando a crer que o grande problema dos direitos sociais não é a vinculação à tese da eficácia direta ou não, substantiva ou objetiva, mas sim o modo como o direito fundamental está constitucionalmente positivado, tendo-se que, em relação ao salário mínimo, já há um dever imposto pela Constituição de que todos aqueles fins sociais sejam preenchidos com o valor do salário e, quando o Estado-Legislador não logra cumprir a sua missão imposta pelo Legislador Constituinte, cabe ao Estado-Juiz a fixação de indenização para suprir tal carência[116]. Nesse particular, como será visto mais adiante[117], é mais correto se falar em ofensa a um dever de proteção, decorrente mesmo do direito prestacional de forma ampla.

---

(114) Art. 4º da Lei de Introdução ao Código Civil.
(115) *Op. cit.*, p. 48.
(116) *Op. cit.*, p. 49.
(117) Capítulo III, *infra*.

Eros Grau vai além, considerando os direitos sociais prestacionais como direitos subjetivos, diante da cláusula do art. 5º, § 1º, da nossa Constituição, devendo o Poder Judiciário, por força do inciso XXXV do mesmo artigo, assegurar, no caso concreto, a viabilidade do objeto da prestação, por meio da analogia, do costume ou dos princípios gerais do Direito[118], entendimento que, embora se afigure como bastante sedutor (até porque encerraria toda a presente análise), não se apresenta como o mais acertado.

Na doutrina estrangeira, encontra-se a lição de Abramovich e Courtis, ambos asseverando que os Direitos Sociais prestacionais são direitos subjetivos e, portanto, exigíveis, sendo mais relevante falar em "níveis de obrigações estatais"[119] para todos os Direitos Fundamentais, já que todos possuem a mesma estrutura quando avistados sob a ótica positiva ou negativa de prestação estatal, bem como da reserva do possível[120].

Nesse contexto, afirmam os autores aludidos que os níveis vinculantes de obrigações em relação aos Direitos Fundamentais são: obrigações de respeito, obrigações de proteção e obrigações de satisfação, sendo todos os direitos, civis, políticos, sociais, culturais e econômicos compostos de um "complexo de obrigações positivas e negativas"[121].

Embora sem se reportar diretamente, os citados autores se aproximam muito das lições de Alexy quando afiançam que as obrigações positivas do Estado não se esgotam na discussão acerca da existência ou não de fundos (reserva do possível), pois há direitos que "se caracterizam pela obrigação de o Estado *estabelecer algum tipo de regulação*, sem a qual o exercício de um direito não tem sentido", ou, em outros casos, a obrigação estatal é somente no sentido de regulação ou limite das atividades ou faculdades dos particulares, como ocorre na limitação da jornada de trabalho, fixação do salário mínimo e proteção contra a despedida arbitrária[122], no que os autores aproximam mais ainda os direitos sociais prestacionais (no sentido de prestação jurídica) aos direitos de defesa, tendo-se que, nesse particular, há uma estipulação

---

(118) GRAU, Eros Roberto. *A ordem econômica na Constituição de 1988*. 15. ed. São Paulo: Malheiros, 2012. p. 318.
(119) ABRAMOVICH, Victor; COURTIS, Christian. *Direitos sociais são exigíveis*. Tradução de Luis Carlos Stephanov. Porto Alegre: Dom Quixote, 2011. p. 37.
(120) Em idêntico sentido: "não haverá dúvida quanto aos direitos, liberdades e garantias, cujos preceitos gozam, por determinação constitucional, de aplicabilidade directa, mas o conceito também se aplica aos próprios direitos sociais a prestações" (ANDRADE, José Carlos Vieira de. *Os direitos fundamentais na Constituição portuguesa de 1976*. 4. ed. Coimbra: Almedina, 2009. nota de rodapé n. 20, p. 113).
(121) *Op. cit.*, p. 40-41.
(122) *Op. cit.*, p. 45.

mínima ou máxima, uma limitação — ou defesa — às atividades do próprio Estado ou de particulares, confirmando, com isso, a irrelevância de se traçarem grandes diferenças deônticas em relação aos direitos sociais e de defesa, sendo ambos direitos subjetivos.

Sem embargo, classicamente todos os direitos de defesa — ou preponderantemente defensivos, para que fique mais claro — são considerados direitos subjetivos, terminologia que encontrou na obra de Jellinek seu ápice, quando este publicista tratou dos *status* do indivíduo em relação ao Estado.

Não poderia ser diferente, já que no final do século XIX, início do século XX, sequer se pensava seriamente na existência de um Estado Social, o que somente ocorreu após a segunda metade do século passado, havendo até quem entenda que pensar os direitos sociais como direitos subjetivos atenta contra a natureza das coisas, pois é "natural" que se pense em direitos de liberdade como inatos ao Homem e "não natural", ou uma mera criação artificial do ser humano, pensar em direitos sociais como direitos subjetivos[123], o que, como se viu no primeiro capítulo, é mera retórica, pois os direitos sociais são, na verdade, uma evolução do próprio Estado Liberal, que precisou se reinventar para atender a uma demanda social premente, desejada pela sociedade que deixava de ser individual e passava a ser massificada.

Direitos como saúde, educação, consumidor, cultura, somente para citar alguns, passaram a ser requisitados e necessários para o próprio estabelecimento do que se consolidou chamar de liberdade no sentido material e o Estado, antes inimigo, passou a ser o grande realizador dos Direitos Fundamentais (agora sociais), para que tal igualdade fosse alcançada.

Nesse contexto, é visível que todos os direitos fundamentais, no fim, são de liberdade, e os direitos sociais a prestações são apenas uma pequena parcela desse modo novo de agir estatal, sendo certo que, no contexto do Estado Social, o indivíduo possui não só direito a prestação material, mas também a prestação jurídica, de não ser discriminado (direito derivado a prestação), acepções estas que se aproximam da noção defensiva do Estado, denotando que todos os direitos, sociais ou de defesa, são subjetivos, variando, apenas o grau de densidade normativa dele e como cada um pode ser amplificado ou deixado temporariamente de lado à luz da ponderação de interesses colidentes.

---

(123) Cf. NOVAIS, Jorge Reis. *Op. cit.*, p. 141 e ABRAMOVICH, Victor; COURTIS, Christian. *Op. cit.*, p. 28-29.

Nesse mesmo sentido é a lição de Sarlet, para quem "o problema apenas poderá ser equacionado à luz das circunstâncias do caso concreto e do direito fundamental específico em pauta, sendo indispensável a ponderação dos bens e valores em conflito". É dizer:

> em todas as situações em que o argumento da reserva de competência do legislador (assim como a separação de poderes e as demais objeções habituais aos direitos sociais a prestações como direitos subjetivos) implicar grave agressão (ou mesmo o sacrifício) do valor maior da vida e da dignidade da pessoa humana, ou nas hipóteses em que, da análise dos bens constitucionais colidentes, resultar a prevalência do direito social prestacional, poder-se-á sustentar que, na esfera de um padrão mínimo existencial, haverá como reconhecer um direito subjetivo definitivo a prestações, admitindo-se, onde tal mínimo for ultrapassado, tão somente um direito subjetivo *prima facie*, já que — nesta seara — não há como resolver a problemática em termos de uma lógica do tudo ou nada.[124]

Em obra de maior impacto, novamente Sarlet[125] voltou a afirmar que todos os direitos fundamentais sociais (prestacionais ou não) são direitos subjetivos, mas tal certeza não encerra a questão, somente resolvida, na prática, com a ponderação de interesses fundamentais constitucionalmente assegurados, não havendo razão para a argumentação séria sobre a reserva do possível fática ou a (in) competência dos Tribunais para a análise dos problemas atinentes às prestações sociais (reserva do possível jurídica), devendo a discussão versar muito mais sobre o não esvaziamento dos direitos sociais — que não são meras metas políticas traçadas na Constituição, e sim reais direitos subjetivos —, devendo o sopesamento passar necessariamente pela análise do mínimo existencial, assim entendido como a dignidade da pessoa humana[126] e o próprio direito à vida, não podendo o Estado Social de Direito ser excessivo, nem muito menos insuficiente, como oportunamente será analisado no capítulo III, destinado ao dever estatal de proteção.

---

(124) SARLET, Ingo Wolfgang. Os direitos fundamentais sociais na Constituição de 1988. *Revista Diálogo Jurídico*, Salvador: CAJ, n. 1, p. 37, abr. 2001.
(125) SARLET, Ingo Wolfgang. *A eficácia dos direitos fundamentais*, cit., p. 342 e ss.
(126) Com a proposta de delimitação do conteúdo do princípio da dignidade da pessoa humana, Soares afiança que "dignidade humana é um constructo cultural fluido e multiforme, que exprime e sintetiza, em cada tempo e espaço, o mosaico dos direitos humanos fundamentais, num processo expansivo e inexaurível de realização daqueles valores da convivência humana que melhor impedem o aviltamento e a instrumentalização do ser humano" (SOARES, Ricardo Maurício Freire. *O princípio da dignidade da pessoa humana*. São Paulo: Saraiva, 2010. p. 144).

4. AS LIBERDADES SOCIAIS

Não é incomum encontrar na doutrina classificação que põe todos os direitos sociais no patamar de direitos prestacionais[127], pois estes somente passaram a fazer parte das Constituições com o advento do Estado Social, o que parece ser pouco acertado.

O Estado Liberal clássico fundamentava-se na concepção dos sujeitos como indivíduos, que, por serem formalmente iguais, poderiam contratar livremente, pois o próprio mercado ditava as suas regras, sempre fundadas na autonomia da vontade, que, selada por meio de vinculação contratual, figurava como verdadeira "lei entre as partes".

Nesse contexto, ao Estado cabia tão só o afastamento das relações privadas, criando regras no sentido de assegurar às partes convenentes o livre exercício da autonomia sem limitações. Não é difícil compreender que, durante tal período, os primeiros Direitos Fundamentais, antes tidos como "naturais" — uma vez que decorrentes do jusnaturalismo, e "reconhecidos" pelas novas codificações — passaram a ser positivados também por meio de documentos constitucionais, que tinham como objetivo assegurar a supremacia da propriedade e do direito à liberdade e que, por conta disso, foram concebidos sob a ótica negativista do Estado, cuja missão somente consistia em assegurar a plenitude de seu afastamento das relações firmadas entre os indivíduos.

O modelo do Estado Social surge não abandonando a modelagem já posta, mas substitui o paradigma firmado com o Estado Liberal, tendo-se que este, fundado no protótipo da igualdade entre os indivíduos, na prática, gerava um abismo de desigualdade.

Com o surgimento da sociedade de massa, as necessidades também se amplificaram e o direito teve de se reinventar e, se antes se idealizava abstratamente o ser humano como formalmente igual, a realidade mostrou que a liberdade plena mais escravizava do que libertava, sendo necessária uma intervenção legislativa protetiva e "desigual" para proteger o indivíduo, agora enxergado de forma concreta, havendo uma necessidade de fixação estatal de limites para a contratação.

---

(127) De acordo com Abramovich (*op. cit.*, p. 31), as classificações que inserem todos os direitos de liberdade como direitos de defesa e os de prestação como sociais "estão baseadas numa visão totalmente parcial e 'naturalista' do papel e fucionamento do aparato estatal, que coincide com a posição antiquada de um Estado mínimo que garanta exclusivamente a justiça, a segurança e a defesa".

O Estado passa, de abstencionista, para intervencionista e, nesse cenário, a classificação dos Direitos Fundamentais, que até então eram ligados à atividade estatal negativa, evoluiu para considerar esses "novos direitos" como direitos positivos, de prestação estatal.

Se é correto afirmar que o Estado Liberal e a função estatal abstencionista não foram totalmente ultrapassadas pelo surgimento do Estado Social, não menos correto é afirmar que nem todos os direitos sociais figuram como reais direitos a prestações, sendo certo que há direitos sociais que são verdadeiros direitos de liberdade, a exemplo de boa parte do rol dos direitos fundamentais sociais dos trabalhadores, como o direito ao salário mínimo; irredutibilidade do salário; limitação da jornada de trabalho em oito horas, ou módulo semanal de quarenta e quatro horas; proibição de diferença de salários, de exercício de funções e de critério de admissão por motivo de sexo, idade, cor ou estado civil; proibição de qualquer discriminação no tocante a salário e critérios de admissão do trabalhador portador de deficiência e proibição de distinção entre trabalho manual, técnico e intelectual ou entre os profissionais respectivos; todos com previsão no art. 7º do Texto Constitucional.

Nesse trilhar, concordando que os Direitos Fundamentais Sociais não se encerram na sua função prestacional, Sarlet já asseverou que grande parte dos direitos dos trabalhadores, presentes nos arts. 7º a 11 da nossa Constituição, "são, na verdade, concretizações do direito de liberdade e do princípio da igualdade (ou da não discriminação), ou mesmo posições jurídicas dirigidas a uma proteção contra ingerências por parte dos poderes públicos e entidades privadas"[128], deixando evidenciado que, no rol aludido assim como nos demais dispositivos que tratam de Direitos Sociais, há direitos prestacionais e direitos de defesa, sendo mais coerente tratar esses últimos como "liberdades sociais".

Na doutrina de Hermano Queiroz Júnior também se encontra presente a mesma conclusão, tendo o referido autor já pontificado que, dentre os direitos sociais elencados nos arts. 6º a 11 da Constituição Federal de 1988, "muitos há que não se acham contemplados dentro do grupo de direitos fundamentais à prestação, mas, ao reverso, se enquadram no grupo dos direitos de defesa, na medida em que ostentam o caráter de direitos à abstenção"[129], citando praticamente os direitos sociais trabalhistas defensivos já aludidos ao norte.

---

(128) SARLET, Ingo Wolfgang. *A eficácia dos direitos fundamentais*, cit., p. 174.
(129) QUEIROZ JÚNIOR, Hermano. *Os direitos fundamentais dos trabalhadores na Constituição de 1988*. São Paulo: LTr, 2006. p. 67.

No art. 8º da Lei Fundamental pátria é clara a previsão de legítimos direitos de liberdade, que são o direito de greve[130], a liberdade e autonomia sindical, embora capitulados no rol dos Direitos Sociais, demonstrando que o Legislador Constituinte não discrepou entre colocar direitos prestacionais e de liberdade no capítulo dos Direitos Sociais do trabalhador, não fazendo qualquer distinção em relação à eficácia entre eles, até porque não poderia, diante da cláusula presente no art. 5º, § 1º, da nossa Constituição.

Idêntica manifestação se mostrava na Constituição Portuguesa de 1976 em sua versão originária, na qual diversos dos direitos fundamentais dos trabalhadores, inicialmente postos no título dos direitos econômicos, sociais e culturais, passaram a ser, a partir da revisão de 1982, elencados no título dos direitos, liberdades e garantias[131], tendo Sarlet atentado para o fato de que "esta categoria de direitos fundamentais sociais, de cunho notoriamente negativo, tem sido oportunamente denominada de 'liberdades sociais'[132], integrando o que se poderia chamar — inspirados na concepção de Jellinek — de um *status negativus socialis* ou *status socialis libertatis*"[133].

Nesse mesmo passo, assegura Cristina Queiroz que a Constituição portuguesa de 1976 atualmente qualifica como "liberdades e garantias" — ou, simplesmente, liberdades sociais, pela doutrina — determinados direitos dos trabalhadores, verdadeiras pretensões defensivas, a exemplo do direito de greve e da liberdade sindical, antes da aludida reforma, apenas tidos como meros direitos sociais[134].

Miranda, após afirmar que a designação complexa de direitos, liberdades e garantias não é corrente no estrangeiro, assevera que a liberdade

---

(130) Lançando luzes sobre a tese ora defendida, a doutrina de Martinez: "nenhum direito fundamental, entretanto, é, em rigor, unicamente defensivo ou prestacional. O seu exercício não pode acontecer sem que ações negativas e positivas sejam cumulativamente exigidas. Exatamente assim ocorre com o instituto da liberdade sindical, em nome do qual estão agregados todos os direitos que viabilizam a proteção do patrimônio jurídico dos trabalhadores, entre os quais o direito de greve e o de negociar coletivamente. Apesar de serem *posições fundamentais subjetivas de natureza defensiva*, notadamente quando opostas contra o Estado, comportam, sem dúvidas, múltiplas faculdades de exigir ou de pretender ações positivas, seja para a promoção das condições de seu gozo efetivo, seja para a sua proteção contra terceiros" (MARTINEZ, Luciano. *Condutas antissindicais*. São Paulo: Saraiva, 2013. p. 124).
(131) Cf. SARLET, Ingo Wolfgang. Os direitos fundamentais sociais na Constituição de 1988. *Revista Diálogo Jurídico*, Salvador: CAJ, n. 1, p. 18, abr. 2001.
(132) Como pontifica ANDRADE, José Carlos Vieira de. *Os direitos fundamentais na Constituição portuguesa de 1976*. 4. ed. Coimbra: Almedina, 2007. p. 385, quando faz remissão às liberdades sociais presentes na Constituição portuguesa, indicando o direito de greve e a liberdade sindical como legítimos representantes das ditas liberdades.
(133) SARLET, Ingo Wolfgang. Os direitos fundamentais sociais na Constituição de 1988. *Revista Diálogo Jurídico*, Salvador: CAJ, n. 1, p. 18, abr. 2001.
(134) QUEIROZ, Cristina M. M. *Direitos fundamentais sociais:* funções, âmbito, conteúdo, questões interpretativas e problemas de justiciabilidade. Coimbra, 2002. p. 27.

sindical e o direito de greve, previstos respectivamente nos arts. 55º e 57º da Constituição portuguesa de 1976, são legítimos exemplos de liberdades[135].

Sem embargo, como já verificado nesse mesmo capítulo, todos os Direitos Fundamentais, de defesa ou sociais (prestacionais ou não) são de liberdade[136], pois é impossível o indivíduo alçar qualquer patamar socialmente justo e digno[137] sem que lhe sejam assegurados direitos mínimos pelo Estado, tanto é assim que, em regimes constitucionais em que não se tem um rol de direitos sociais, a própria jurisprudência se encarregou de firmar determinadas tarefas estatais, como o fez o Tribunal Constitucional alemão, com a noção de "mínimo existencial", já que a Lei Fundamental de 1949 praticamente não trata de Direitos Sociais.

Isso é algo até curioso, já que em terras germânicas a referida Corte extraiu do direito à vida e do princípio da dignidade da pessoa humana a construção sobre o mínimo existencial e aqui, em terras brasileiras, mesmo com um imenso rol de direitos sociais prestacionais e de defesa, a doutrina e a jurisprudência ainda relutam em creditar plena eficácia a alguns direitos, como o direito ao trabalho, assim compreendido como direito subjetivo não a um posto de trabalho, mas sim, pelo menos, como respeito ao posto ativo de trabalho, não podendo o empregado ser despedido sem que haja um motivo.

Essa também é a doutrina de Jorge Miranda, para quem, ao revés de existir uma separação estanque entre direitos negativos e direitos positivos, há intercomunicação entre eles, pois, enquanto o paradigma liberal pregava a liberdade abstrata, a ideia presente no modelo social não despreza a liberdade, mas entende que esta somente é alcançada com a igualdade material entre os indivíduos, mediante forte intervenção estatal, pois:

> igualdade material não se oferece, cria-se; não se propõe, efetiva-se; não é um princípio, mas uma consequência. O seu sujeito não a traz como qualidade inata que a Constituição tenha de confirmar e que requeira uma atitude de mero respeito; ele recebe através

---

(135) MIRANDA, Jorge. *Manual de direito constitucional*. 2. ed. Coimbra: Coimbra, 1993. t. IV, p. 93.

(136) "No existen derechos de liberdad, por un lado, y derechos de igualdad, por outro: todos los derechos son de liberdad, incluso aquéllos que aportan un elemento igualitario, como es el caso de los económicos y sociales, al potenciar y reforzar dicho elemento la liberdad para todos. [...] Por ello, al analizar la estructura de los derechos sociales, se comprueba — aunque persistan notables rasgos distintivos — la inexistencia de una fractura radical con los tradicionales derechos de liberdad" (IBARRECHE, Rafael Sastre. *El derecho al trabajo*. Madrid: Trotta, 1996. p. 71-72).

(137) Nesse tocante, Gabriela Neves Delgado atesta que o direito ao trabalho, sobretudo o direito ao trabalho digno faz parte desse patamar mínimo (*Direito fundamental ao trabalho digno*. São Paulo: LTr, 2006).

de uma série de prestações, porquanto nem é inerente às pessoas, nem preexiste ao Estado. Onde bastaria que o cidadão exercesse ou pudesse exercer as próprias faculdades jurídicas, carece-se doravante de atos públicos em autónoma discricionariedade. Onde preexistiam direitos, imprescindíveis, descobrem-se condições externas que se modificam, se removem ou se adquirem. Assim, o conceito de direito à igualdade consiste sempre num comportamento positivo, num *facere* ou num *dare*.[138]

Se se observar atentamente o Capítulo II do Texto Constitucional brasileiro, facilmente se perceberá que a própria Lei Fundamental estabeleceu uma limitação, um patamar mínimo, fixando diretrizes que deverão ser cogentemente observadas quando da pactuação empregatícia, sendo correto afirmar que, abaixo do patamar estabelecido constitucionalmente, não é possível qualquer contratação individual.

No tocante à negociação coletiva, a Carta Política foi mais benevolente, permitindo que alguns direitos pontuais, a exemplo do salário e da jornada de trabalho, possam ser pactuados pelos sindicatos, em pleno exercício da autonomia privada coletiva. Assim, é possível asseverar que a limitação firmada na Constituição pátria é total em relação às partes individualmente, mas relativa em termos coletivos[139].

Mais acertado ainda parece afirmar que dito patamar constitucional mínimo figura como verdadeiro direito defensivo, não podendo sequer ser o seu espectro protetivo diminuído, por força do *caput* do art. 7º da nossa Constituição, segundo o qual todo o rol que se segue é apenas exemplificativo, pois outros direitos sociais do trabalhador poderão ser previstos ordinariamente, não podendo haver alteração a menor, significando dizer que há uma barreira estatal, uma defesa em face de alterações *in pejus*, mais próxima ao direito de liberdade do que ao prestacional[140].

---

(138) MIRANDA, Jorge. *Op. cit.*, p. 96-97.
(139) Eis a lição de Mauricio Godinho Delgado: "não prevalece a adequação setorial negociada se concernente a direitos revestidos de indisponibilidade absoluta (e não indisponibilidade relativa), os quais não podem ser transacionados nem mesmo por negociação sindical coletiva. Tais parcelas são aquelas imantadas por uma tutela de interesse público, por se constituírem em um *patamar civilizatório mínimo* que a sociedade democrática não concebe ver reduzido em qualquer segmento econômico-profissional, sob pena de se afrontarem a própria dignidade da pessoa humana e a valorização mínima deferível ao trabalho" (*Introdução ao direito do trabalho:* relações de trabalho e relação de emprego. 2. ed. São Paulo: LTr, 1999. p. 197).
(140) Fábio Rodrigues Gomes (*O direito fundamental ao trabalho*. Rio de Janeiro: Lumen Juris, 2008. p. 178), dissertando acerca das diversidades atinentes ao direito de defesa e o direito à proteção, assevera que não se deve confundir a função defensiva dos direitos fundamentais com a categoria dos direitos de defesa, pois "a primeira é inerente a qualquer direito fundamental e implica, não a exclusão do Estado,

4.1. A proteção contra a despedida arbitrária como direito de liberdade

Ao doutrinar sobre o direito a algo, ou pretensão, Alexy estabelece que a sua estrutura segue a clássica relação triádica, composta do portador, ou titular do direito, do destinatário (neste trabalho compreendido como o Estado ou o particular) e o objeto do direito, mais adiante dispondo que o indigitado direito a algo se bifurca em direitos a ações negativas, ou direitos de defesa, e direitos a ações positivas. Os primeiros são triplicemente divididos em "direitos ao não embaraço de ações, direitos à não afetação de características e situações e direitos à não eliminação de posições jurídicas"[141], enquanto os segundos são subdivididos em "direitos a ações positivas fáticas e direitos a ações positivas normativas".

Analisando a estrutura normativa presente no art. 7º, I, da nossa Constituição, é fácil perceber que o dispositivo, quando estabelece proteção contra a despedida arbitrária, evidentemente tendo como destinatário um particular — empregador —, não contempla qualquer direito a ação positiva por parte deste. Ao revés, está ali presente um legítimo direito de defesa, de afastamento, abstenção, tendo-se que ao empregador, diante do regramento constitucional, é dirigida a ordem estatal de não eliminação da posição jurídica do empregado, havendo clara limitação à livre-iniciativa.

De modo mais claro falando, o Legislador abstratamente já ponderou os interesses constitucionalmente tutelados, fixando tal limitação e estabelecendo que, diante da colisão entre o princípio constitucional da livre-iniciativa e o princípio da liberdade natural de trabalhar, extraído do direito ao trabalho (CRFB/88, art. 6º), prevalece este[142].

É dizer, o Legislador constituinte já estabeleceu abstratamente uma limitação à liberdade empresarial, não podendo o empregador destituir o empregado de seu *status* sem que haja um motivo não arbitrário para tanto. Assim agindo, o empregador pratica um não fazer, abstendo-se de despedir o empregado de forma arbitrária.

---

assim, a sua intervenção (subsidiária) em determinadas hipóteses [...]. A segunda representa os direitos de liberdade voltados *contra* o Estado, bloqueando normativamente a sua intervenção indevida".
(141) *Op. cit.*, p. 193 e ss.
(142) Nesse particular, não há concordância com a doutrina utilitarista de Fábio Gomes (*op. cit.*, p. 221), para quem o art. 7º, I, da Constituição de 1988 encerra direito (poder ou competência) potestativo do empregador despedir sem qualquer motivação, desde que pague indenização legalmente prevista, constituída na multa de 40% sobre os depósitos de FGTS, até que venha uma lei complementar para regulamentar montante indenizatório maior que o já "transitoriamente" previsto.

Nesse trilhar, já doutrinou Fábio Gomes, afirmando que o art. 7º, I, da Lei Fundamental pátria, embora qualificado como um direito social, "é outro dispositivo que não se encaixa naquele velho figurino doutrinário, eis que tem por finalidade, não uma prestação material, mas, sim, evitar a intervenção desmedida do empregador no trabalho continuamente executado por seu empregado". E ainda assegura, com esteio na lição de Sarlet, que, "não por outro motivo, é chamado por alguns de direito social negativo"[143].

À mesma conclusão chegou Alinie da Matta Moreira, ao afirmar que alguns direitos sociais se revestem da qualidade de típicos direitos de liberdade, e que a proteção contra a despedida arbitrária é um desses exemplos[144].

Também Cristina Queiroz, analisando a necessidade de intervenção legislativa no direito à segurança no emprego e, especificamente a proteção dos trabalhadores em face ao despedimento, previsto no art. 53 da Constituição portuguesa de 1976, atribuiu o epíteto de "direito de defesa" a tal proteção[145].

Nunca é demais lembrar que o argumento da reserva fática do possível não é capaz de vincular fortemente só os direitos sociais, sendo mais correto se falar em uma vinculação "fraca" de todos os Direitos Fundamentais à reserva do possível, no caso específico da proteção em face da despedida arbitrária, por ser esta um autêntico direito de defesa, ou liberdade social, como interpretado pela doutrina portuguesa já referida no item anterior. Não há qualquer vinculação à reserva do possível fática e, por tal motivo, a eficácia imediata e plena justiciabilidade da primeira parte do dispositivo constitucional é evidente, pois imposta diretamente como abstenção ao particular — empregador —, para que este não destitua o empregado de seu posto de emprego sem que haja um motivo não arbitrário para tanto.

A mesma certeza em relação à segunda parte do art. 7º, I, da nossa Constituição se esvai, no entanto, quando há uma ordem direta na própria Lei Fundamental para que o Legislador trate da indenização decorrente da despedida arbitrária. Daí, diversas perguntas podem decorrer: nesse caso, o Poder Judiciário encontra limitação na reserva do possível jurídica, pois não detém competência para estabelecer o montante indenizatório? Em

---

(143) GOMES, Fábio Rodrigues. Op. cit., p. 204.
(144) MOREIRA, Alinie da Matta. As restrições em torno da reserva do possível. Belo Horizonte: Fórum, 2011. p. 44.
(145) QUEIROZ, Cristina M. M. Direitos fundamentais sociais: funções, âmbito, conteúdo, questões interpretativas e problemas de justiciabilidade. Coimbra: Coimbra, 2002. p. 178.

agindo positivamente o Estado-Juiz, há ofensa à tripartição dos poderes? Quem é o destinatário da proteção? Há necessidade de lei complementar para regulamentar o dispositivo constitucional? A proteção do Estado é insuficiente? Todas essas perguntas serão oportunamente respondidas no último capítulo, mas não sem antes passear um pouco mais sobre a teoria dos Direitos Fundamentais, analisando a dupla dimensão destes e eficácia entre os particulares, o dever de proteção e como se chegou ao direito potestativo à denúncia vazia do contrato de emprego. Será que ele existe?

Capítulo III

O Dever de Proteção

1. Direitos fundamentais como sistema de valores

Segundo a clássica doutrina do Estado Liberal, os Direitos Fundamentais somente eram entendidos consoante a lógica estatal abstencionista, para que fosse assegurado o direito de liberdade do indivíduo; racionalidade que trazia à reboque a ideia de que a Constituição era um mero documento político, inferior à Lei, o que desembocava no não desenvolvimento do próprio Direito Constitucional, que evoluía paulatinamente, enquanto o Direito Civil crescia, imbuído de teorias que justificavam a sua superioridade.

O cenário narrado era bastante compreensível, diante da tradição jurídica presente ao longo de séculos e disseminada pelo mundo ocidental por meio do povo romano. Até o jusnaturalismo, no afã de se fazer mais perene, havia sido codificado[146], fazendo-se crer que algo não presente na legislação não era valorado pela sociedade. Era chegada a época de um jusnaturalismo racional.

---

(146) Atente-se para o capítulo I, quando foi abordada a chegada das codificações e, com isso, a segurança por meio da Lei.

Esse cenário positivista, que afastava a moral, a ética e a justiça do Direito, fez-se presente em todo o século XIX, auge das ideias liberais, perdurando fortemente na doutrina civil e constitucional até meados do século XX, momento em que houve uma mudança substancial de racionalidade e, pouco a pouco, a hermenêutica constitucional passou a admitir a permeação do Direito pela moral, constitucionalizando, por assim dizer, o próprio Direito, agora imbuído de valores que se irradiavam para todas as esferas governamentais e até para as entidades privadas, algo impensável segundo a lógica liberal-burguesa.

Para tanto, foi necessário que o mundo testemunhasse as barbáries praticadas pelo holocausto, onde o ser humano foi menosprezado, não dignificado, e tratado como meio para o alcance de um fim que se pretendia legítimo.

Na Alemanha, país responsável tanto pelo cenário horrendo narrado, quanto pela própria modificação do pensamento positivista e virada Constitucionalista, a Constituição de Weimar, hoje plenamente reconhecida como uma das primeiras no mundo a tratar sobre os Direitos Sociais, sequer concebia os Direitos Fundamentais como cláusulas pétreas, omissão que terminou sendo decisiva para fazer com que Hitler retirasse a cidadania dos judeus e iniciasse a perseguição destes pelos mais diversos recantos da Europa.

Terminada a Guerra, na Alemanha, em 1949, foi publicada a Constituição de Bonn e dois anos após, em 1951, foi criado o Tribunal Constituição Federal, composto por juristas contrários às ideias que justificavam o holocausto, fato peremptório para a modificação da hermenêutica constitucional, que passou a entender os Direitos Fundamentais como um sistema de valores. Racionalidade esta que foi construída a partir de um julgado, mas plenamente desenvolvida pela Corte Constitucional alemã, influenciando diretamente a interpretação dos princípios como normas, a eficácia dos Direitos Fundamentais entre os particulares — o que se denominou chamar de eficácia horizontal — e o alcance dos direitos de liberdade, agora entendidos sob a ótica também objetiva.

Tal interpretação modificou de vez a própria concepção dos Direitos Fundamentais Sociais, que passaram a se desenvolver, também, sob o aspecto protetivo, não só fático, mas, sobretudo, jurídico.

A Constituição Federal de 1988 foi fortemente influenciada pelo influxo interpretativo das normas constitucionais campeado na Alemanha e é justamente esse o motivo por que se faz necessária a análise da construção germânica dos Direitos Fundamentais como valores, já que a jurisprudência pátria ainda é carente de avanço científico nesse sentido[147].

Se for possível fixar o momento da mudança narrada, esse foi o julgamento do que se denominou caso Lüth.

Em 1950, durante a realização de um festival cinematográfico ocorrido em Hamburgo, o então presidente do Clube de Imprensa, Erich Lüth, além de expor publicamente o diretor de "Amantes Imortais"[148], Sr. Veit Harlan, acusando-o de grande disseminador das ideias nazistas por meio da Sétima Arte, também organizou um boicote juntamente aos distribuidores de filmes.

Harlan e os parceiros comerciais ajuizaram uma ação cominatória em face de Lüth, com fulcro no § 826 BGB, dispositivo da Lei civil alemã que obrigava todo aquele que, por ação imoral, causar dano a outrem, a uma prestação negativa — no caso, deixar de boicotar o filme —, sob a cominação de pecúnia.

A referida ação teve o pedido julgado procedente pelo Tribunal Estadual de Hamburgo. Lüth, então, interpôs recurso de apelação junto ao Tribunal Superior de Hamburgo e, ao mesmo tempo, Reclamação Constitucional, alegando violação do seu direito fundamental à liberdade de expressão do pensamento, garantida pelo art. 5 I 1 GG[149].

O Tribunal Constitucional Federal, já em 1958, julgando procedente a Reclamação, revogou a decisão do Tribunal Estadual, declarando que, de acordo com a jurisprudência permanente do Tribunal Constitucional Federal, as normas jusfundamentais contêm não só direitos subjetivos de defesa do indivíduo frente ao Estado, mas representam, ao mesmo tempo, uma ordem valorativa objetiva que, enquanto decisão básica jurídico-fundamental, vale

---

(147) Veja-se, por exemplo, julgado colhido do Supremo Tribunal Federal, onde não se admite Recurso Extraordinário, a não ser por ofensa direta à Constituição: "CONSTITUCIONAL. RECURSO EXTRAORDINÁRIO. OFENSA À CONSTITUIÇÃO. MATÉRIA FÁTICA. SÚMULA N. 279 — STF. I — Somente por ofensa direta à Constituição autoriza a admissão do recurso extraordinário. No caso, o acórdão limita-se a interpretar normas infraconstitucionais. II — Alegação de ofensa ao devido processo legal: CF, art. 5º, LV: se ofensa tivesse havido, seria ela indireta, reflexa, dado que a ofensa direta seria a normas processuais. E a ofensa a preceito constitucional que autoriza a admissão do recurso extraordinário é ofensa direta, frontal. III — Alegação de ofensa ao inciso IX do art. 93 da CF: improcedência, porque o que pretende o recorrente, no ponto, é impugnar a decisão que lhe é contrária, certo que o acórdão está suficientemente fundamentado. IV — Incidência, no caso, da Súmula n. 279 — STF. V — Agravo não provido. STF — AI — AgR 481215/RJ, Rel. Min. Carlos Veloso, DJ 24.2.06.

(148) Nesse, assim como em outros filmes, dirigidos pelo Sr. Harlan, há forte incitamento à violência em face dos judeus.

(149) SCHWABE, Jügen. *Cinquenta anos de jurisprudência do tribunal constitucional federal alemão*. Tradução de Beatriz Hennig e outros. Montevideo: Konrad Adenauer Stiftung, 2005. p. 381.

para todos os âmbitos do direito e proporcionam diretrizes e impulsos para a legislação, a administração e a jurisprudência.

A partir dessa decisão, com fulcro na teoria axiológica, os Direitos Fundamentais, a despeito de encerrarem direitos subjetivos para os indivíduos, também passaram a ser considerados como valores objetivos[150] de uma comunidade e, como tais, se espraiam por todo o ordenamento, vinculando juridicamente todas as funções estatais, dentre elas, o próprio Poder Judiciário, que passa a ter como principal função interpretar a Constituição e as Leis, de modo a dar afetividade aos Direitos Fundamentais.

Nas palavras de Vieira de Andrade, os Direitos Fundamentais "não podem ser pensados apenas do ponto de vista dos indivíduos, enquanto posições jurídicas de que estes são titulares perante o Estado", pois eles "valem juridicamente também do ponto de vista da comunidade, como valores ou fins de que se propõe prosseguir, em grande medida através da ação estadual"[151], que é, em outras palavras o próprio dever de proteção estatal em relação aos indivíduos.

Alexy, apesar de reconhecer que princípios e valores possuem a mesma estrutura, sendo ambos passíveis de sopesamento quando em conflito com outros princípios ou valores, afirma que aqueles ocupam o campo da deontologia, ou do dever-ser — como os conceitos de dever, proibição, permissão e direito a algo —, enquanto estes se localizam no âmbito da axiologia, identificado como o conceito de bom — como os conceitos de bonito, corajoso, seguro, econômico, democrático, social, liberal ou compatível com o Estado de direito[152].

Evidente que a assim denominada teoria axiológica dos Direitos Fundamentais encontrou séria divergência, sendo Habermas um dos seus principais opositores, quando lança contra o discurso da ponderação de valores o epíteto de "frouxo", argumentando que:

> ao deixar-se conduzir pela ideia da realização de valores materiais, dados preliminarmente no direito constitucional, o tribunal

---

(150) No dizer de Pérez Luño (*op. cit.* p. 21): "*en el horizonte del constitucionalismo actual los derechos fundamentales desempeñan, por tanto, una doble función: en el plano subjetivo siguen actuando como garantías de la libertad individual, si bien a este papel clásico se aúna ahora la defensa de los aspectos sociales y colectivos de la subjetividad, mientras que en el objetivo han asumido una dimensión institucional a partir de la cual su contenido debe funcionalizarse para la consecución de los fines y valores constitucionalmente proclamados*".
(151) *Os direitos fundamentais na Constituição portuguesa de 1976*. 4. ed. Coimbra: Almedina, 2009. p. 109.
(152) *Op. cit.*, p. 144 e ss.

constitucional transforma-se numa instância autoritária. No caso de uma colisão, *todas* as razões podem assumir o caráter de argumentos de colocação de objetivos, o que faz ruir a viga mestra introduzida no discurso jurídico pela compreensão deontológica de normas de princípios do direito. [...] Normas e princípios possuem uma força de justificação maior do que a de valores, uma vez que podem pretender, além de uma *especial dignidade de preferência, uma obrigatoriedade geral*, devido ao seu sentido deontológico de validade; valores têm que ser inseridos, caso a caso, numa ordem transitiva de valores. E, uma vez que não há medidas racionais para isso, a avaliação realiza-se de modo arbitrário ou irrefletido, seguindo ordens de precedência e padrões consuetudinários.[153]

Informa Steinmetz[154] que a teoria axiológico-sistêmica também encontrou na doutrina de forsthoff grande crítica, acreditando o citado jurista que, na filosofia dos valores, "a interpretação jurídica dá lugar à interpretação filosófica", tornando "inseguro o direito constitucional, dissolvendo a lei constitucional na casuística, porque o caráter formal-normativo do direito constitucional, isto é, a sua positividade jurídico-normativa, é substituída por uma suposta normatividade constitucional estabelecida caso a caso".

Tomando emprestadas as palavras de Sarmento, "não se afigura necessária a adesão" à teoria da ordem de valores para "aceitação da existência de uma dimensão objetiva dos direitos fundamentais, e para o reconhecimento dos dois efeitos práticos mais importantes desta dimensão: a eficácia irradiante dos direitos fundamentais e a teoria dos deveres estatais de proteção"[155]. E é sobre isso que se tratará a seguir.

2. Eficácia irradiante dos direitos fundamentais

A fim de orientar o alcance da teoria axiológica dos Direitos Fundamentais, na década de oitenta, Alexy indicou como única forma viável de se interpretar o caráter objetivo dos referidos direitos a técnica da abstração de toda e qualquer noção subjetiva.

---

(153) HABERMAS, Jügen. *Direito e democracia:* entre facticidade e validade. Tradução de Flávio Breno Siebeneichler. Rio de Janeiro: Biblioteca Tempo Universitário 101, 2003. v. I, p. 231.
(154) STEINMETZ, Wilson. *A vinculação dos particulares a direitos fundamentais.* São Paulo: Malheiros, 2004. p. 107-108.
(155) SARMENTO, Daniel. *Direitos fundamentais e relações privadas.* 2. ed. Rio de Janeiro: Lumens Juris, 2006. p. 123.

Nesse desiderato, pontuou o referido publicista que apenas com uma *tríplice* abstração é possível fazer aparecer o caráter objetivo do direito[156].

Para tanto, o autor utiliza o direito à liberdade de expressão (caso Lüth), afirmando que, ao se realizar a primeira abstração (do titular), converte-se um *dever relacional* (que possui um direito subjetivo como contrapartida) em um *dever não relacional*, ou seja, uma obrigação sem um direito subjetivo correspondente, que gera apenas um dever *prima facie* de o Estado atuar, de modo a se omitir de intervir na liberdade de opinião.

Todavia, para alcançar um "nível supremo de abstração", é necessária a feitura de uma segunda abstração (do destinatário do direito) para, então, abstrair algumas particularidades do objeto (omissão de intervenção estatal). Como resultado final, haverá somente um "simples dever-ser" da liberdade de expressão, o que o Tribunal Constitucional Federal intitulou de "decisão básica jurídico-objetiva", e o autor de "norma básica que decide valores", que "se irradiará por todos os âmbitos do ordenamento"[157].

A partir dessa concepção irradiante dos Direitos Fundamentais, doutrina e jurisprudência germânicas evoluíram para outros conceitos que redundaram profundamente no aprimoramento da eficácia e efetividade das normas constitucionais, como a assim denominada eficácia horizontal, ou vinculação dos particulares aos Direitos Fundamentais, que, aplicada ao Direito pátrio, como se defenderá mais adiante, permite a interpretação de desnecessidade de uma lei obtida por meio do processo legislativo comum (lei complementar) para a observância do direito do trabalhador à proteção contra a dispensa arbitrária.

A teoria axiológica encontra no Direito constitucional brasileiro ampla possibilidade de aplicação, tendo-se que a Constituição Federal de 1988 é eivada de valores, positivados ou não, como o valor social do trabalho, que, devidamente refletido, impediria qualquer denúncia vazia contratual por parte do empregador.

Nesse trilhar, fácil é perceber que as normas constitucionais, para além do conteúdo subjetivo, encerram valores que se irradiam para os mais diversos ramos do Direito, não só civil, mas também penal, econômico e, sobretudo, do trabalho, encontrando nos conceitos jurídicos indeterminados (bons costumes, ordem pública, boa-fé, abuso de direito) um forte campo para aplicação dos valores consagrados no Texto Constitucional.

---

(156) *Op. cit.*, p. 508.
(157) GOMES, Fábio. *Op. cit.*, p. 104.

No direito francês, embora não se adote flagrantemente a teoria da eficácia irradiante[158], em 1991, uma empresa de entretenimento lançou um concurso, em que se sagrava vencedor quem arremessasse um anão a uma maior distância. Indignado com o show de horrores, um dos prefeitos por onde passava o "espetáculo", utilizando-se da regra contida no art. 3º da Convenção Europeia de Salvaguarda dos Direitos do Homem e das Liberdades Fundamentais, decidiu, administrativamente, interditar o evento.

Na oportunidade, o anão em questão, em litisconsórcio com o empresário, ingressaram com ação perante o Tribunal Administrativo de Versalhes, no intuito de anular o ato do prefeito. O Conselho do Estado Francês, em última instância, afirmou que o princípio da dignidade da pessoa humana é utilizado para a interpretação de conceitos jurídicos indeterminados, como o de "ordem pública", evidenciando que o referido princípio-valor está para além da própria vontade do ser humano, que, no caso do anão, desejava ser arremessado, tendo alegado a sua condição física, que redundava na impossibilidade de encontrar um trabalho melhor.

A decisão referida consagra não só o valor dignidade humana, mas, sobretudo, concebe-o sob a ótica objetiva, sendo indiferente se há ou não vontade de o ser humano se aviltar diuturnamente. Pensar o contrário é permitir que o próprio Estado possa mensurar a quantidade de dignidade que pode existir em cada ser humano, ideologia que sempre embasou estados totalitários e fundamenta até os dias atuais a ideia de uma raça, etnia ou religião superior.

3. DEVER DE PROTEÇÃO

Corolário da teoria axiológico-sistêmica dos Direitos Fundamentais, os direitos de proteção são, no dizer de Alexy, "os direitos do titular de direitos fundamentais em face do Estado a que este o proteja contra intervenções de terceiros"[159], como ocorre, exemplificativamente, com as normas que tratam de direito penal, responsabilidade civil, direito do trabalho, proteção ao meio ambiente, direito do consumidor, nas quais há forte intervenção jurídica estatal, dispondo até onde os particulares podem avançar para que não seja ofendido interesse de outrem.

---

(158) Cf. SARMENTO, Daniel. *Op. cit.*, p. 127.
(159) *Op. cit.*, p. 450.

Os direitos a proteção, por serem autênticos direitos subjetivos e objetivos constitucionais a ações positivas estatais, podem encerrar prestação fática ou normativa (jurídica), tendo tais direitos como escopo a delimitação das "esferas dos sujeitos de direito de mesma hierarquia, bem como a garantia da exigibilidade e da realização dessa demarcação"[160]. Ao tempo em que o direito a proteção encerra direito subjetivo para o indivíduo em face do Estado, também se apresenta em idêntica forma, impondo-se ao Estado a atividade legislativa, administrativa e jurisdicional, todas elas tendo como norte os Direitos Fundamentais, entendidos agora em seu aspecto objetivo--irradiante.

Se classicamente o Estado foi concebido tão só segundo a lógica liberal, a função protetora estatal é algo que remonta à época de formulação das teorias acerca do contrato social, assim entendido como o grande pacto firmado pela sociedade, no qual, em linhas simplórias e pragmáticas, os indivíduos cederiam parcela da sua individualidade, em prol da proteção estatal, ou segurança de atos praticados por terceiros.

Em um contexto onde a autotutela passou a não mais ser tolerada, coube ao Estado a função de viabilizar segurança aos indivíduos. Dita segurança é, classicamente, firmada em face do Estado, que tem como missão se abster de intervir nas relações privadas, mas também por meio do Estado, segundo concepção mais moderna após o advento do Estado Social. Essa última concepção de proteção estatal é entendida sob o aspecto fático, por intermédio das prestações sociais, ou jurídicas (normativas), tendo o Estado a obrigação de proteger os Direitos Fundamentais em face de atos praticados por terceiros, com a elaboração de leis e aparelhamento da Administração.

Nesse trilhar, retomam-se as palavras de Vieira de Andrade, que, ao diferenciar a clássica acepção dos direitos de defesa como direitos do indivíduo em face do Estado, contrariando a lógica liberal, os direitos a prestações "imporiam ao Estado *o dever de agir*, quer seja para a proteção dos bens jurídicos protegidos pelos direitos fundamentais contra a atividade de terceiros, quer seja para promover ou garantir as condições materiais ou jurídicas de gozo efetivo desses bens jurídicos fundamentais" e que esse moderno modo de enxergar a missão estatal se liga diretamente ao advento do Estado Social, que ampliou os deveres do Estado.

Mais adiante, o publicista ainda arremata apontando que em todo caso "o direito pode ser a prestações materiais ou jurídicas", citando como exemplos das prestações estatais jurídicas a "regulamentação das relações

---

(160) ALEXY, Robert. *Op. cit.*, p. 451.

de trabalho"[161]. É dizer, o Estado tem o dever, decorrente do direito a prestação, de proteger o indivíduo trabalhador das arbitrariedades praticadas por terceiros, e a relação de emprego é campo fértil para o exercício de tal mister, diante do forte poder social concentrado tão somente nas mãos do empregador. Não é sem razão que o Estado intervém para proteger o indivíduo trabalhador e, quando deixa de fazê-lo, há um descumprimento do dever de proteção que lhe é próprio.

Diversamente da concepção subjetiva dos Direitos Fundamentais, a dimensão objetiva apregoa que a proteção estatal não é somente fincada no interesse geral da comunidade, interessando ao poder público a missão protetora do ser humano concretamente situado, para que apenas assim seja alcançado o desenvolvimento da personalidade.

Sem embargo, o Estado, a despeito da sua concepção clássica de abstenção, passa a ser o grande responsável pela concretização dos direitos fundamentais desse Homem concreto, em um contexto de Estado Social, o que não gera a automática refutação do Estado Liberal, tendo-se que o Estado abstencionista, convive, modernamente, ao lado do Estado Social. Nesse cenário, o ser humano passa a ter a possibilidade de alcançar a sua mais alta personalidade por meio do Estado, que, de grande oponente, se transmuda em realizador dos Direitos Fundamentais.

Em tal contexto de mudança paradigmática, estabelecida, sobretudo, após a chegada do Estado Social de Direito, os Direitos Fundamentais, passam também a ser encarados segundo a ótica positiva, sendo papel do Estado a sua realização mediante a proteção fática e também jurídica, esta por meio da criação de normas protetivas tratando dos mais diversos ramos do Direito, dentre os quais, o Direito do Trabalho.

Com o acertamento da lente por onde eram observados os Direitos Fundamentais, ampliando o espectro de sua visão, os poderes já constituídos (Legislativos, Executivo e Judiciário) também tiveram os seus deveres hipertrofiados, pois, além de terem a missão de assegurar a liberdade do indivíduo em face do Estado, passaram igualmente a ter a obrigação de fazer realizar os Direitos Fundamentais por meio das suas respectivas atividades, agora enxergadas positivamente.

Entendidos os Direitos Fundamentais sob a dimensão objetiva, cabe ao Estado a promoção de políticas públicas para a concretização de tais direitos, como a feitura de campanhas para a prevenção a sérias doenças e proteção ao meio ambiente e até a fiscalização do cumprimento das normas

---

(161) Op. cit., p. 168.

protetivas, como a atividade perpetrada pelo Poder Executivo no combate ao trabalho escravo e degradante e ao cumprimento das NRs, para a prevenção de acidentes de trabalho.

O Poder Judiciário, também vinculado aos Direitos Fundamentais segundo a teoria axiológica, igualmente tem a missão de fazer valer tais direitos, permitindo a plena eficácia das normas que têm como escopo a proteção à dignidade do ser humano.

Quanto ao Poder Legislativo, nos passos da teoria axiológica, cabe-lhe a missão de promover, por meio da legislação, os Direitos Fundamentais, confeccionando normas constitucionais ou ordinárias protetivas ao indivíduo em face de atos praticados por terceiros.

4. PROPORCIONALIDADE: ENTRE A PROIBIÇÃO DO EXCESSO E A PROTEÇÃO INSUFICIENTE

Durante o século XIX e parte do século XX, o princípio da legalidade dominou toda a teoria constitucional e civilista, encontrando no positivismo jurídico o seu expoente doutrinário. Nesse contexto ideológico, cabia ao Poder Legislativo falar em nome do povo, emitindo normas, nem sempre condizentes com a vontade popular e que, não raras vezes, deixavam de guardar grande preocupação com os Direitos Fundamentais, sem maiores reflexões acerca da constitucionalidade da emissão de tais atos normativos, uma vez que o princípio da legalidade fornecia o aparato necessário à elevação do Poder Legislativo ao máximo patamar, impedindo que este pudesse ser questionado acerca da adequação ao texto constitucional.

Em meados do século XX, máxime após o fim da Segunda Guerra Mundial, descortinado que foi o atentado contra a dignidade do ser humano pela prevalência do princípio da legalidade — que supedâneo todas as barbáries cometidas no holocausto —, o cenário ideológico modificou-se substancialmente.

O mesmo Estado alemão, que tinha no princípio da legalidade o seu meio expoente para justificar todos os atos arbitrários do poder legislativo, também foi o grande responsável[162], na Europa, pela modificação hermenêutica que alçou o princípio da proporcionalidade ao patamar constitucional.

---
(162) Aqui cabe a observação de Canotilho, quando informa que a "dimensão material do princípio não é nova. Já nos séculos XVIII e XIX, ela está presente na ideia britânica de *reasonableness*, no conceito prussiano de *Verhältnismässigkeit*, na figura de *détournement du pouvoir* em França e na categoria

Após percuciente construção jurisprudencial comandada pelo então novel Tribunal Constitucional Federal, que já em 1958 tratou sobre a jurisprudência dos valores, passou a conceber os Direitos Fundamentais e até a própria Constituição como ordem axiológica que se irradia tal quais raios solares sobre todo o ordenamento jurídico, influenciando, principalmente, a atividade legiferante, não sendo esta, nesse contexto, absoluta e soberana, mas, ao revés, rendendo reverência ao texto constitucional, este, sim, guardião de todos os valores pinçados da sociedade e formalmente consagrados.

Foi no citado *leading case* Lüth que o indigitado Tribunal Constitucional Federal primeiro se utilizou do princípio da proporcionalidade para sopesar os princípios constitucionais da liberdade de expressão e a privacidade, que, naquele caso concreto, colidiam.

Para tanto, utilizou-se o Tribunal do princípio da proporcionalidade, fazendo emergir uma teoria que possui efeitos recíprocos, entendendo que a lei tanto limita o direito fundamental, quanto à luz deste também é interpretada. Embora o alcance do princípio da proporcionalidade ainda não estivesse bem delineado na jurisprudência da Corte, fora utilizada, a partir de então, em diversos julgados, tanto que Bonavides[163], ancorado em Stern, afirmou que foram mais de 150 julgados tratando da aplicação do novo princípio da proporcionalidade no Tribunal Constitucional Federal, após o advento da Lei Fundamental de 1949.

Todavia, somente em 1971[164], o referido Tribunal destrinchou o princípio da proporcionalidade, tratando da proibição do excesso do legislador, com a análise dos critérios de adequação, necessidade e proporcionalidade em sentido estrito. Deixava, segundo a Corte, o princípio da proporcionalidade de ser um princípio adotado somente no Direito Administrativo, passando a ser implicitamente um princípio constitucional, em um contexto de Constituição aberta e material.

Se antes o referido princípio era utilizado somente para combater os excessos da Administração, quando do exercício do seu poder de polícia, a partir da construção jurisprudencial narrada, o aludido princípio passou a ser utilizado como norma implícita ao texto constitucional alemão e, portanto,

---

italiana de *acesso de potere*. No entanto, o alcance do princípio era mais o de revelação de sintomas de patologias administrativas — arbitrariedades, exorbitância de atos discricionários da administração — do que o de um *princípio material de controlo* das atividades dos poderes públicos. (CANOTILHO, J. J. Gomes. *Op. cit.*, p. 268).

(163) BONAVIDES, Paulo. *Curso de direito constitucional*. 23. ed. São Paulo: Malheiros, 2008. p. 408.

(164) Cf. BONAVIDES, Paulo. *Op. cit.*, p. 409.

apta a efetuar controle de constitucionalidade de atos legislativos infraconstitucionais emitidos pelo legislador e este, por seu turno, passava a ser vinculado aos valores constitucionalmente consagrados, estando proibido de praticar excessos legiferantes (*übermassverbot*).

Tal construção jurisprudencial foi de importância imensa para a edificação do controle de constitucionalidade e a compreensão da Constituição como norma ápice em um Estado de Direito.

Partindo da teoria alemã acerca do princípio da proporcionalidade, é possível encontrar a divisão deste em três subprincípios: adequação, necessidade e proporcionalidade em sentido estrito.

Entende-se que a medida administrativa ou legislativa resta adequada quando apta para o atendimento dos fins que a fundamentaram. Ou seja, analisa-se a relação entre fins e meios, sendo adequado o ato que guardar pertinência com a finalidade perseguida.

Já no juízo de necessidade, analisa-se se a medida adotada pelo Estado, dentre todas as possíveis, é a menos gravosa para o alcance objetivado. No dizer de Canotilho, o exame deve compreender: a) a *exigibilidade material*, pois o meio deve ser o mais 'poupado' possível quanto à limitação dos direitos fundamentais; b) a *exigibilidade espacial* aponta para a necessidade de limitar o âmbito da intervenção; c) a *exigibilidade temporal* pressupõe a rigorosa delimitação no tempo da medida coactiva do poder público; d) a *exigibilidade pessoal* significa que a medida se deve limitar à pessoa ou pessoas cujos interesses devem ser sacrificados[165].

Já no que toca à proporcionalidade em sentido estrito, ultrapassadas as duas fases anteriores, cabe ao julgador ponderar se "o resultado obtido com a intervenção é *proporcional* à carga ativa da mesma"[166], sendo especialmente nessa fase necessária a farta argumentação jurídica, para que a vontade dos demais poderes não se faça substituir pela arbitrária vontade do Estado-juiz.

O princípio da proporcionalidade, concebido como proibição do excesso, encontrou previsão formal na Lei Fundamental alemã e inspirou o legislador constituinte português de 1976, tendo-se que a Carta lusitana contempla nos arts. 18º/2, 19º/4 e 166º/2 o referido princípio.

A Carta Política de 1988 não contempla formalmente o princípio em questão, mas a jurisprudência do Supremo Tribunal Federal o concebe como

---

(165) CANOTILHO, J. J. GOMES. *Op. cit.*, p. 270.
(166) *Op. cit.*, p. 270.

implícito no Texto Constitucional, vigente e necessário ao nosso Estado de Direito[167] e, forte na lição de Bonavides, pode-se assegurar que o referido princípio, apesar de não existir formalmente na Constituição, existe "como norma esparsa" no Texto Constitucional, tendo-se que "a noção mesma se infere de outros princípios que lhe são afins, entre os quais avulta o princípio da igualdade, sobretudo em se atentando para a passagem da igualdade--identidade à igualdade- proporcionalidade, tão característica da derradeira fase do Estado de Direito"[168].

Enquanto a Alemanha, país que tratou tardiamente sobre o controle de constitucionalidade, vinculava o princípio da proporcionalidade ao Direito Administrativo, mais especificamente no tocante ao controle dos excessos aos atos de poder de polícia da Administração, evoluindo para o controle de excesso em relação aos atos legislativos, os Estados Unidos há muito já tinham na cláusula do devido processo legal, inserida por meio das Emendas ns. 5ª e 14ª, a certeza de que as normas emanadas pelo Poder Legislativo poderiam sofrer controle de constitucionalidade (*judicial review*), quando não guardassem razoabilidade, princípio este que estava implicitamente contido na referida cláusula do devido processo legal.

Vale lembrar que a referida cláusula passou por duas fases[169]. Na primeira, com caráter puramente processual, o princípio apenas era voltado para as garantias penais processuais, tais como o contraditório, a ampla defesa, os recursos e a possibilidade de citação no processo. Já na segunda fase, o devido processo legal, embora não tenha abandonado a sua versão clássica processual, passou a ser entendido sob a ótica substantiva, permitindo que o Judiciário pudesse efetuar o controle de constitucionalidade dos

---

(167) Cf. SARMENTO, Daniel. *A ponderação de interesses na constituição federal*. 1. ed. Rio de Janeiro: Lumen Juris, 2005. p. 90-95.
(168) BONAVIDES, Paulo. *Curso de direito constitucional*. 23. ed. São Paulo: Malheiros, 2008. p. 434.
(169) Muito embora Sarmento aponte, de forma mais preciosista, que o princípio do devido processo legal nos Estados Unidos passou por três fases. Na primeira, "que se estendeu até o final do século XIX, atribuía-se à cláusula um significado puramente procedimental (*procedural due processo of law*). [...] O princípio se restringia a uma dimensão puramente adjetiva, pois visava tutelar apenas os direitos das partes envolvidas nos processos: direito ao contraditório, à ampla defesa, à produção de provas, à assistência por advogado etc. [...] Essa concepção só foi alterada no final do século XIX, quando a Suprema Corte norte-americana, a partir de uma visão sacralizadora dos princípios do liberalismo econômico, passou a invalidar normas editadas e pelo Legislador que interferiam na liberdade de contratação e no direito de propriedade. [...] O prestígio desta teoria perdurou até a década de 1930, quando ela se chocou frontalmente com a política intervencionista promovida, nos moldes keynesianos. [...] A partir a década de 1930, o eixo do devido processo legal substantivo se transferiu das liberdades econômicas para os direitos fundamentais" (SARMENTO, Daniel. *A ponderação de interesses na constituição federal*. 1. ed. Rio de Janeiro: Lumen Juris, 2005. p. 83-87).

atos legislativos, ou seja, o próprio controle do mérito dos atos discricionários do legislador, encontrando o Judiciário fundamento na averiguação da compatibilidade em relação ao meio escolhido pelo legislador e os fins almejados, assim como na verificação da legitimidade dos fins, tendo afirmado Barroso, que "por intermédio da cláusula do devido processo legal passou-se a proceder ao exame de razoabilidade (*reasonableness*) e de racionalidade (*rationality*) das leis e dos atos normativos em geral do direito norte-americano"[170].

Barroso e Bonavides concordam que ambos os princípios, que, no fim, guardam simetria, são mais fáceis de serem entendidos do que conceituados[171], mas aquele se arrisca, atestando que a razoabilidade consiste em "mecanismo para controlar a discricionariedade legislativa e administrativa". Trata-se, portanto, "de um parâmetro de avaliação dos atos do Poder Público para aferir se eles estão informados pelo valor superior inerente a todo ordenamento jurídico: a justiça"[172].

Já para Ávila, que trata razoabilidade e proporcionalidade como postulados, esta "pressupõe a relação de causalidade entre o efeito de uma ação (meio) e a promoção de um estado de coisas (fim). Adotando-se o meio, promove-se o fim: o meio leva ao fim". Já em relação àquele, na "utilização da razoabilidade como exigência de congruência entre o critério de diferenciação escolhido e a medida adotada há uma relação entre uma qualidade e uma medida adotada: uma qualidade não leva à medida, mas é critério intrínseco a ela"[173].

Sarmento doutrina que, embora os princípios da proporcionalidade e razoabilidade possuam "matrizes históricas diferentes, na prática são fungíveis, pois almejam o mesmo resultado: coibir o arbítrio do Poder Público, invalidando leis e atos administrativos caprichosos, contrários à pauta de valores abrigada pela Constituição"[174].

---

(170) BARROSO, Luís Roberto. *Curso de direito constitucional contemporâneo*. 3. ed. São Paulo: Saraiva, 2011. p. 278.
(171) Cf. BARROSO, Luís Roberto. *Curso de direito constitucional contemporâneo*. 3. ed. São Paulo: Saraiva, 2011. p. 281, e BONAVIDES, Paulo. *Curso de direito constitucional*. 23. ed. São Paulo: Malheiros, 2008. p. 392.
(172) BARROSO, Luís Roberto. *Curso de direito constitucional contemporâneo*. 3. ed. São Paulo: Saraiva, 2011. p. 281.
(173) ÁVILA, Humberto. *Teoria dos princípios:* da definição à aplicação dos princípios jurídicos. 12. ed. São Paulo: Malheiros, 2011. p. 172.
(174) SARMENTO, Daniel. *A ponderação de interesses na constituição federal*. 1. ed. Rio de Janeiro: Lumen Juris, 2005. p. 87.

5. O princípio da proporcionalidade como proibição da insuficiência

Classicamente concebido como vedação ao excesso, modernamente o princípio da proporcionalidade é também enxergado sob nova ótica, assim entendida como a proibição da insuficiência, ou da proteção insuficiente, tese segundo a qual, na medida em que cabe ao Estado fomentar os Direitos Fundamentais, executando políticas públicas, ou, simplesmente, legislando sobre determinadas matérias, sem interferir excessivamente nos ditos Direitos, em um contexto de vedação ao excesso, também lhe cabe a necessária legislação protetiva, de forma ampla, para abarcar o máximo espectro fundamental protetivo, sob pena de ignorar a proporcionalidade pela insuficiência.

Ou seja, se o Estado não pode ser excessivo, também não lhe cabe ser omisso ou insuficiente, deixando o cidadão à mercê da intervenção de terceiros em sua esfera privada, sem que haja medida impeditiva ou punitiva própria. No dizer de Canotilho, existe um "defeito de proteção quando as entidades sobre quem recai um *dever de proteção (Schutzpflicht)* adoptam medidas insuficientes para garantir uma proteção constitucionalmente adequada dos direitos fundamentais"[175].

Nesse momento, é válido retomar a divisão dos Direitos Fundamentais a prestação nos sentidos material ou fático e jurídico, interessando tão somente esse último para a análise do alcance do princípio da proporcionalidade como proibição da insuficiência, para posterior digressão acerca da omissão prestacional legislativa em relação à proteção contra a despedida arbitrária e como deve se comportar o Estado-Juiz diante de tal realidade.

A contemporânea teoria dos Direitos Fundamentais defende que ao Estado cabe o dever de não violar tais direitos, assim como também a obrigação de proteger os titulares de tais em face dos danos e ameaças advindas de outros particulares, em um contexto de dimensão axiológica interpretativa da Constituição enquanto ordem de valores.

Dito dever de proteção se irradia para todas as esferas estatais e ganha principal relevo nas atividades legislativa, administrativa e judicial, que devem guardar o dever de promover todos os Direitos Fundamentais.

---

(175) *Op. cit.*, p. 273.

Encontram-se na doutrina de Alexy os direitos a proteção como legítimos direitos subjetivos do cidadão, assim entendidos como "direitos do titular de direitos fundamentais em face do Estado a que este o proteja contra intervenções de terceiros", ou "direitos constitucionais a que o Estado configure e aplique a ordem jurídica de uma determinada maneira no que diz respeito à relação dos sujeitos de direito de mesma hierarquia entre si"[176].

O primeiro e notório caso julgado pelo Tribunal Constitucional Federal acerca do alcance do dever de proteção ocorreu em 1974, quando foi publicada lei estadual descriminalizando o aborto. Na oportunidade, já em 1975, a Corte, por meio de controle concentrado de constitucionalidade, decretou a invalidade da lei, dando ênfase ao direito à vida, consagrado na Lei Fundamental de Bonn, que tem início — segundo o julgado referido — já com o feto, a partir do 14º dia seguinte à concepção. Também entendeu o Tribunal como relevante o direito à privacidade da mulher grávida, mas este, por não ser absoluto, entraria em colisão com o direito à vida do feto. Utilizou-se, portanto, do critério de ponderação e, tendo-se afirmado que o legislador tinha a obrigação constitucional de proteger a vida do feto, declarou-se a inconstitucionalidade da lei que descriminalizava o aborto, estabelecendo-se, no entanto, algumas exceções, a saber, quando houver risco à vida ou saúde da mãe, ou aborto eugênico. Com isso, firmou a Corte o entendimento segundo o qual, "ao descriminalizar o aborto, o legislador teria violado o dever de proteção ao bem jurídico vida, ao qual estava adstrito"[177].

Na referida decisão (BVerfGE 39,1 — Schwangerschaftsabbruch I), o Tribunal Constitucional Federal estatuiu que:

> o dever de proteção do Estado é abrangente. Ele não só proíbe — evidentemente — intervenções diretas do Estado na vida em desenvolvimento, como também ordena ao Estado posicionar-se de maneira protetora e incentivadora diante dessa vida, isto é, antes de tudo, protegê-la de intervenções ilícitas provenientes de terceiros (particulares). Cada ramo do ordenamento jurídico deve orientar-se por esse mandamento, conforme sua respectiva definição de tarefas. O cumprimento do dever de proteção do Estado deve ser tão mais consequentemente perseguido quanto mais elevado for o grau hierárquico do bem jurídico em questão dentro da ordem axiológica da *Grundgesetz*. Dispensando maiores

---

(176) *Op. cit.*, p. 450-451.
(177) SARMENTO, Daniel. *Direitos fundamentais e relações privadas*. 2. ed. Rio de Janeiro: Lumen Juris, 2006. p. 131.

fundamentações, a vida humana representa um valor supremo dentro da ordem da *Grundgesetz*; é a base vital da dignidade da pessoa humana e o pressuposto de todos os demais direitos fundamentais.[178]

Em 1993, o referido Tribunal voltou a afirmar que o Estado tem o dever de proteção legislativa à vida, no segundo caso sobre o aborto (BVerfGE 88, 203 — *Schwangerschaftsabbruch II*) e na referida decisão restou firmado que:

> o Estado deve adotar medidas normativas e de ordem fática suficientes para o cumprimento do seu dever de proteção, que conduzam a uma proteção adequada e efetiva (proibição de insuficiência), com a consideração dos bens jurídicos em colisão. Para isso é necessário um conceito de proteção que combine medidas preventivas e repressivas.

Invocando o mesmo argumento da insuficiência da proteção por parte do Estado, o Tribunal Constitucional Federal em outras oportunidades reafirmou essa nova perspectiva do princípio da proporcionalidade, como na área da defesa contra o terrorismo (BVerfGE 46, 160, 163), em 1978, bem como no caso da proteção ambiental referente a ruídos provocados por aeronaves e centrais nucleares, apontando sempre a necessidade de o Estado emitir normas protetivas aos respectivos bens jurídicos.

Todavia, em 1993 (BcerfGE 203), o Tribunal Constitucional alemão voltou a tratar o tema aborto, apontando nova diretriz para a vedação à insuficiência de intervenção estatal na esfera privada, constituída em torno da desnecessidade de criminalização da interrupção da gravidez até a décima segunda semana de gestação. Também se colhe o referido julgado que: "a proibição da insuficiência não permite a livre desistência da utilização, também, do direito penal e do efeito de proteção da vida humana dele decorrente"[179].

Após asseverar que a literatura especializada aponta como três as funções pertencentes à dimensão objetiva dos Direitos Fundamentais — caráter de normas de competência negativa, necessário ao controle abstrato das normas; efeitos horizontal e de irradiação dos direitos fundamentais; dever estatal de tutela —, afirma Schwabe que esse último dever se refere ao "dever do Estado de proteger ativamente o direito fundamental, ou seja, de proteger

---

(178) Em SCHWABE. Jügen. *Cinquenta anos de jurisprudência do tribunal constitucional federal alemão*. Tradução de Beatriz Hennig e outros. Montevideo: Konrad Adenauer Stiftung, 2005. p. 267.
(179) Em SCHWABE. Jügen. *Cinquenta anos de jurisprudência do tribunal constitucional federal alemão*, cit., p. 276.

o seu exercício contra ameaças de violação provenientes de particulares". Também enfatiza o referido publicista que "a proteção se refere à ação a ser impetrada pelo Estado para a proteção ativa dos direitos fundamentais, em face das possíveis inobservâncias por particulares". Finaliza, porém, pontuando que "o Estado é obrigado, pelo dever de tutela, derivado dos direitos fundamentais, a forçar a observância, a omissão de ação ameaçadora aos respectivos direitos fundamentais, provenientes de particulares"[180].

Ao revés da maior parte da doutrina[181], que põe o dever de tutela legislativa como direito prestacional vinculado à eficácia objetiva dos direitos fundamentais, defende o referido autor que o aludido dever estatal "se baseia numa situação de ameaça de alguns direitos, perpetrada por particulares, [nascendo para estes] uma posição jurídico-subjetiva que provoca o mesmo efeito próprio da função clássica dos direitos fundamentais de oferecer resistência contra intervenção lesiva de outrem". E arremata dizendo: "trata-se da função de resistência ampliada àqueles casos nos quais os particulares passaram a ameaçar a liberdade tutelada. Essa função exige do Estado[182], em suma, que ele aja contra as situações de ameaça de um direito fundamental"[183].

Ou seja, o dever de tutela legislativa, além de ser um direito de defesa, igualmente conduz a um direito subjetivo a que o indivíduo seja protegido contra atos provenientes de terceiros, ou a uma ação positiva por parte do Estado.

Percebe-se, dessa forma, que não há um abismo tão grande entre direitos de defesa e direitos a prestações, sendo ambos capazes de gerar direito subjetivo, importando muito mais o nível de densidade normativa que cada um dos Direitos Fundamentais possui segundo a sua respectiva previsão constitucional.

Alexy, analisando ambos os direitos, pontua que a estrutura do direito a prestação é igual à do direito de defesa, no tocante à possibilidade de escolha (discricionariedade) do Legislador[184] e se utiliza de exemplo claro, afirmando que o "direito de proteção exige a utilização de ao menos um meio de

---

(180) SCHWABE, Jügen. *Cinquenta anos de jurisprudência do tribunal constitucional federal alemão*, cit., p. 84.
(181) Sobre esse específico ponto, atente-se para o capítulo que trata da eficácia dos Direitos Fundamentais na relação de emprego, onde há uma forte revisão bibliográfica nesse sentido.
(182) É interessante perceber, inclusive, que o citado autor possui avançada tese a respeito da responsabilidade do Estado quando este não protege o indivíduo como deveria, descumprindo o pacto social, a ser detalhada no item 3.5 do capítulo VI, *infra*.
(183) *Op. cit.*, p. 86.
(184) *Op. cit.*, p. 463.

proteção, (e) o direito de defesa exclui a utilização de todo e qualquer meio de utilização ou afetação negativa"[185]. Ou seja, em se tratando de direito de defesa, este somente será satisfeito e plenamente alcançado quando todos os meios de intervenção ao Direito Fundamental forem afastados; já para a satisfação do dever de proteção, é suficiente a realização de uma única ação adequada de proteção ou fomento; "se mais de uma ação de proteção ou de fomento é adequada, nenhuma delas é, em si mesma, necessária para a satisfação do dever de proteção ou de fomento; necessário é somente que alguma delas seja adotada"[186].

Mais adiante o publicista informa que a distinção é acolhida pelo Tribunal Constitucional Federal, quando entende que é dever do Estado proteger, mas a decisão de como proteger compete ao legislador e não ao Poder Judiciário[187]. Este, quando da análise do controle de constitucionalidade, deve verificar primeiramente se o Estado adotou ao menos uma das medidas viáveis à proteção do Direito Fundamental, para posteriormente verificar se a medida adotada e escolhida pelo legislador atende ao fim perseguido e previsto na Constituição. Caso haja somente uma medida efetiva, o Estado deve adotá-la e, caso não o faça, terá falhado por omissão e ignorado o dever de proteção.

Nesse mesmo sentido, dispõe Sarmento, quando discorre acerca da novidade da jurisprudência alemã, que vem adotando "o conceito da proibição da insuficiência (*untermassverbot*)", afiançando que esta é violada quando "a ação protetiva dos poderes públicos fica aquém do patamar mínimo necessário à tutela dos direitos fundamentais". Entretanto, chama atenção o autor referido para o controle efetuado pelo Poder Judiciário, que "deve ser mais comedido do que o empregado na fiscalização da proibição do excesso, exatamente em razão do maior grau de discricionariedade de que, em regra, dispõe o Estado no desempenho de tarefas comissivas relacionadas à garantia dos direitos fundamentais"[188].

Sem descurar desse mesmo raciocínio, Baltazar Júnior vem afirmar que:

> na atual dogmática constitucional, os direitos fundamentais, ao lado da sua clássica função *negativa* de limitar o arbítrio das

---

(185) *Op. cit.*, p. 462.
(186) *Idem*.
(187) Isso também é relatado por Daniel Sarmento (*Direitos fundamentais nas relações privadas,* cit., p. 133).
(188) SARMENTO, Daniel. *Direitos fundamentais e relações privadas.* 2. ed. Rio de Janeiro: Lumen Juris, 2006. p. 133-134.

intervenções estatais na liberdade, ou seja da proibição do excesso (*übermassverbot*), passaram a desempenhar também o papel de mandamentos de proteção ao legislador, na chamada proibição de insuficiência (*untermassverbot*), que determina a existência de deveres de proteção jurídico fundamentais, na terminologia mais aceita, que enfatiza o aspecto da obrigação estatal, ou direitos de proteção jurídico-fundamentais, expressão que dá ênfase ao direito do cidadão, e não ao dever do Estado.[189]

É de perceber, nesse trilhar, que o Estado, ao mesmo tempo em que possui dever de abstenção e de não intervenção, impedindo desarrazoadamente os Direitos Fundamentais, igualmente possui dever de promovê-los por meio de políticas públicas voltadas à efetivação material dos aludidos direitos, bem como mediante a confecção de normas jurídicas protetivas ao cidadão, sobretudo quando terceiros também são detentores de parcela de poder, como sói ocorrer nas relações laborais.

Essa forma de enxergar o dever estatal de tutela guarda intimidade com a clássica noção de existência do Estado[190], cabendo a este a proteção do povo territorialmente em si localizado, que, em tese, abdica de parcela de liberdade e privacidade em prol da salvaguarda estatal. E, quando no passado o Estado proibiu a autotutela, chamou para si a obrigação de proteger o cidadão em face de atos de terceiros, nascendo nesse momento já o próprio direito a prestação estatal, procedimento e organização.

Vale dizer, se os Direitos Fundamentais são tidos como "determinações de objetivos estatais"[191], também são compreendidos como direitos subjetivos à defesa contra atos de terceiros, atividade que deve ser promovida pelo Estado, por meio, sobretudo, da via legislativa.

Em outras palavras, a lição de Sarlet:

> partindo-se de possível e prestigiada (embora não incontroversa) distinção entre uma dimensão negativa e positiva dos direitos fundamentais, convém relembrar que, na sua função como direitos

---
(189) BALTAZAR JÚNIOR, José Paulo. *Crime organizado e proibição de insuficiência*. Porto Alegre: Livraria do Advogado, 2010. p. 52.
(190) À mesma conclusão igualmente chegou Luciano Martinez (*op. cit.*, p. 113): "o dever geral de efetivação está associado ao monopólio estatal do exercício da força. Com isso, deseja-se dizer que, diante da vedação à autotutela, não se pode esperar a concretização compulsória de qualquer outro sujeito que não seja o próprio Estado. Ele — em qualquer um dos seus poderes — está juridicamente vinculado à materialização das providências ou deveres de proteção".
(191) BALTAZAR JÚNIOR, José Paulo. *Op. cit.*, p. 53.

de defesa os direitos fundamentais constituem limites (negativos) à atuação do Poder Público, impedindo ingerências indevidas na esfera dos bens jurídicos fundamentais, ao passo que, atuando na sua função de deveres de proteção (imperativos de tutela), as normas de direitos fundamentais implicam uma atuação positiva do Estado, notadamente, obrigando-o a intervir (preventiva ou repressivamente) inclusive quando se tratar de agressão oriunda de outros particulares, dever este que — para além de expressamente previsto em alguns preceitos constitucionais contendo normas jusfundamentais, pode ser reconduzido ao princípio do Estado de Direito, na medida em que o Estado é o detentor do monopólio, tanto da aplicação da força, quanto no âmbito da solução dos litígios entre os particulares, que (salvo em hipóteses excepcionais, como o da legítima defesa), não podem valer-se da força para impedir e, especialmente, corrigir agressões oriundas de outros particulares.[192]

Aparentemente a proibição da insuficiência é contrária à proibição de excesso, mas essa é uma impressão apenas primária, pois, se se firmar a lente por onde ambas são observadas, fácil será perceber que as duas são faces da mesma moeda.

Se há proibição de excesso, significa dizer que há dever de tutela, pois, se assim não fosse, seria impossível haver excesso, o que demonstra que ambos os conceitos estão mesmo inseridos no princípio da proporcionalidade, que, em linhas gerais, funciona como remédio, deve ser ministrado na exata dose, nem mais, nem menos. E essa dosagem é feita, em um primeiro momento, pelo Estado-Legislador ou Estado-Administração, mas, quando estes falham, em excesso ou em falta de seu dever, cabe ao Estado-Juiz administrar a dose exata de tal "remédio", valendo afirmar mais uma vez que o Judiciário também é atrelado objetivamente aos Direitos Fundamentais. A simples interpretação que esvazia o conteúdo jurídico-fundamental, por si só, atenta contra os valores constitucionalmente estabelecidos.

Baltazar Júnior, após chegar à mesma conclusão, reafirmou o direito subjetivo à proteção, pontificando que "os direitos de defesa são, então, protegidos por meio dos deveres de proteção, que servem para uma intensificação de sua força de validez". Ou seja, direitos de defesa e à prestação

---

(192) SARLET, Ingo Wolfgang. *Constituição e proporcionalidade*: o direito penal e os direitos fundamentais entre proibição de excesso e de insuficiência. Disponível em: <http://www.mundojuridico.adv.br>. Acesso em: 4.1.2015.

"funcionam como garantias estatais da liberdade em dois diferentes níveis ou momentos diversos, mas, de certa forma, complementares"[193].

6. PROIBIÇÃO DA INSUFICIÊNCIA: DOUTRINA NACIONAL E O SUPREMO TRIBUNAL FEDERAL

A Carta Política de 1988 não possui sequer um dispositivo tratando sobre o princípio da proporcionalidade, embora seja este reconhecido pela doutrina pátria[194] como um dos princípios implicitamente contidos na Constituição de 1988, fartamente utilizado pela jurisprudência para fins diversos, como na elaboração do controle de constitucionalidade, limitação ao poder de polícia, ponderação de interesses constitucionais conflitantes e, agora mais recentemente, para fomentar Direitos Fundamentais por meio dessa nova ótica que é a proibição da insuficiência, corolária do dever de proteção estatal.

É de notar que praticamente toda a doutrina nacional até então desenvolvida em torno do dever de proteção estatal diz respeito ao direito penal[195], tratando-se habitualmente sobre o dever de proteção que o Estado detém no tocante às hipóteses de criminalização previstas na Constituição Federal de 1988.

Lênio Streck ensina que a proporcionalidade possui dupla face:

> de proteção positiva e de proteção de omissões estatais. Ou seja, a inconstitucionalidade pode ser decorrente de excesso do Estado, caso em que determinado ato é desarrazoado, resultando desproporcional o resultado do sopesamento (*Abwägung*) entre fins e meios; de outro, a inconstitucionalidade pode advir de proteção insuficiente de um direito fundamental-social, como ocorre quando o Estado abre mão do uso de determinadas sanções penais ou administrativas, para proteger determinados bens jurídicos. Este duplo viés do princípio da proporcionalidade decorre da

---

(193) *Op. cit.*, p. 60-61.
(194) Por todos: BONAVIDES, Paulo. *Curso de direito constitucional*. 23. ed. São Paulo: Malheiros, 2008. p. 392 e ss.
(195) No entanto, a doutrina trabalhista já está dando sinais da aplicação dessa nova acepção do princípio da proporcionalidade, como se percebe nas seguintes obras: SEVERO, Valdete Souto. *O dever de motivação da despedida na ordem jurídico-constitucional brasileira*. Porto Alegre: Livraria do Advogado, 2011. p. 171-238 e MARTINEZ, Luciano. *Condutas antissindicais*. São Paulo: Saraiva, 2012.

necessária vinculação de todos os atos estatais à materialidade da Constituição e que tem como consequência a sensível diminuição da discricionariedade (liberdade de conformação) do legislador.[196]

Nessa mesma linha de pensamento, Ingo Sarlet, para quem:

a noção de proporcionalidade não se esgota na categoria da proibição de excesso, já que abrange, [...] um dever de proteção por parte do Estado, inclusive quanto a agressões contra direitos fundamentais provenientes de terceiros, de tal sorte que está diante de dimensões que reclamam maior densificação, notadamente no que diz com os desdobramentos da assim chamada proibição da insuficiência no campo jurídico-penal e, por conseguinte, na esfera da política criminal, onde encontramos um elenco significativo de exemplos a serem explorados.[197]

Martha de Toledo Machado, após detida análise acerca dessa nova concepção do princípio da proporcionalidade, afirma que ela tem lugar amplo "na tutela penal do Estado", em relação ao "entrechoque de valores fundamentais e os meios de sua solução", tendo-se que os referidos valores "representam também direito à dignidade da pessoa e direitos à liberdade". Ou seja, "os direitos tutelados instrumentalmente, tanto pela proibição de excesso como pela proibição de proteção insuficiente, no plano geral estão contidos no mesmo território: qual seja, aquele dos direitos individuais invioláveis"[198].

Encontra-se na doutrina trabalhista, porém, a percuciente análise elaborada por Luciano Martinez em relação à liberdade sindical, tendo-a como direito defensivo frente ao Estado, que não se descura do seu dever prestacional, pois "não basta a enunciação da liberdade e os compromissos teóricos de não intervenção e de não interferência, mas, à frente disso, é indispensável o estabelecimento de garantias e de facilidades com vistas ao surgimento e à atuação eficaz dos sujeitos coletivos"[199].

---

(196) STRECK, Lênio Luiz. A dupla face do princípio da proporcionalidade: da proibição de excesso (*Übermassverbot*) à proibição de proteção insuficiente (*Untermassverbot*) ou de como não há blindagem contra normas penais inconstitucionais. *Revista da Anajuris*, ano XXXII, n. 97, p. 180, mar. 2005.
(197) SARLET, Ingo Wolfgang. Constituição e proporcionalidade: o direito penal e os direitos fundamentais entre a proibição de excesso e de proteção de insuficiência. *Revista da Anajuris*, ano XXXII, n. 98, p. 107, jun. 2005.
(198) MACHADO, Martha de Toledo. *Proibições de excesso e proteção insuficiente no direito penal:* a hipótese dos crimes sexuais contra crianças e adolescentes. São Paulo: Verbatim, 2008. p. 85.
(199) *Op. cit.*, p. 125.

Desde 2006 o Supremo Tribunal Federal vem tratando sobre a proibição da insuficiência em questões pertinentes aos mandamentos de criminalização, à biossegurança (pesquisa com células-tronco) e à prestação de direitos sociais, como saúde e educação.

O primeiro julgado da Corte referida sobre o tema em análise deu-se em um Recurso Extraordinário, em que um condenado por crime de estupro praticado contra incapaz desejava a extinção de punibilidade, alegando que posteriormente havia se casado com a vítima e, diante de tal realidade, deveria a Corte acolher a analogia *in bonam partem*, pois, entendendo-se contrariamente, haveria violação à equiparação constitucional entre casamento e união estável para fins de reconhecimento de unidade familiar. Na oportunidade, o Supremo Tribunal Federal reconheceu a qualidade garantista positiva da tutela penal do Estado, tendo como possível o controle de constitucionalidade da lei penal, por violação à proibição da proteção insuficiente.

Na indigitada decisão, que julgou, por maioria, não provido o recurso, restou consignado no voto-vista do Ministro Gilmar Mendes:

> quanto à proibição de proteção insuficiente, a doutrina vem apontando para uma espécie de garantismo positivo, ao contrário do garantismo negativo (que se consubstancia na proteção contra os excessos do Estado) já consagrado pelo princípio da proporcionalidade. A proibição de proteção insuficiente adquire importância na aplicação dos direitos fundamentais de proteção, ou seja, na perspectiva do dever de proteção, que se consubstancia naqueles casos em que o Estado não pode abrir mão da proteção do direito penal para garantir a proteção de um direito fundamental.[200]

Em maio de 2007, foi julgada a ADI n. 3112, que pedia a inconstitucionalidade da Lei n. 10.826/03 (Estatuto do Desarmamento). Nesse julgado, novamente o Ministro Gilmar Mendes se utilizou dessa nova faceta do princípio da proporcionalidade (proibição da proteção insuficiente) para argumentar e votar pela inconstitucionalidade do art. 21 da referida Lei.

Na Ação aludida, que reunia outras Ações Diretas de Inconstitucionalidade que tratavam dos mesmos questionamentos, as alegações das partes se dividiram em inconstitucionalidade formal da lei por vício de iniciativa e por invasão de competência, e inconstitucionalidade material por violação a garantias e direitos fundamentais (presunção de inocência, propriedade,

---

(200) RE 418.376-5/MS. Disponível em: <www.stf.gov.br>. Acesso em: 4.1.2015.

livre exercício da profissão, segurança, incolumidade física e vida), parcialmente mediante intervenção desproporcional do Estado e essa foi a análise efetuada pelo Ministro Mendes em relação à proibição de excesso estatal.

O Tribunal afastou todas as alegações de vício formal, assim como as pertinentes aos vícios materiais quanto à propriedade, livre exercício da profissão, segurança, incolumidade física e vida.

O Min. Gilmar Mendes indicou duas questões como realmente importantes à elucidação da querela: (i) a inafiançabilidade dos crimes de porte ilegal de arma de fogo de uso permitido e de disparo de arma de fogo; (ii) e insuscetibilidade de liberdade provisória aos crimes de porte ou posse ilegal de arma de fogo de uso restrito, comércio ilegal e tráfico internacional, respectivamente os arts. 14, 15, 16, 17, 18 e 21, todos do Estatuto do desarmamento.

O aludido Ministro, embora não tenha delineado em seu voto o que vem a ser proibição do excesso e proibição da proteção insuficiente, faz referência às duas facetas decorrentes do princípio da proporcionalidade e, ao final, vota pela inconstitucionalidade do art. 21 do Estatuto no que diz ferir a presunção de inocência (art. 5º, LVII, CF), vedação de prisão *ex lege* (art. 5º, LXI, CF) e proporcionalidade como proibição de excesso.

Também em 2007 foi julgada a ADI n. 1.800, ajuizada pela Associação de Notários e registradores, tendo por objeto a impugnação da Lei n. 9.534/97, no que regula a matéria de registros públicos para conferir gratuidade aos registros de nascimento e óbito, bem como às suas primeiras certidões, pleiteando-se liminarmente a suspensão desse dispositivo. No Informativo n. 471 do STF (11-15.06.2007), lê-se que:

> [...] o Min. Ricardo Lewandowski, em seu voto-vista, ressaltou que, não obstante o entendimento de se tratar de serviço público prestado por delegação, a intervenção estatal não poderia anular, por completo, o caráter privado (CF, art. 236) — cuja continuidade depende da manutenção de seu equilíbrio econômico-financeiro —, o que não vislumbrou no diploma legal em tela, quando examinado à luz de uma ponderação de valores constitucionais, especialmente sob o prisma da proporcionalidade. No ponto, salientando que o princípio da proporcionalidade apresenta duas facetas: a proibição de excesso e a proibição de proteção deficiente, concluiu que os dispositivos impugnados não incidem em nenhum deles. Afirmou que [...] tais dispositivos legais buscam igualar ricos e pobres em dois momentos cruciais da vida, de maneira a

permitir que todos, independentemente de sua condição ou sua situação patrimonial, nesse particular, possam exercer os direitos de cidadania exatamente nos termos do que dispõe o art. 5º, LXXVII, da CF.

Também em outras oportunidades o Supremo Tribunal Federal se utilizou da proibição da proteção insuficiente para embasar seus julgados[201], interessando agora analisar as argumentações lançadas em relação à omissão fática ou jurídica do Estado no tocante aos Direitos Sociais.

Todos os treze julgados da Corte tratando sobre Direitos Sociais, coletados até 21.1.2013, dizem respeito a pedidos de suspensão de medida liminar, tutela antecipada ou segurança concedidas por instâncias inferiores[202], nos quais o Poder Judiciário corrige omissões estatais advindas da inação do Poder Executivo, estadual, federal ou municipal. Todas as decisões monocráticas foram emitidas pelo Ministro Gilmar Mendes.

As referidas decisões possuem idêntica fundamentação e o Ministro Mendes, após indicar alguns argumentos em prol da prestação material, aponta as alegações do Estado (Município, Estado ou União), que foram aptas a ensejar a omissão estatal, uma vez que todas as decisões das instâncias inferiores tratavam exatamente do fomento à prestação estatal (agora na versão judicial), ante a anterior omissão executiva em relação à saúde, educação ou proteção à criança e adolescente.

Vislumbra-se sempre a preocupação em firmar entendimento em relação à justiciabilidade dos Direitos Sociais, fazendo-se o contraponto entre a reserva do possível e o mínimo existencial. Em todas as decisões, o Ministro Gilmar Mendes, ao indeferir os pedidos de suspensão das decisões anteriores, posiciona-se favoravelmente à tese segundo a qual cabe ao Estado a prestação de Direitos Sociais, utilizando a proibição de proteção insuficiente para embasar os julgados monocráticos.

No ano de 2012, novamente o Ministro Gilmar Mendes voltou a invocar a proibição da proteção insuficiente para embasar indeferimento de *habeas corpus*[203], que intentava o enquadramento da atipicidade da conduta, diante do porte de arma de fogo desmuniciada. Na referida decisão, restou mais uma vez afirmado pelo indigitado Ministro que:

---

(201) ADI n. 3.510, que trata da pesquisa sobre as células-tronco.
(202) SL 235-0 (TO), STA 241-7 (RJ), SL 228-7 (CE), SL 263-5 (RJ), STA 238 (TO), STA 245 (RS), STA 278-6 (AL), STA 277 (AL), STA 198 (MG), STA 318 (RS), SS 3690 (CE), SS 3751 (SP), SS 3741 (CE).
(203) HC n. 104.410 (RS). Julgamento: 6.3.2012. Órgão Julgador: Segunda Turma.

a Constituição de 1988 contém um significativo elenco de normas que, em princípio, não outorgam direitos, mas que, antes, determinam a criminalização de condutas (CF, art. 5º, XLI, XLII, XLIII, XLIV; art. 7º, X; art. 227, § 4º). Em todas essas normas é possível identificar um mandato de criminalização expresso, tendo em vista os bens e valores envolvidos. Os direitos fundamentais não podem ser considerados apenas como proibições de intervenção (*Eingriffsverbote*) (*sic*), expressando também um postulado de proteção (*Schutzgebote*) (*sic*). Pode-se dizer que os direitos fundamentais expressam não apenas uma proibição do excesso (*Übermassverbote*) (*sic*), como também podem ser traduzidos como proibições de proteção insuficiente ou imperativos de tutela (*Untermassverbote*). Os mandatos constitucionais de criminalização, portanto, impõem ao legislador, para o seu devido cumprimento, o dever de observância do princípio da proporcionalidade como proibição de excesso e como proibição de proteção insuficiente.

Ou seja, até então, para o Supremo Tribunal Federal, a proibição da proteção insuficiente, corolária do princípio da proporcionalidade, tanto serve para coibir omissões estatais materiais — a exemplo das omissões na área de saúde e educação —, como omissões legislativas, quando o Legislador se queda inerte em relação ao seu dever de legislar sobre determinados Direitos Fundamentais.

7. A PROTEÇÃO ESTATAL INSUFICIENTE DIANTE DA AUSÊNCIA DE REGULAMENTAÇÃO DO ART. 7º, I, DA CONSTITUIÇÃO FEDERAL DE 1988

No capítulo V, será analisado o alcance do regramento contido no art. 7º, I, do Texto Constitucional de 1988 à luz da moderna hermenêutica constitucional, com ênfase na máxima eficácia das normas constitucionais. Todavia, antes de tal análise, é necessário frisar a evidente ofensa ao princípio da proporcionalidade, diante da proteção estatal insuficiente, constituída em torno da inércia do Poder Legislativo na regulamentação do referido artigo.

Vinte e cinco anos se passaram desde a promulgação da Constituição Federal de 1988 e somente há poucas normas tratando sobre a proteção da relação de emprego em face da despedida arbitrária, a exemplo da Lei n. 9.029/95, proibindo o tratamento discriminatório na indigitada relação, que, na verdade, atende principalmente ao princípio da isonomia, transformado em regras constitucionais, como o art. 7º, incisos XXXI e XXXII, do Texto Constitucional pátrio.

É certo, porém, que, em relação ao empregado público, há expressa previsão legal à vedação da despedida sem motivação, presente no art. 2º da Lei n. 9.962/00, que estabelece a obrigatoriedade de concurso público para ingresso na Entidade Pública e dispõe que o contrato de trabalho por prazo indeterminado somente será rescindido unilateralmente pela Administração Pública em caso de falta grave, conforme previsão no art. 482 da CLT, em caso de acumulação de cargos, necessidade de redução de quadro de pessoal, por excesso de despesa nos termos da lei complementar a que se refere o art. 169 da CRFB/88, e por insuficiência de desempenho, na forma estabelecida no próprio art. 3º da mencionada Lei.

Não obstante isso, a OJ n. 347 da SDI-1 do TST estabelece a possibilidade de se despedirem empregados públicos vinculados às empresas públicas ou sociedades de economia mista sem motivação alguma — à exceção dos empregados da Empresa de Correios e Telégrafos —, ainda que estes hajam sido aprovados em concurso público de provas e títulos[204].

O indigitado verbete ratifica o quanto já afirmado: o Poder Judiciário trabalhista de cúpula, embora vinculado objetivamente aos Direitos Fundamentais, parece desprezar tal missão[205], consagrando não só o vácuo legislativo, mas também o entendimento em torno do direito potestativo de despedir do empregador, nivelando o empregado público ao procedimento que acredita ser correto e aplicável em relação a todos os empregados[206].

---

(204) Porém, na sessão do plenário do STF, em 20.3.2013, houve rejeição à questão de ordem do patrono da recorrente que suscitava fosse este feito julgado em conjunto com o RE 655.283, com repercussão geral reconhecida. Em seguida, colhido o voto-vista do Ministro Joaquim Barbosa (Presidente), o Tribunal deu provimento parcial ao recurso extraordinário para reconhecer a inaplicabilidade do art. 41 da Constituição Federal e exigir-se a necessidade de motivação para a prática legítima do ato de rescisão unilateral do contrato de trabalho, vencidos parcialmente os Ministros Eros Grau e Marco Aurélio. O Relator reajustou parcialmente seu voto. Em seguida, o Tribunal rejeitou questão de ordem do advogado da Empresa Brasileira de Correios e Telégrafos — ECT que suscitava fossem modulados os efeitos da decisão.
(205) Recentemente, porém, julgando o RR n. 49800-43.2004.5.15.0089, parece que o entendimento consolidado na OJ referida pode ser modificado, pois a Segunda Turma do Tribunal Superior do Trabalho (TST), em sessão realizada em 12 de dezembro de 2012, manteve decisão do Tribunal Regional do Trabalho da 15ª Região (Campinas/SP) que considerou irregular a dispensa de um funcionário da Caixa Econômica Federal (CEF) demitido 90 dias após tomar posse. O Regional considerou que não havia ficado demonstrada a motivação no ato, não autorizando a sua dispensa aleatória e imotivada. Disponível em: <http//www.tst.gov.br>. Acesso em: 4.1.2015.
(206) Sobre a necessidade de motivação na despedida de empregado público: TEIXEIRA, Silvia Isabelle Ribeiro. O devido processo legal e o dever de motivação na despedida de empregado público. *Revista LTr*, São Paulo, n. 12, ano 76, p. 76-12-1485-1494, dez. 2012.

A necessidade de se motivar a despedida de qualquer empregado público decorre diretamente da Lei n. 9.784/99, que determinou em seu art. 2º, *caput*, que o princípio da motivação é obrigatório para todas as entidades da Administração Pública e, mais adiante, no inciso VII exige que elas indiquem todos os pressupostos de fato e de direito que se utilizaram para decidir, elevando mais uma vez, de forma até redundante, o referido princípio.

Além disso, a indigitada Lei, em seu art. 50, ainda estabeleceu nos incisos I e II que os atos administrativos deverão ser obrigatoriamente motivados quando afetarem direitos, interesses, ou impuserem sanções, terminando por evidenciar que a despedida de empregado público, mesmo vinculado às empresas públicas ou sociedades de economia mista, deve sempre ser precedida de motivação, sob pena de ofensa ao princípio aludido, assim como também ao próprio princípio da legalidade[207].

Mas, mesmo havendo tantas evidentes disposições legais proibindo a denúncia vazia do contrato de trabalho do empregado público, ainda assim permanece — na cúpula do Judiciário Trabalhista, frise-se mais uma vez — o entendimento em torno do direito potestativo da despedida sem motivação pelas sociedades de economia mista e empresas públicas.

Há um claro vazio legislativo[208] no que se refere à proteção contra a despedida arbitrária dos empregados — à exceção, é lógico, dos empregados públicos — e essa omissão é cada vez mais ratificada pelo Poder Judiciário Trabalhista[209], que, como se verá no capítulo seguinte, assegura ao empregador a possibilidade de despedir sem apresentação de motivos, consagrando um suposto direito potestativo de despedir de forma vazia. É dizer, o Estado se mostra duplamente insuficiente, omitindo-se de regulamentar o dispositivo constitucional e, igualmente, emperrando o seu verdadeiro alcance, ignorando a vinculação dos Poderes aos Direitos Fundamentais, assim entendidos segundo uma ordem objetiva de valores.

---

(207) Eis o teor da Súmula n. 3 do TRT do Paraná: "Administração indireta (empresas públicas e sociedades de economia mista) subordina-se às normas de direito público (CF/88, art. 37), vinculada à motivação da dispensa de empregado público". Disponível em: <http://www.trt9.jus.br/internet_base/sumulassel.do?evento=F9-Pesquisar&fwPlc=s>. Acesso em: 3.7.2012.
(208) O deputado federal Maurício Hands (PT/PE) possui projeto de Lei Complementar (8/3003), propondo a regulamentação do art. 7º, I, da Constituição Federal de 1988, mas ainda em fase de parecer da Comissão de Trabalho, de Administração e Serviço Público (CTASP), tendo obtido aprovação nesse particular.
(209) Atente-se, por exemplo, para o resultado do julgamento do Mandado de Injunção n. 278-9, em 3.10.2001 pelo STF, que apenas redundou na declaração de ausência de mora do Poder Legislativo, em regulamentar o art. 7º, I, da Constituição Federal de 1988.

Se é certo afirmar que o Poder Legislativo possui, diante da sua missão constitucional, a faculdade de decidir quando e como regulamentar Direitos Constitucionais, não menos certo é assegurar que, pelo menos, alguma regulamentação deve ser operada, tendo-se, inclusive, que o art. 7º, I, do Texto Constitucional é norma diretamente dirigida ao Legislador, para que este exerça o seu mister.

Nesse particular, já se manifestou Sarlet[210], afirmando que um dos desdobramentos da perspectiva objetivo-valorativa dos Direitos Fundamentais diz respeito à "eficácia dirigente que estes desencadeiam em relação aos órgãos estatais" e, nesse contexto, "é que se afirma conterem os direitos fundamentais uma ordem dirigida ao Estado no sentido de que a este incumbe a obrigação permanente de concretização e realização dos direitos fundamentais", apontando que o art. 7º da Constituição Federal de 1988 possui diversos incisos indicando uma necessidade de prestação legislativa por parte do Estado, sendo a inércia deste inconstitucional.

A só detecção de que há ofensa ao dever estatal de proteção, diante da clara insuficiência legislativa, não resolve o problema do empregado, que se vê refém diante de um imenso poder do empregador, constituído em torno do assim denominado direito potestativo à denúncia contratual vazia.

A solução perpassa necessariamente pela compreensão de que o Estado-Juiz, uma vez objetivamente vinculado à Lei Maior, tem a missão de encontrar a solução que melhor atenda à diretriz protetiva traçada na Constituição, entendida neste trabalho como a aplicação do devido processo legal na relação de emprego, analisada no último capítulo.

---

(210) SARLET, Ingo Wolfgang. *Constituição e proporcionalidade:* o direito penal e os direitos fundamentais entre proibição de excesso e de insuficiência, cit.

Capítulo IV

O "Estado de Arte" do Direito Brasileiro sobre o Suposto Direito Potestativo de Despedir

1. Compreensão histórica da estabilidade

Seria bom iniciar este capítulo afirmando que o instituto da estabilidade nasceu da luta política dos trabalhadores ou até do reconhecimento legislativo de um direito inato do operário, mas a verdade que é o sistema de garantia de emprego está embrionariamente ligado à necessidade estatal de arrecadação, uma vez que o empregado fixado ao campo de trabalho é também a razão do fato gerador para incidência de contribuições previdenciárias, sendo essa a real preocupação do governo à época.

O instituto da estabilidade deita suas raízes na legislação do antigo funcionário público que, já no ano de 1915[211], restou agraciado com a garantia de emprego após dez anos de efetivo exercício no cargo e, com o passar dos anos, tal benesse foi também estendida a todos os trabalhadores.

---

(211) Cf. RUSSOMANO, Mozart Victor. *Curso de direito do trabalho*. 4. ed. Curitiba: Juruá, 1991. p. 217.

Primeiramente, os ferroviários foram contemplados com a estabilidade decenal pela Lei n. 4.682, de 24.1.1923, mais conhecida como Lei Eloi Chaves, em homenagem ao seu mentor, que tinha como objetivo a criação de Caixas de Aposentadorias e Pensões junto às empresas ferroviárias.

Explica Nei Frederico Cano Martins que o motivo de a estabilidade ter inicialmente sido prevista em uma lei previdenciária deveu-se à "manutenção do trabalhador no emprego por longo espaço de tempo, que interessava às instituições de previdência social, pois com isto se constituía uma base sólida para a continuidade das contribuições"[212], tendo sido por essa mesma razão que, em 1926, a Lei n. 5.109 estendeu o aludido regime estabilitário aos empregados das empresas de navegação marítima ou fluvial e às de exploração de portos; e, quatro anos depois, por meio do Decreto n. 20.465, de 1º.10.1930, o regime foi refinado, beneficiando os empregados das empresas de serviços de transportes urbanos, luz, força, telefone, telégrafo, portos, águas e esgotos, desde que tais serviços fossem diretamente explorados pela União, Estados ou Municípios, ou por agrupamentos de empresas ou particulares. No ano de 1932, por meio do Decreto n. 22.096, indigitado sistema passou a também beneficiar os empregados dos serviços de mineração.

Todos os significativos Institutos de Previdência Social da década de trinta contemplaram a estabilidade no emprego, a exemplo do IAP dos marítimos (Decreto n. 22.872, de 1933); o IAP dos comerciários (Decreto n. 24.273, de 1934) e o IAP dos bancários (Decreto n. 24.615, de 8.7.1934), este tendo previsto regra bem mais benéfica que os demais regimes, já que garantia estabilidade após dois anos de efetivo exercício do bancário[213].

A Constituição de 1934, em seu art. 131, conferiu estabilidade aos redatores, operários e demais empregados da imprensa, tendo o art. 150 disposto a mesma garantia aos professores, como condição para o reconhecimento dos estabelecimentos de ensino particulares, o que, para a época, foi um forte avanço, pois era a primeira vez em que o termo "estabilidade" constava em um texto constitucional, não obstante o seu espectro tenha

---

(212) MARTINS, Nei Frederico Cano. *Estabilidade provisória no emprego*. São Paulo: LTr, 1995. p. 23.
(213) Art. 15. Ao empregado em banco ou casa bancária a partir da data da publicação do presente Decreto é assegurado o direito de efetividade, desde que conte dois ou mais anos de serviços prestados ao mesmo estabelecimento, e, salvo o caso de falência ou extinção do estabelecimento, só poderá ser demitido em virtude de falta grave, regularmente apurada em inquérito administrativo, de cuja abertura terá notificação, a fim de ser ouvido pessoalmente, com ou sem a assistência de seu advogado ou do representante do sindicato da classe a que pertencer.

sido restrito, qual seja, somente para agraciar os empregados das empresas jornalísticas e professores.

Somente em 1935, com o advento da Lei n. 62, o instituto da estabilidade decenal passou a não mais ser atrelado aos Diplomas de Previdência Social. Indigitada Lei beneficiou todos os empregados, estendendo o direito de estabilidade após dez anos de efetivo exercício, à exceção dos trabalhadores rurais e domésticos, o que, na época, também encontrou críticas em relação à constitucionalidade da norma, uma vez que o Texto Constitucional não previa a reintegração — prevista na Lei n. 62/35 —, mas somente a indenização decorrente da despedida ofensiva ao período estabilitário.

Aprovada pelo Decreto-lei n. 5.452, de 1º.5.1943, a Consolidação das Leis do Trabalho uniformizou a legislação atinente à estabilidade no emprego, o que, na época, causou prejuízo aos empregados bancários, que passaram a adquirir a garantia em comento apenas após dez anos de efetivo exercício no labor, embora o aludido Diploma Legal tenha respeitado (art. 919) o direito já adquirido e a própria expectativa de direito dos bancários admitidos antes da sua vigência, assegurando a estabilidade após dois anos de serviço.

A primeira Carta Constitucional a prever o regime estabilitário, de forma generalizada, foi a Carta Política de 1937, que, em seu art. 137, alínea *f*, assegurou que a legislação do trabalho observasse nas "emprêsas de trabalho contínuo, a cessação das relações de trabalho, a que o trabalhador não haja dado motivo, e quando a lei não lhe garanta a estabilidade no emprêgo, creia-lhe direito a uma indenização proporcional aos anos de serviço"[214].

A Constituição Federal de 1946, em seu art. 157, inciso XII não só previu a estabilidade, com a possibilidade de indenização por tempo de serviço, conforme já definido pela Consolidação das Leis do Trabalho, como também estendeu a garantia aos empregados rurais.

2. O Fundo de Garantia do Tempo de Serviço

A Lei n. 5.107, de 13.9.1966, abalou significativamente o regime da estabilidade decenal, pois assegurou aos empregados a opção entre o novo regime (FGTS), ou o antigo sistema da estabilidade após dez anos de serviço, tendo a doutrina da época afirmado, quase em uníssono, que a opção

---

(214) CAMPANHOLE, Adriano; CAMPANHOLE, Hilton Lobo. *Todas as constituições do Brasil*. São Paulo: Atlas, 1971. p. 323.

pelo primeiro gerava automaticamente a não observância do segundo, mesmo que a Constituição Federal da época assegurasse a estabilidade, o que levou o próprio Süssekind a asseverar que tais regimes se "excluíam reciprocamente"[215].

Ou seja, estabelecida restou, segundo doutrina e jurisprudência dominantes de outrora, com o advento da lei do Fundo de Garantia do Tempo de Serviço, a troca do sistema de garantia no emprego pela reposição econômica, tendo o Legislador de então já relegado o valor trabalho, metamorfoseando "o direito unilateral ao emprego, pelo direito à indenização correspondente"[216], tendo Russomano afirmado que "a lei, fazendo distinção, usou um expediente ardiloso: utilizou as fragilidades do trabalhador, jogando com elas, para compeli-los a optar pelo nôvo regime jurídico. As fraquezas, as necessidades e a própria ignorância do operariado foram trunfos para a grande cartada do FGTS"[217].

Não obstante o entendimento dominante de antanho, vozes posteriores discordaram da certeza em relação à exclusão dos institutos, tendo Maciel afirmado que o Fundo de Garantia do Tempo de Serviço, criado sob a égide da Constituição de 1946, que previa o instituto da estabilidade, apenas passou a "substituir a indenização decorrente da incompatibilidade que impossibilitava a reintegração do trabalhador estável, mas não a própria estabilidade", em face do princípio da "hierarquia das normas"[218].

Embora a conclusão pareça até óbvia, esse não foi o entendimento que prevaleceu e, com o tempo, o que era para ser opção se tornou imposição do empregador em relação ao empregado, que, já no ato de admissão, somente era integrado à empresa, se optasse automaticamente pelo regime do FGTS, pois somente assim o empregador poderia fazer uso ilimitado do seu suposto direito potestativo de despedir.

Nesse sentido, doutrina Roland Hasson que o FGTS surgiu como um sistema alternativo, mas mascarado pela realidade imposta pelos empregadores, no sentido de obrigar os empregados à "aceitação": "Tratava-se de um *brinde* à classe trabalhadora que ganhava o *direito* de optar entre a estabilidade decenal ou o sistema fundiário (*sic*)", mas, isso logo se revelou um engodo, muito bem resumido pelo referido autor: "o FGTS opcional mostrou-se

---

(215) SÜSSEKIND, Arnaldo; MARANHÃO, Délio; VIANNA, Segadas; TEIXEIRA, Lima. *Instituições de direito do trabalho*. 18. ed. atual. por Arnaldo Süssekind e Lima Teixeira. São Paulo: LTr, 1999. v. I, p. 689.
(216) MACIEL, José Alberto Couto. *Garantia no emprego já em vigor*. São Paulo: LTr, 1994. p. 21.
(217) RUSSOMANO, Mozart Victor. *A estabilidade do trabalhador na empresa*. Rio de Janeiro: José Konfino, 197. p. 141.
(218) MACIEL, José Alberto Couto. *Op. cit.*, p. 22.

rapidamente uma mentira, pois a opção passou a ser pré-requisito para uma contratação ou mesmo para a permanência no emprego. Em pouco tempo multiplicaram-se as decisões judiciais autorizando as empresas a legitimamente impor como regra a admissão somente de optantes"[219].

Analisando o Fundo de Garantia do Tempo de Serviço, José Alberto Couto Maciel explica que o referido instituto foi elaborado no auge da revolução e tinha como intuito cimentar a estrada por onde passariam as empresas nacionais que desejassem a injeção do capital estrangeiro, pois, no caminho da clareira aberta à facão, desvelava o livre acesso à diminuição das imensas indenizações decorrentes das resilições contratuais sem justo motivo:

> mas o sistema, com a aplicação ao longo do tempo, desvirtuou-se com a opção coativa, porque obrigatória, para o empregado que ingressa na empresa, oito por cento do depósito mensal sobre o salário, dez por cento da indenização sobre o valor depositado, e a liberdade de demitir mediante vontade do empregador. Admitiu-se, ainda, a venda do tempo anterior do estável, mediante acordo em até sessenta por cento da indenização devida, e, assim, estavam escancaradas as portas da instalação das grandes empresas no País, iniciando-se, em consequência, a maior rotatividade de mão de obra existente no Brasil até os dias atuais.[220]

Era tão evidente que o empregado, embora formalmente dispusesse de opção entre o sistema da estabilidade ou o do FGTS — teoricamente equivalente financeiramente àquele —, materialmente fosse obrigado pelo empregador a aderir a este, que o C. Tribunal Superior do Trabalho publicou a Súmula n. 98, cujo teor consignava que a equivalência entre o regime do Fundo de Garantia do Tempo de Serviço e da estabilidade prevista na CLT é meramente jurídica e não econômica, sendo indevidos valores a título de reposição de diferenças, uma vez que diversos empregados insatisfeitos com a "opção" ingressavam com ações perante a Justiça do Trabalho, tentando reaver a diferença supostamente prometida pela equivalência de regimes quando o FGTS foi instituído.

A Lei n. 5.107/66, malgrado tenha ferido drasticamente o sistema de estabilidade decenal[221], houve por bem estabelecer o primeiro tipo de garantia provisória no emprego, tendo previsto em seu art. 25 que ficava

---

(219) HASSON, Roland. *Desemprego & desproteção*. Curitiba: Juruá, 2006. p. 35.
(220) *Op. cit.*, p. 33-34.
(221) São sábias e precisas as palavras de Russomano: "A questão medular, na crítica que opomos ao sistema do Fundo de garantia, portanto, é de ordem doutrinária: tal sistema, abolindo a estabilidade,

vedada "a dispensa do empregado sindicalizado, a partir do momento do registro de sua candidatura a cargo de direção ou representação sindical, até o final do seu mandado, caso seja eleito, inclusive como suplente, salvo se cometer falta grave devidamente apurada nos têrmos da CLT", talvez até para apaziguar os ânimos dos dirigentes sindicais, que, amordaçados, não podiam sequer se insurgir fortemente em face de algo que já havia chegado para ficar, uma vez que o projeto da Lei n. 5.107/66 sequer fora discutido no Ministério do Trabalho, passando somente pelos corredores do Ministério do Planejamento, sendo extremamente contaminado pela nova ideologia ditatorial e patronal.

Como bem explicou Arouca, o Fundo de Garantia do Tempo de Serviço "não custou nada para as empresas"[222], pois significou 8% da folha de pagamento, mas, em contrapartida, ficaram as mesmas livres de diversos encargos, tais como 2% para o Fundo de Indenizações Trabalhistas, 1% para o Fundo de Assistência ao Desempregado, 1% para o BNH, 0,5% para a Legião Brasileira de Assistência (antiga LBA), 0,5% de redução da contribuição para o SESI/SESC, tendo sido os 3% remanescentes repassados para os custos da empresa.

Ou seja, não houve qualquer vantagem para o empregado, uma vez que as empresas já detinham as obrigações tributárias que foram cambiadas pelo novo sistema do FGTS. A grande e significativa mudança é que o empregado, a partir de então, deixou de se vincular à relação de emprego, sendo mero produto do capitalismo, o que levou José Martins Catharino, lembrando o óbvio olvidado, a afirmar que "se uma grande empresa com uns 10.000 dependentes perde um trabalhador, perde um duodécimo de sua força de trabalho, o trabalhador perde 100% de seu emprego"[223].

Aclarando esse momento da nossa história e explicando como foi orquestrada a mudança da estabilidade pelo novo sistema indenizatório do Fundo de Garantia do Tempo de Serviço, Arouca ainda salientou que foi "para atender às pressões do capitalismo americano que a ditadura militar de 1964 liquidou a estabilidade, substituindo-a por um Fundo que, à evidência, não garantia o emprego"[224] e, citando Evaristo de Morais Filho, dá conta de

---

representa, a um só tempo, o retrocesso do direito positivo nacional e a lamentável flexão de um princípio luminoso do Direito do Trabalho nesta segunda metade do nosso século. Nesse sentido, aquele sistema não merece aplausos e, no exato sentido da palavra, é tremendamente reacionário" (*Op. cit.*, p. 140).
(222) AROUCA, José Carlos. A garantia de emprego vinte anos após. *In:* MONTESSO, Cláudio José; FREITAS, Marco Antônio de; STERN, Maria de Fátima Coêlho Borges (orgs.). *Direitos sociais na Constituição de 1988:* uma análise crítica vinte anos depois. São Paulo: LTr, 2008. p. 239.
(223) CATHARINO, José Martins. *Em defesa da estabilidade:* despedida x estabilidade. São Paulo: LTr, 1968. p. 64.

que a Missão Abbink foi enviada ao Brasil pelo governo norte-americano com o fim de estudar as causas de nossas crises financeiras e prescrever os remédios necessários. Para isso, empenhou-se em duas importantes reivindicações: a) abolir a estabilidade, substituindo-a por um seguro-desemprego; b) abolir a exigência de 2/3 de empregados brasileiros em casa empresa.

Tentando amenizar os efeitos provocados pelo advento do Fundo de Garantia do Tempo de Serviço, o governo Geisel, com a Lei n. 6.514, de dezembro de 1977, instituiu a garantia no emprego para os titulares da representação dos empregados nas CIPAs, não podendo estes sofrer despedida arbitrária, entendendo-se como tal a que não se fundar em motivo disciplinar, técnico, econômico ou financeiro, embora a intenção não fosse a reintegração, mas sim a mera indenização pelo período hoje reconhecido como "estabilitário", tendo-se que o instituto da tutela antecipada, na época, sob a égide do Código de Processo Civil de 1973, sequer encontrava previsão no ordenamento jurídico pátrio, o que levava ao trâmite processual moroso, onde restava evidente que o emprego não era garantido, mas tão só a indenização pelo decurso do período de garantia.

É de notar, no entanto, que a referida Lei tratou pela primeira vez no ordenamento jurídico pátrio sobre o que vem a ser a despedida arbitrária, como sendo aquela que não apresenta qualquer motivo dentre os previstos no art. 165 da CLT. Consequentemente, o ato patronal da despedida que não se pretende arbitrário deve ser, necessariamente, motivado por qualquer um dos aludidos motivos, não podendo ser vazia.

3. A Constituição Federal de 1967. O semear da mudança ideológica

Seguindo o entendimento doutrinário e jurisprudencial da época, a Constituição de 1967 previu em seu art. 165, inciso XIII, a "estabilidade, com indenização ao trabalhador despedido ou fundo de garantia equivalente", consagrando a alternatividade entre os sistemas, muito embora a mesma Carta Política consagrasse no próprio art. 165 a "valorização do trabalho como condição da dignidade humana", a "função social da propriedade", a "harmonia e solidariedade entre as categorias sociais de produção" e a "expansão das oportunidades de emprego produtivo".

---

(224) *Op. cit.*, p. 240.

Ora, já na época, a previsão constitucional acerca da valorização do trabalho como condição da dignidade humana não se coadunava com o livre arbítrio para a despedida do empregado, expediente que também contrariava o art. 115 do Código Civil de 1916, este prevendo dentre as condições defesas a que restasse submetida ao puro arbítrio de uma das partes — nesse caso, o empregador.

O livre talante da despedida, concentrado unicamente nas mãos do empregador, igualmente não se conciliava com a previsão constitucional de "harmonia e solidariedade entre as categorias sociais de produção" (art. 165, IV). Sem embargo, a opção doutrinária e jurisprudencial do momento passado, ainda sob a égide da Carta Política autoritária de 1967, ignorava todo o movimento social internacional, iniciado no período Pós-Guerra com início na própria Alemanha, que zelava pela segurança no emprego, coibindo a rotatividade de mão de obra e elevando o ser humano à sua mais alta dignidade[225], refutando o seu tratamento como mercadoria, racionalidade que foi imediatamente absorvida pelo Estado brasileiro, mas posteriormente menosprezada, em favor de um teórico lugar ao sol da constelação capitalista.

Frise-se que a própria Carta Internacional Americana de Garantias Sociais, firmada em Bogotá, na data de 2.5.1948, alterada em 1967, pela Terceira Conferência Interamericana Extraordinária, realizada em Buenos Aires e em 1985, mediante o "Protocolo de Cartagena das Índias", já previa que "*la Ley garantizará la estabilidad de los trabajadores en sus empleos, de acuerdo con las caracteristicas de las industrias y profesiones y las justas causas de separación. Cuando el despido injustificado surta efecto, el trabajador tendrá derecho a una indemnización*"[226]; e a Recomendação n. 119 da Organização Internacional do Trabalho, de 1963, em seu art. 2º, I, estatui que "não se deve proceder ao término da relação de trabalho, a menos que exista uma causa justificada relacionada com a capacidade ou a conduta do trabalhador, ou baseada nas necessidades de funcionamento da empresa, do estabelecimento ou do serviço", evidenciando-se nesses dois instrumentos legais internacionais que a nova racionalidade em relação às relações de trabalho não suportava mais a despedida do empregado sem motivação socialmente aceitável.

Malgrado tudo isso, a interpretação que prevaleceu na época não foi a que elevou a dignidade do trabalhador no ambiente de trabalho ou sequer a valorização do trabalho, mas sim a de que o empregador concentraria em

---

(225) Nesse particular, atente-se para todas as normas internacionais citadas ao longo do presente capítulo.
(226) Disponível em: <http://www.cidh.oas.org/basicos/portugues/a.Introd.Port.htm>. Acesso em: 30.8.2012.

suas mãos, para os optantes do Fundo de Garantia do Tempo de Serviço, o poder de despedir sem qualquer motivação, desde que pagasse indenização correspondente a dez por cento (posteriormente elevado para quarenta por cento, com o ADCT a CRFB/88) sobre os depósitos da conta vinculada do trabalhador.

Também se argumentava, à época, que o regime de Fundo de Garantia do Tempo de Serviço era incompatível com o sistema de garantia no emprego, o que era uma falácia, já que aquele havia previsto estabilidade "provisória" para os dirigentes sindicais, demonstrando que era possível a convivência harmônica entre os sistemas, que, definitivamente, não eram excludentes entre si, tanto que, até os dias atuais, mesmo com o regime obrigatório de FGTS, há garantias de emprego asseguradas legal e constitucionalmente, para empregados urbanos, rurais e até empregadas domésticas.

4. A Carta Política de 1988 e o fruto da mudança

Antes de iniciar a análise acerca do real alcance da regra contida no art. 7º, I, da Carta Política de 1988, é necessário verificar como o Legislador Constituinte chegou à redação do referido Dispositivo. É o que será elaborado a partir de agora.

Primeiramente o texto do projeto foi confeccionado pela Subcomissão dos Direitos dos Trabalhadores, prevendo "estabilidade desde a admissão no emprego, salvo o cometimento de falta grave comprovada judicialmente, facultado o contrato de experiência de noventa dias".

A Comissão da Ordem Social deu redação diversa: garantia de direito ao trabalho mediante relação de emprego estável, ressalvados: a) ocorrência de falta grave comprovada judicialmente; b) contrato a termo, não superior a dois anos, nos casos de transitoriedade dos serviços ou da atividade da empresa; c) prazos definidos em contratos de experiência, não superiores a noventa dias, atendidas as peculiaridades do trabalho a ser executado.

Posteriormente encaminhado o texto à Comissão de Sistematização, ele foi assim redigido: garantia de emprego, protegida contra a despedida imotivada, assim entendida a que não se fundar em: a) contrato a termo, assim conceituado em lei; b) falta grave, assim conceituada em lei; c) justa causa, baseada em fato econômico intransponível, fato tecnológico ou infortúnio da empresa, de acordo com os critérios estabelecidos na legislação do trabalho.

Com essa nova redação, foi evidenciada a modificação na própria estabilidade, que já havia sucumbido, diante da "ampliação dos motivos aceitos, passando-se a contar também com motivos econômicos-financeiros e tecnológicos", relativizando-se a mesma[227].

Não obstante isso, a redação que quedou aprovada é a ora presente no art. 7º, I, do Texto Constitucional, assegurando-se "relação de emprego protegida contra despedida arbitrária ou sem justa causa, nos termos de lei complementar, que preverá indenização compensatória, dentre outros direitos".

Chiarelli explica como se deu o debate acerca da troca pela estabilidade por mera garantia contra a proteção em face da despedida arbitrária ou sem justa causa, envolvendo toda a sociedade em uma propaganda negativa e distorcida encampada não só pelos empresários conservadores, mas também pelos sindicalistas que fingiam representar interesses dos empregados, convencendo-os de que era melhor um aumento (diminuto, diga-se) na indenização do FGTS, do que a manutenção no emprego, tendo sido chamado de "ato revolucionário", que, em tese, tentava inserir a estabilidade absoluta na Constituição, o que sequer estava sendo votado:

> parecia que o mundo viria abaixo. Nada foi tão polêmico, tão conflitante, por tantos *lobbies* amparado, com tanto dinheiro sustentado, com tanta publicidade onerosa apresentada, com tantos argumentos insensatos expostos quanto a guerra à estabilidade. O interessante é que, em momento algum, chegou-se a votar em favor da estabilidade propriamente dita. [...] O que se chegou a aprovar foi não a estabilidade, *mas a garantia de emprego*, que é parente daquela, mas que não é a mesma pessoa, nem mesmo sua irmã-gêmea.[228]

E ainda é mais explicativo, salientando:

> [...] O que a garantia do emprego estabelece é a vedação à despedida injustificada. Isto é, não se acolhe, na lei, porque esta deve ser moral ou, pelo menos, convém que não seja amoral, a rescisão sem justa-causa. Pelo menos, sem uma causa que tenha um conteúdo lógico, de sensatez e de entendimento comum das partes, ou que, mesmo escapando à vontade de ambas, sobre elas atue

---

(227) SILVEIRA, Ramais de Castro. *Estabilidade no emprego:* possível, urgente, revolucionária. Porto Alegre: Dom Quixote, 2008. p. 76.
(228) CHIARELLI, Carlos Alberto Gomes. *Trabalho na constituição.* São Paulo: LTr, 1989. p. 16-20.

ao incidir sobre a situação interna, o próprio equilíbrio financeiro e patrimonial da empresa. A garantia de emprego é uma vacina contra o arbítrio. É um limite ao 'jus gestionis' do empregador. Ele pode despedir, mas terá de ter um motivo, que justifique, mais do que pelo Direito, pelo bom-senso, e que esteja além do poder discricionário do patrão.[229]

A propaganda negativa foi tamanha, que a própria redação do dispositivo que tratava da garantia fundamental do empregado contra a despedida arbitrária (art. 7º, I) terminou truncada[230], com uma linguagem que levou à exegese pela negação do seu real alcance à luz da interpretação segundo a máxima eficácia das normas constitucionais[231].

Se, hoje, a vedação ao retrocesso é tida como princípio implicitamente contido na Constituição (*caput* do art. 7º, da CRFB/88)[232], o escambo da

---

(229) *Op. cit.*, p. 16-20. O referido autor vai além, fornecendo o explicativo ardil que foi praticado à época: Três vezes a tese de modernidade foi posta à prova, e por três vezes teve receptividade majoritária. No entanto, alterado o próprio Regimento, caminhou-se para votação final de plenário, certamente a mais credenciada e a plenamente democrática, não há como questionar. Infelizmente, antecedeu-a uma verdadeira operação guerrilheira de críticas torpes à 'garantia de emprego', que jamais foi referida, sempre confundida — pelos que queriam constitucionalizar o direito à despedida injusta — com a estabilidade tradicional. A opinião pública foi preparada para ser contra algo que não estava em jogo, e para reagir contra a 'adoção' de uma fórmula que não fora proposta. Fez-se propositada confusão. Abafou-se, com o domínio orquestrado de meios de comunicação (em sua grande maioria, a serviço da causa dos que, invocando a liberdade, queriam preservar o direito de despedir sem motivação, em nome do *jus imperii* patronal) qualquer contradita. Não se deu espaço ao debate, até porque, se ouvido, desmistificaria os argumentos insólitos e invertases dos que, querendo impedir a 'garantia de emprego' não se animavam (por falta de argumentos) a atacá-la, e a combatiam, criticando a estabilidade, que alegavam estar prestes a ser adotada, quando, na verdade, a respeito desta, não constava qualquer proposta. Alegando-se acertar no que, consideravam criminoso, descarregaram a arma contra o inocente, numa confusão propositada e que, em termos de suas menos idôneas intenções, resultou exitoso, pelo menos no projeto de criar enorme confusão neste item fundamental ao Direito do Trabalho. (*Ibidem*, p. 20).
(230) O que levou Chiarelli a afirmar que o dispositivo era "confuso tecnicamente, indeciso politicamente, feio estilisticamente e falho redacionalmente. E por quê? Pela insegurança de posicionamento doutrinário e pela falta de opção e posição políticas do que se gerou esse dizer-sem-dizer, esse proteger-sem-garantir, esse tutelar o emprego mas dando a ideia, sem afirmar e nem assumir, que tudo se resolve com indenização" (*Op. cit.* p. 34).
(231) Conforme se lê no final deste capítulo.
(232) Para Ingo Sarlet (*A eficácia dos direitos fundamentais*, cit., p. 433 e ss.), o princípio da vedação ao retrocesso "guarda íntima relação com a noção de segurança jurídica" e decorre dos princípios e argumentos de matriz jurídico-constitucional: a) Do princípio do Estado democrático e social de Direito, que impõe um patamar mínimo de segurança jurídica, o qual necessariamente abrange a proteção da confiança e a manutenção de um nível mínimo de continuidade da ordem jurídica, além de uma segurança contra medidas retroativas e, pelo menos em certa medida, atos de cunho retrocessivo de um modo geral; b) Do princípio da dignidade da pessoa humana que, exigindo a satisfação de uma existência condigna para todos, tem como efeito, na sua perspectiva negativa, a inviabilidade de medidas que fiquem aquém deste patamar; c) Dos princípios da máxima eficácia e efetividade das normas medidoras de direitos fundamentais, contido no art. 5º, § 1º, da CF, e que necessariamente abrange também a

antiga estabilidade pela mera garantia de emprego, com a interpretação da troca da segurança jurídica pela pecúnia é não só uma afronta ao indigitado princípio, mas também um contrassenso, já que a Constituição de 1967, caldatária de período ditatorial, previa regime protetivo mais benéfico ao empregado do que a Carta Política de 1988, dita "cidadã", tendo o legislador constituinte ignorado todo o movimento internacional que já se voltava à garantia do emprego.

É de chamar a atenção que todas as Cartas Políticas advindas de períodos reconhecidamente ditatoriais, desde 1946, tenham previsto a estabilidade no emprego e a Constituição de 1988 tenha regredido a ponto de ficar abaixo do padrão fixado em legislação ordinária de meio século atrás.

E o pior ainda estava por vir, já que todas as tentativas legais e jurisprudenciais[233] de se dar real alcance à garantia de emprego restaram, até os dias atuais, infrutíferas ou pouco significativas, sendo o tema deste trabalho ainda encarado como "um grande avanço", como se a própria interpretação literal do dispositivo constitucional atual não acarretasse a inolvidável ilação pela necessidade de motivação da despedida.

É evidente que, desde o advento do regime do FGTS, a racionalidade havia se modificado, exatamente porque o legislador optara pela insegurança na relação de trabalho como faculdade ao empregado e este, por seu turno, passou a acreditar que, para si, era mais vantajoso haver montante

---

maximização da proteção dos direitos fundamentais; d) As manifestações específicas e expressamente previstas na Constituição, no que diz com a proteção contra medidas de cunho retroativo não dão conta do universo de situações que integram a noção mais ampla de segurança jurídica, que, de resto, encontra fundamento direto no art. 5º, § 1º, da CF e no princípio do Estado social e democrático de Direito; e) O princípio da proteção da confiança, na condição de elemento nuclear do Estado de Direito impõe ao poder público o respeito pela confiança depositada pelos indivíduos em relação a uma certa estabilidade e continuidade da ordem jurídica como um todo e das relações jurídicas especificamente consideradas; f) Os órgãos estatais, especialmente como corolário da segurança jurídica e proteção da confiança, encontram-se vinculados não apenas às imposições constitucionais no âmbito da sua concretização no plano infraconstitucional, mas estão sujeitos a uma certa autovinculação em relação aos atos anteriores. Esta, por sua vez, alcança tanto o Legislador, quando os atos da administração e, em certa medida, dos órgãos jurisdicionais; g) Negar reconhecimento ao princípio da proibição do retrocesso social significaria, em última análise, admitir que os órgãos legislativos, a despeito de estarem inquestionavelmente vinculados aos direitos fundamentais e às normas constitucionais em geral, dispõem do poder de tomar livremente suas decisões mesmo em flagrante desrespeito à vontade expressa do Constituinte. [...] As tarefas constitucionais impostas aos Estados em sede de direitos fundamentais no sentido de criar certas instituições ou serviços não o obrigam apenas a criá-los, obrigam também a não aboli-los, uma vez criados. [...] Uma nova lei pode vir a alterá-los ou reformá-los nos limites constitucionalmente admitidos; mas não pode vir a extingui-los ou revogá-los. [...] Uma das funções principais do princípio da proibição do retrocesso é a de impedir a recriação de omissões legislativas, ainda que tal função não corresponda a integralidade das consequências jurídicas vinculadas à proibição de retrocesso.
(233) Como se verá no *leading case* da Embraer e outros julgados, ao longo do presente capítulo.

pecuniário decorrente de uma despedida injusta, em vez de permanecer no emprego.

Tal ideia foi fortificada pouco a pouco, modificando a ideologia segundo a qual o trabalho precisava ser protegido, o que redundou em um retrocesso na história do Direito do Trabalho, baseada em discurso que guardava em seu cerne uma ideia tão antiga quanto o capitalismo: a permissão do fluxo maior de mão de obra (o que de fato ocorreu), para que novos campos de trabalho fossem gerados.

Foi nesse cenário que atuou o legislador constituinte, influenciado pela nova ordem ideológica e, sobretudo, por uma bancada empresarial fortemente representada perante o Poder Legislativo, que ansiava por mais poder; poder para decidir com arbítrio, sem qualquer motivação, tendo de arcar apenas com uma compensação financeira, até que venha uma lei complementar para "salvar" a garantia prevista no art. 7º, I, do Texto Constitucional.

5. VIDA E MORTE (?) DA CONVENÇÃO N. 158 DA OIT

Como já visto no primeiro capítulo, no período após a Segunda Guerra Mundial, o Direito do Trabalho se voltou à dignidade do trabalhador e, nesse desiderato, a nova intenção era não só fazer com que os países enriquecessem igualmente, mas também minimizassem as diferenças sociais existentes entre eles.

Nesse novel cenário, não se perdia o foco do discurso o custo social, que passava necessariamente pela diminuição da rotatividade da mão de obra, já que isso, em uma análise bastante primária, gerava custo social elevado, sobretudo para os sistemas previdenciários então recém-criados, que se viam adimplindo benefícios decorrentes do desemprego[234], ou em virtude da paralização da mão de obra por doenças ocasionadas no trabalho.

Nesse trilhar, já em 1919, por meio do Tratado de Versailles, fora criada a Organização Internacional do Trabalho, que tinha como objetivo assegurar a aplicação de prícipios tão caros ao Direito do Trabalho, como a dignidade humana, nesse caso específico, do trabalhador, lembrando-se sempre que, apesar do clamor capitalista daquele momento, a pessoa física trabalhadora

---

(234) Perceba-se, nesse particular, que o benefício seguro-desemprego, atrelado ao FGTS, fora instituído justamente para suprir a falta do emprego, sendo mais uma "indenização", para minimizar os efeitos da ausência da garantia de emprego para os empregados "optantes".

não poderia ser tratada como mera mercadoria, sendo dever dos Estados a imposição de limites ao poder econômico, com foco exatamente nos indigitados princípios.

Toda a normatização da OIT, desde então, é viabilizada por intermédio de recomendações ou convenções, sendo aquelas meras orientações aos Estados-membros, como se fora uma espécie de programa a ser cumprido, e estas mais impositivas, com o desiderato de criação de normas obrigacionais para os Estados-membros, desde que haja ratificação no âmbito interno.

Aprovada na 68ª reunião da Conferência Internacional do Trabalho (Genebra, 1982), a Convenção n. 158 da OIT[235] entrou em vigor no plano internacional em 23 de novembro de 1985[236].

A referida Convenção restou aprovada pelo Congresso Nacional pelo Decreto Legislativo n. 68, de 1992, publicado no *Diário do Congresso Nacional*, Seção II, de 17 de setembro de 1992.

Já na Comissão de Constituição e Justiça, a Mensagem n. 261/88, proveniente do Poder Executivo, no sentido da aprovação da Convenção, recebeu parecer do então Deputado Francisco Benjamim, que opinou pela suspensão da análise do texto, pois ainda não havia sido editada a Lei Complementar a que se refere o art. 7º, I, da Carta Política de 1988.

Por seu turno, o relator, Deputado Hélio Bicudo, asseverou que a norma internacional deveria ser aprovada, porquanto não violava a Constituição, tendo a CCJ seguido a inteligência do relator, aprovando por unanimidade a constitucionalidade da Convenção, desprestigiando, portanto, o entendimento segundo o qual haveria necessidade de publicação de Lei Complementar tratando sobre a proteção contra a despedida arbitrária ou sem justa causa.

Seguindo essa mesma diretriz, a Comissão de Trabalho opinou unanimemente pela aprovação do aludido texto.

O depósito da carta de ratificação foi efetuado em 5 de janeiro de 1995 na Repartição Internacional do Trabalho, e o Decreto de promulgação n. 1.855 publicado em 11 de abril de 1996, tendo Antônio Álvares da Silva afirmado em sua obra sobre a Convenção n. 158 da OIT que esta era "uma grande conquista", sendo mais uma "ferramenta para a melhoria do relacionamento

---

(235) PAMPLONA FILHO, Rodolfo M. V.; PAMPLONA, Danielle Anne. Manifestando-se sobre a constitucionalidade e compatibilidade da Convenção n. 158 da OIT com o sistema de proteção à relação de emprego previsto na Constituição. *Revista Ciência Jurídica*, Belo Horizonte: Nova Alvorada, ano XII, v. 76, p. 403-411, jul./ago. 1997.
(236) SÜSSEKIND, Arnaldo. *Convenções da OIT*. 2. ed. São Paulo: LTr, 1998. p. 563.

entre o empregado e o empregador", pois, "ao exigir uma causa justificada, limita-se o direito e termina para empregador a liberdade de despedir", "acabou a denúncia vazia do contrato de trabalho. Se há exigência de motivação, a dispensa, para ser permitida, tem que fundar-se em uma delas. Se há dúvida, confere-se o ato e sua adequação com a causa que o legitima. Se esta não existe, o ato é nulo"[237].

Para Süssekind, "a vigência da convenção no plano nacional (subjetiva) [...] não se confunde com a vigência do tratado no plano internacional (objetiva), embora a primeira esteja condicionada à segunda"[238], prosseguindo o autor para explicar que a "eficácia interna decorre do ato governamental que anuncia oficialmente a ratificação da convenção e divulga o seu texto no idioma do respectivo país"[239], o que entre nós foi operado pelo Decreto de promulgação n. 1.855/1996, após, portanto, o prazo de doze meses, contado a partir da data do depósito, o que não impediu que a eficácia jurídica da Convenção se desse a partir de então, já que os tratados normativos entre nós só vigoram após oficialmente publicados (art. 1º da LICC).

Durante os doze meses decorrentes entre o depósito e a entrada em vigor, a Convenção pode ser denunciada à RIT, obstando-se, assim, a sua vigência no ordenamento interno. Restando o Estado silente, a respectiva Convenção somente poderá ser denunciada após dez anos, contados a partir do início da sua vigência, e ainda assim, durante os doze meses subsequentes a cada decênio.

Extremamente influenciado pela interpretação da época, segundo a qual o art. 7º, I, da CRFB/88 necessitava de Lei Complementar para a máxima executoriedade, e que a norma internacional ratificada possuía mero caráter de Lei Ordinária, o então Presidente Fernando Henrique Cardoso publicou, em 23 de dezembro de 1996, o Decreto n. 2.100, tornando pública a denúncia da Convenção.

Parte da doutrina[240] chegou a afiançar que o prazo para a denúncia já havia sido ultrapassado, sendo esta inválida. Isso porque o *dies a quo* para contagem do decênio deveria ser a data da entrada em vigor da Convenção no âmbito internacional, o que se deu em 23 de novembro de 1985.

---

(237) SILVA, Antônio Álvares da. *A Convenção n. 158 da OIT*. Belo Horizonte: RTM, 1996. p. 63.
(238) SÜSSEKIND, Arnaldo. *Convenções da OIT*. 2. ed. São Paulo: LTr, 1998. p. 40.
(239) *Op. cit.*, p. 40.
(240) Sobre o tema, o artigo de Jorge Luiz Souto Maior, intitulado: *Convenção n. 158 da OIT:* dispositivo que proíbe a dispensa arbitrária é autoaplicável. Disponível em: <http://jus.com.br/revista/texto/5820/convencao-158-da-oit>. Acesso em: 4.1.2015.

No entanto, seguindo os passos doutrinários de Süssekind: "o decênio concerne à vigência da ratificação de cada país"[241] — teoria dualista —, o que entre nós se deu por meio do Decreto n. 1.855, publicado em 11 de abril de 1996, tendo sido a denúncia, sob o ângulo temporal, válida.

Malgrado isso, antes de tornar pública a denúncia da Convenção n. 158 da OIT, o Poder Executivo enviou, em 20 de novembro de 1996, uma carta àquela Organização internacional, explicando que a referida norma estrangeira deixaria de ter vigência no ordenamento jurídico pátrio a partir de 20 de novembro de 1997, embora tenha se antecipado e feito publicar o já referido Decreto n. 2.100/96.

O grande problema vislumbrado na denúncia da referida Convenção não é o prazo em que ela foi perpetrada, mas sim a forma escolhida.

O ato de entrada em vigor da Convenção é ato jurídico complexo[242], pois depende de atividade do Congresso Nacional, que, mediante Decreto Legislativo, resolve definitivamente sobre tratados e acordo internacionais (CF, art. 49, I), e se do Presidente da República, que, além de poder celebrar esses atos de direito internacional (CF, art. 84, VIII), também dispõe de competência para promulgá-los, e o faz mediante Decreto, correto é afirmar que a denúncia da norma internacional também deve se revestir de ato igualmente complexo, pois pensar o contrário será admitir que o Presidente da República, chefe do Poder Executivo, possa emanar Decreto autônomo apartado da previsão constitucional, tendo-se que o ato de denúncia da Convenção n. 158 da OIT não versava sobre "organização e funcionamento da administração federal", como dispunha a redação do art. 84, VI, antes da Emenda Constitucional n. 32, de 2001.

---

(241) SÜSSEKIND, Arnaldo. *Convenções da OIT*. 2. ed. São Paulo: LTr, 1998. p. 41.
(242) Eis o entendimento do STF: "É na Constituição da República — e não na controvérsia doutrinária que antagoniza monistas e dualistas — que se deve buscar a solução normativa para a questão da incorporação dos atos internacionais ao sistema de direito positivo interno brasileiro. O exame da vigente Constituição Federal permite constatar que a execução dos tratados internacionais e a sua incorporação à ordem jurídica interna decorrem, no sistema adotado pelo Brasil, de um ato subjetivamente complexo, resultante da conjugação de duas vontades homogêneas: a do Congresso Nacional, que resolve, definitivamente, mediante decreto legislativo, sobre tratados, acordos ou atos internacionais (CF, art. 49, I) e a do Presidente da República, que, além de poder celebrar esses atos de direito internacional (CF, art. 84, VIII), também dispõe — enquanto Chefe de Estado que é — da competência para promulgá-los mediante decreto. O iter procedimental de incorporação dos tratados internacionais — superadas as fases prévias da celebração da convenção internacional, de sua aprovação congressional e da ratificação pelo Chefe de Estado — conclui-se com a expedição, pelo Presidente da República, de decreto, de cuja edição derivam três efeitos básicos que lhe são inerentes: (a) a promulgação do tratado internacional; (b) a publicação oficial de seu texto; e (c) a executoriedade do ato internacional, que passa, então, e somente então, a vincular e a obrigar no plano do direito positivo interno". (STF — Pleno — ADI n. 1.480/DF — Rel. Min. Celso de Melo. *Informativo STF*, n. 135). Disponível em: <www.stf.gov.br>. Acesso em: 4.1.2015.

É dizer, o Decreto de denúncia da Convenção n. 158 da OIT é inconstitucional[243] em relação à sua forma e, por tal motivo, a norma internacional ainda permanece válida no nosso Ordenamento Jurídico, sendo possível, portanto, a sua invocação para a proteção contra a despedida arbitrária ou sem justa causa, como prevê o art. 7º, I, da Carta Política de 1988, bem assim o controle de constitucionalidade, inclusive pela via difusa.

No que toca à missiva endereçada à OIT, essa Organização não possui regra dispondo sobre o modo de perpetrar a denúncia das Convenções pelos órgãos estatais, sendo a competência definida pelo direito público interno de cada Estado. Nada obstante, o indigitado ato igualmente não encontra respaldo na constitucionalidade, tendo-se que o Brasil adota a teoria dualista, segundo a qual o ato de ratificação das normas internacionais é complexo, dependendo de atividade do chefe do Poder Executivo em conjunto com o Poder Legislativo[244], razão por que a atitude unitária do então presidente não gerou o efeito desejado, qual seja, denunciar a Convenção n. 158 da OIT, o que corrobora a tese já exposta em relação à vigência dela no ordenamento jurídico brasileiro, diante da inconstitucionalidade formal verificada.

Ainda tramita no Supremo Tribunal Federal a Ação Direta de Inconstitucionalidade n. 1.625-3, proposta pela Confederação Nacional dos Trabalhadores na Agricultura e Central Única dos Trabalhadores, questinando a constitucionalidade do ato presidencial único ao denunciar a Convenção n. 158 da OIT.

O relator da ação referida, Min. Maurício Correia, interpretando conforme a Constituição, considerou imprescindível a intervenção do Poder Legislativo nos casos de denúncia de tratados internacionais, ratificando que a competência outorgada ao Congresso Nacional para "resolver definitivamente sobre tratados" inclui, também, a "faculdade de aprovar e autorizar a sua incorporação ao direito nacional" e "decidir acerca de sua exclusão". Em outras palavras, somente norma de igual hierarquia poderia extirpar do ordenamento jurídico o tratado. Isso porque há muito se consolidou

---

(243) Nesse mesmo sentido foi, também, a conclusão do voto do Ministro Joaquim Barbosa na ADI n. 1.625-3, quando refuta a tese de aplicação da interpretação conforme e decide pela inconstitucionalidade formal do Decreto presidencial: "a declaração de inconstitucionalidade somente terá o feito de tornar o ato de denúncia não obrigatório no Brasil, por falta de publicidade. Como consequência, o Decreto que internalizou a Convenção n. 158 da OIT no Brasil continua em vigor" (Disponível em: <www.stf.jus.br>. Acesso em: 4.1.2015).

(244) "Se as normas da Convenção ratificada se incorporam à legislação nacional, fere o bom-senso e a lógica jurídica que o Poder Executivo possa fazer cessar sua vigência no país sem a manifestação do Poder Legislativo." (SÜSSEKIND, Arnaldo. *Convenções da OIT*. 2. ed. São Paulo: LTr, 1998. p. 43).

a jurisprudência da Corte a respeito do patamar jurídico de lei ordinária, ocupado por normas internacionais ratificadas pelo ordenamento jurídico pátrio e, nesse trilhar, somente norma ordinária ou com "força de lei" seria apta para revogar a norma internacional ratificada, o que não ocorreu.

O voto referido foi acompanhado pelo Ministro Carlos Britto.

Por seu turno, o Min. Nelson Jobim pediu vista e votou no sentido da improcedência do pedido na aludida ação, justifiando a sua decisão na teoria da separação dos poderes.

Em voto lapidar que, pela sua importância e análise, já ingressou no rol dos julgados mais interessantes da Corte, o Ministro Joaquim Barbosa iniciou justificando o papel do Legislativo na história constitucional do Brasil, dizendo que essa esfera do Poder "está muito além de uma postura meramente passiva de aprovação ou reprovação de tratados" e que a participação desse Poder se faz necessária para que o interesse das minorias seja preservado, em um cenário eminentemente democrático. Disse tratar-se isso do que a doutrina estrangeira chama de princípio da coparticipação parlamento-governo em matéria de tratado.

Ainda lecionou Sua Excelência:

> a própria processualística dos tratados internacionais no Brasil e a função que o tratado exerce no direito interno brasileiro militam a favor da tese de que a denúncia não pode ser unilateral por parte do Poder Executivo. E esse raciocínio pode ser inferido, penso, da própria jurisprudência deste Supremo Tribunal Federal. [...] Se os tratados possuem força de lei, isso significa que, do ponto de vista do direito interno brasileiro, eles somente podem ser revogados por um ato posterior de idêntica ou de superior hierarquia. Na prática, reconhecer que o Presidente da República pode, sozinho, denunciar um tratado, é reconhecer que seu decreto que torna pública a denúncia tem força de lei. A grande contradição é que a Constituição de 1988 não reconhece a existência de nenhum ato com força de lei em que o Parlamento não tenha algum tipo de intervenção. O caso da medida provisória parece exemplar. [...] Levar adiante uma interpretação de que os tratados podem ser denunciados unilateralmente produz uma anomalia jurídica não encontrável em nenhuma parte da Constituição, mas apenas em constituições autoritárias que permitiam a existência, por exemplo, do decreto-lei, um ato normativo que já indica em seu próprio nome uma contradição em termos.

Na decisão ainda constou explicitamente que a Convenção n. 158 da OIT trata de Direitos Humanos[245] e, seguindo interpretação mais contemporânea, a norma internacional ratificada possui supralegalidade, concluindo que:

> a intervenção parlamentar não significa um mero controle da atividade executiva, ela é essencial para a existência do próprio ato, o tratado internacional, internamente. Se é da própria natureza do tratado, do ponto de vista do direito interno, que o parlamento atue na sua constituição, parece óbvio que o parlamento também precise atuar na desconstituição do tratado. Um tratado, do ponto de vista do direito interno, somente obriga (ou desobriga) com a intervenção parlamentar. Pensar de modo contrário significa desvirtuar a existência do tratado internacional em uma república democrática que atribui a órgãos e poderes competências específicas.

Infelizmnete o debate acerca da vigência da Convenção n. 158, após a publicação do Decreto presidencial, perdeu fôlego, embora o mérito da ADI n. 1.625-3 ainda não tenha sido julgado, não obstante a extinção da ADI n. 1.480 pela perda do objeto.

No dia 13 de fevereiro de 2008, o então Presidente Luiz Inácio Lula da Silva enviou ao Congresso Nacional uma mensagem, pugnando pela ratificação da Convenção referida. Chegou tarde, já que usufruiu dois mandados para tanto, ficando apenas o mero pedido para parecer diligente nesse sentido. O resultado de tudo isso é a ausência de Lei Complementar dispondo sobre a proteção em face da despedida arbitrária.

6. O ÓBICE ESTABELECIDO PELA JURISPRUDÊNCIA

Desde o advento do Texto Constitucional de 1988, sobretudo com a promulgação do decreto-legislativo que deu vida à Convenção n. 158 da OIT

---

(245) Veja-se, ainda, a conclusão: "Se se atribui o caráter supralegal aos tratados de direitos humanos e se se reconhece à Convenção n. 158 da OIT o *status* de tratado de direitos humanos, chega-se facilmente à conclusão de que o Poder Executivo não podia, sem a intervenção do Congresso, denunciar o referido tratado. Isso porque, estar-se-ia permitindo que uma norma de grau hierárquico bastante privilegiado pudesse ser retirada do mundo jurídico sem a intervenção de um órgão legislativo. Mais que isso, estar-se-ia permitindo que o Poder Executivo, por sua vontade exclusiva, reduzisse de maneira arbitrária o nível de proteção de direitos humanos garantido aos indivíduos no ordenamento jurídico nacional. Se já é inviável pensar que seja possível a revogação de um ato com força de lei por ação apenas do Executivo, o fato de estar-se diante de um ato com força supralegal agrava ainda mais a situação".

no âmbito do ordenamento jurídico brasileiro, doutrina e jurisprudência — conforme se verá *infra* — debatem sobre o alcance do art. 7º, I, da CRFB/88, assim como se a nova ordem quebrou o paradigma anterior, suplantando o sistema de estabilidade no emprego, ou, ao revés, o compatibilizou com o regime de indenização.

A doutrina esmagadoramente majoritária[246] já entendia, no período logo posterior — e isso não se modificou significativamente com o passar dos anos — ao advento do novo Texto Constitucional, que este não assegurou a garantia no emprego, mas criou um sistema de desestímulo ao desemprego involuntário, fornecendo mecanismo de compensação financeira, tanto que o art. 10 do Ato das Disposições Constitucionais Transitórias sentencia: "até que seja promulgada a lei complementar a que se refere o art. 7º, I, da Constituição, fica limitada a proteção nele referida ao aumento, para quatro vezes, da porcentagem prevista noa art. 6º, *caput* e § 1º da Lei n. 5.107, de 13 de setembro de 1966", prevendo, ainda, hipóteses de vedação à dispensa arbitrária ou sem justa causa, para os "cipeiros" e gestantes.

A chegada no ordenamento jurídico interno da Convenção n. 158 da OIT trouxe fôlego e esperança para os dissidentes do entendimento em voga, mas, como reza o ditado popular, "a alegria durou pouco".

Em decisão que já se tornou clássica, o Supremo Tribunal Federal, julgando medida cautelar na ADI n. 1.480-DF, cujo mérito versa sobre a inconstitucionalidade dos arts. 4º a 10 da referida Convenção internacional, deu interpretação conforme à Constituição, consagrando exatamente o entendimento doutrinário majoritário, segundo o qual a Convenção n. 158 da OIT, embora ratificada, detinha o patamar de lei ordinária, não servindo para tratar da matéria constante do art. 7º, I, do Texto Constitucional de 1988, já que mencionado dispositivo requer a sua regulamentação por meio de lei complementar. Disse a Corte, ainda, que a Carta Política de 1988 consagrou o sistema de "garantia compensatória como expressão da reação estatal à demissão arbitrária do trabalhador", e que a citada Convenção possui mero caráter "programático"[247].

O Relator da indigitada decisão, Ministro Celso de Mello, após apontar que a Convenção n. 158 da OIT já foi ratificada por diversos Estados estrangeiros, a exemplo de Austrália, Bósnia-Herzegovina, Camarões, Chipre, Eslovênia, Espanha, Etiópia, Finlândia, França, Gabão, Iuguslávia, Letônia, Malawi, Marrocos, Nigéria, Portugal, República do Iemen, Suécia, Turquia,

---

(246) Cf. DELGADO, Mauricio Godinho. *Curso de direito do trabalho*. São Paulo: LTr, 2012. p. 1187.
(247) Disponível em: <www.stf.gov.br>. Acesso em: 3.9.2012.

Ucrânia, Uganda, Venezuela, Zaire e Zâmbia, votou afirmando que a norma de Direito Público "prescreve regras de fundamental importância, vocacionadas a conferir, no âmbito de sua incidência, efetiva proteção de ordem jurídica e de natureza econômica e social aos trabalhadores, outorgando-lhes prerrogativas que, substancialmente, **já lhes defere** o ordenamento positivo brasileiro" (grifo no original), adotando, nesse particular, a tese minoritária, que acredita na autoexecutoriedade da primeira parte do art. 7º, I, do Texto Constitucional, também defendida neste trabalho.

E prosseguiu o Eminente Relator em seu voto, afirmando que a Constituição do Brasil, "ao proclamar os direitos sociais da classe trabalhadora, instituiu um mecanismo de significativa importância, destinado a preservar o vínculo laboral [...] atento à necessidade de expandir os direitos do trabalhadores".

São suas, ainda, as seguintes palavras naquele voto lapidar:

> a norma inscrita no art. 7º, I, da Constituição, ao enunciar a garantia jurídico-social da proteção contra a despedida arbitrária do trabalhador, por iniciativa do empregador, contemplou, em seu texto, verdadeira fórmula de ponderação, que institucionalizou solução de caráter transacional destinada a conciliar posições contrastantes que se formaram no seio da Assembleia Nacional Constituinte: **nem** se reconheceu ao empregador o poder absoluto de despedir imotivadamente e **nem** se atribuiu ao empregado a garantia da intangibilidade do vínculo laboral. (grifos no original)

Quando analisou o art. 4º da Convenção n. 158, concluiu que o dispositivo consagrou princípio básico, "também proclamado pelo ordenamento constitucional brasileiro, que instituiu norma destinada a proteger a relação de emprego contra despedidas arbitrárias ou dispensas sem justa causa".

Embora o insigne Relator tenha concluído que a Convenção n. 158 possui conteúdo meramente programático, devendo a matéria lá versada ser necessariamente tratada por meio de lei própria, tese que restou vencedora, a conclusão não retira o avanço no pensamento de então, porquanto consagrou-se no referido voto, que o empregador não possui direito potestativo de despedir o respectivo empregado sem qualquer motivação, limitação também presente na norma internacional.

Em seu voto, o Ministro Carlos Velloso ousou ainda mais e, divergindo dos antecessores, os Ministros Celso de Mello e Moreira Alves, afirmou que a Convenção n. 158 "incorporou-se à ordem jurídica brasileira com característica autônoma", ou seja, nem é lei ordinária, nem é lei complementar, concluindo que:

> além da garantia inscrita no art. 7º, I, da CF, que subordina a dispensa do empregado à existência de uma causa de justificação, não admitindo a despedida arbitrária ou sem justa causa e estabelecendo que a infringência dessa regra impõe ao empregador a obrigação de pagar ao empregado despedido indenização compensatória, dentre outros direitos, além dessa garantia, inscrita no citado art. 7º, I, gozam os trabalhadores brasileiros dos direitos e garantias que decorrem da Convenção n. 158/OIT.

Infelizmente, o voto vanguardista do Ministro Velloso não foi seguido nem em relação à natureza jurídica da norma internacional ratificada, nem no tocante à autoaplicabilidade da Convenção n. 158 da OIT.

Todavia, como já se disse ao norte, ainda há esperança, pois a jurisprudência majoritária do Supremo Tribunal Federal, em sua mais recente constituição, é no sentido de que as normas internacionais de Direito Público que tratam de Direitos Humanos, ratificadas pelo ordenamento jurídico brasileiro antes da Emenda Constitucional n. 45, de 2004, e não aprovadas pelo quorum especial de 3/5 em procedimento bicameral, possuem natureza jurídica de supralegalidade[248], significando isso que elas são exatamente o que já havia afirmado o Ministro Velloso, não são normas constitucionais, mas também não se igualam às leis ordinárias ou complementares.

---

(248) Eis trecho do voto vencido do Ministro Celso de Mello, modificando entendimento anterior: "Após muita reflexão sobre esse tema, e não obstante anteriores julgamentos dessa Corte de que participei como Relator (RTJ 174/463-365 — RTJ 179/493-496), inclino-me a acolher essa orientação, que atribui natureza constitucional às convenções internacionais de direitos humanos, reconhecendo, para efeito de outorga dessa especial qualificação jurídica, tal como observa Celso Lafer, a existência de três distintas situações concernentes a referidos tratados internacionais: (1) tratados internacionais de direitos humanos celebrados pelo Brasil (ou aos quais o nosso país aderiu), e regularmente incorporados à ordem interna, em momento anterior ao da promulgação da Constituição de 1988 (tais convenções internacionais revestem-se de índole constitucional porque formalmente recebidas nessa condição, pelo § 2º do art. 5º da Constituição); (2) tratados internacionais de direitos humanos que venham a ser celebrados pelo Brasil (ou aos quais o nosso país venha a aderir) em data posterior à da promulgação da EC n. 45/2004 (essas convenções internacionais, para se impregnarem de natureza constitucional, deverão observar o "iter" procedimental estabelecido pelo § 3º do art. 5º da Constituição; e (3) tratados internacionais de direitos humanos celebrados pelo Brasil (ou aos quais nosso país aderiu) entre a promulgação da Constituição de 1988 e a superveniência da EC n. 45/2004 (referidos tratados assumem caráter materialmente constitucional, porque essa qualificada hierarquia jurídica lhes é transmitida por efeito de sua inclusão no bloco de constitucionalidade que é 'a somatória daquilo que se adiciona à Constituição escrita, em função dos valores e princípios nela consagrados." Ministro Celso de Mello, voto vista proferido em 12.3.2009 no HC n. 87.585-8/TO, fls. 276-277. Omitiram-se os destaques constantes do original. Acompanharam a tese de Celso de Mello os Ministros Eros Grau e Cezar Peluso (HC 87.585-8/TO, fls. 335-337, fls. 352), Ellen Gracie (fls. 355-356).

Prevalecendo essa tese, ultrapassada a inconstitucionalidade da denúncia perpetrada em 1996, força é concluir que a Convenção n. 158 da OIT, igualmente ao Pacto de São José da Costa Rica, possui a condição de supralegalidade[249] e, como tal, serve ao art. 7º, I, do Texto Constitucional, não havendo mais a alegada necessidade de edição de lei complementar[250].

É evidente que, diante dessa interpretação ofertada pelo Supremo Tribunal Federal, o entendimento em torno de um suposto direito potestativo de o empregador despedir sem qualquer motivação, por puro arbítrio, ganhou nova vida, quando em nenhum momento os Ministros afirmaram em seus respectivos votos tamanho benefício ao empregador.

Muito ao revés, no voto do Ministro Relator, lê-se exatamente o contrário, mas o desejo de que a garantia em face da despedida arbitrária não seja efetivada é tamanho, que o alegado direito potestativo de despedir por simples arbítrio é um dos exemplos mais apontados pelas obras quando tratam de direito potestativo[251].

Aqui vale, com as vênias devidas, uma crítica acerca da decisão do C. Supremo Tribunal Federal, que na época ignorou o quanto disposto no art. 5º, § 2º, da CRFB/88, regra que abre o catálogo de Direitos e Garantias Fundamentais, considerando as normas internacionais de Direito Público também com natureza de fundamentalidade e, interpretando sistematicamente a própria Constituição, a Convenção n. 158 da OIT serviria exatamente aos fins previstos no art. 7º, tendo-se que o *caput* desse dispositivo constitucional prevê que, além dos direitos exemplificamente previstos na Constituição, outros poderão vir, desde que sejam para somar, exatamente porque se visa "à melhoria da condição social" dos trabalhadores[252].

A própria interpretação de que a Convenção da OIT possuía natureza jurídica de lei ordinária já não se justificava naquele momento, pois, elaborando interpretação sistemática e mais coerente das normas constitucionais,

---

(249) Muito embora não concorde com a tese da supralegalidade, por acreditar que as normas internacionais já ratificadas pelo ordenamento jurídico brasileiro ocupam o chamado "bloco de constitucionalidade", como já dispunha o art. 5º, 2º, da CRFB/88.

(250) Assim argumentamos por pura retórica, vez que não vislumbramos qualquer necessidade de edição de lei complementar para dizer exatamente o que a Constituição já afirma: a proteção contra a despedida arbitrária.

(251) Até se o título "potestativo" for lançado no google, aparece no Wikipédia uma referência a esse suposto *direito potestativo de o empregador despedir sem motivação*. Disponível em: <http://pt.wikipedia.org/wiki/Direito_potestativo>. Acesso em: 4.1.2015.

(252) Concordando com esse ponto de vista, ainda que por outros argumentos, a doutrina de SOARES FILHO, José. A Convenção n. 158 da OIT e a questão relativa a constitucionalidade, em face do direito interno brasileiro. *Revista Trabalhista de Direito e Processo*, São Paulo: LTr, n. 39, p. 125-141, 2011.

percebe-se claramente que o art. 102, II, *b*, da CRFB/88 prevê que compete ao Supremo Tribunal Federal julgar em grau de recurso extraordinário as causas decididas em única ou última instância, quando a decisão recorrida declarar a inconstitucionalidade de tratado ou lei federal, deixando a Lei Maior bem evidente que há dois tipos de atos normativos: um é o tratado internacional, o outro é a lei federal (ordinária, complementar ou delegada), não sendo os mesmos atos normativo gêmeos. A evidência textual não foi reconhecida.

Salta aos olhos também a evidente incoerência nos julgados da nossa Corte Maior constitucional, pois, quando tratou da recepção do Código Tributário Nacional pela Constituição de 1988, fê-lo tendo aquele com natureza jurídica de Lei Complementar e a Consolidação das Leis do Trabalho, que, lembre-se, já tratava de estabilidade decenal desde a década de quarenta, nesse particular foi considerada incompatível com o novo Texto constitucional, tendo-se que este trouxe o regime do FGTS de forma obrigatória para todos os empregados, recepcionando a CLT com a natureza jurídica de Lei Ordinária, não podendo esta suprir a "carência" legislativa do art. 7º, I, da CRFB/88.

Mesmo tendo o Supremo Tribunal Federal decidido como visto acima, não se pode concluir com isso que há direito potestativo de o empregador despedir sem qualquer motivação, não só porque o art. 7º, I, da Constituição da República já garante a proteção contra a despedida arbitrária, mas, sobretudo — e atendo-se às razões dos eminentes Ministros —, porque sequer se analisou a constitucionalidade do art. 13 da Convenção n. 158 da OIT, que trata justamente da motivação do ato patronal de resilição, assegurando-se aos representantes dos trabalhadores interessados, a "informação pertinente, incluindo os motivos dos términos previstos", significando, por mera lógica que raciocínio, que a denúncia do contrato de emprego não poderá ser vazia, mas sim devidamente fundamentada.

Não obstante tudo o quanto já alegado, arraigou-se a ideia segundo a qual o empregador detém direito potestativo de despedir sem a apresentação dos motivos que ensejam o ato resilitório, e que tal ato somente acarreta a indenização das parcelas resilitórias, não comportando reintegração, tanto que, no dia 13 de janeiro de 2009, a EMBRAER, sob a alegação de reduzir os custos decorrentes da crise econômica global, resolveu despedir 20% do quadro de seus empregados (aproximadamente 4.400 trabalhadores, de um total de cerca de 22 mil), tendo a empresa alegado que a drástica decisão, embora dura, era necessária para preservar outros 17 mil postos de trabalho.

O ato empresarial, logicamente, ensejou a atuação do Sindicato dos Metalúrgicos de São José dos Campos e Região, o Sindicato dos metalúrgicos de Botucatu e a Federação dos Metalúrgicos de São Paulo, que instauraram dissídio coletivo com pedido de medida liminar, pleiteando, primeiramente a cessação dos atos demissionários, bem como a reintegração dos empregados já despedidos. Na oportunidade, as agremiações afirmaram que o ato perpetrado pela empresa era "antijurídico", posto contrário ao art. 7º, I, da Constituição, antagônico aos princípios constitucionais da dignidade da pessoa humana e dos valores sociais do trabalho e da livre-iniciativa, da representação sindical e da participação obrigatória dos sindicatos nas negociações, além de ser abusivo e ofensivo à boa-fé, pois a possibilidade da despedida coletiva não fora objeto de negociação prévia e sequer haviam sido notificados os empregados do desiderato patronal, atitude que se afasta do dever de informação pertinente à empresa.

Alegou-se, ainda, que os ditames da Convenção n. 98 da OIT e as Recomendações ns. 944 e 163 também foram ignorados. Os sindicatos também informaram que a estimativa de lucro da Embraer para o ano 2009 era de 614 milhões, não havendo pertinência nos motivos financeiros apontados pela a resilição contratual em massa.

Evidente que o presente trabalho trata especificamente da proteção contra a despedida arbitrária de forma individual, mas é possível a percepção de que a despedida coletiva nada mais é do que o somatório das dispensas individuais[253] e a razão da antítese ao poder de dispensa ilimitado é exatamente a mesma, tanto é assim que, nesse caso citado, o grande argumento empresarial foi afirmar que o direito brasileiro não possui regramento acerca da despedida coletiva e, como há um hiato legislativo, força seria concluir que os atos demissionais vazios são permitidos, somente gerando direito à

---

(253) Em sentido diverso do ponto de vista defendido, a lição de Delgado: "a despedida individual é a que envolve um único trabalhador, ou que, mesmo atingindo diferentes empregados, não configura ato demissional grupal, ou uma prática maciça de rupturas contratuais (o chamado *lay-off*). A ocorrência de mais de uma dispensa em determinada empresa ou estabelecimento não configura, desse modo, *por si somente*, despedida coletiva. [...] Já a despedida coletiva atinge um grupo significativo de trabalhadores vinculados ao respectivo estabelecimento ou empresa, configurando uma despedida maciça de rupturas contratuais" (DELGADO, Mauricio Godinho. *Curso de direito do trabalho*. 11. ed. São Paulo: LTr, 2012. p. 1175-1176). O Des. José Antônio Pancotti elaborou detida análise sobre o tema, afirmando que, "na dispensa coletiva, a causa é única e o propósito é a redução do quadro de pessoal da empresa", invocando a lição de Rua da Almeida, para quem a diferença entre dispensa individual e coletiva reside no fato de esta se justificar por fato de natureza disciplinar (justa causa) imputável ao empregado ou por inaptidão profissional às mudanças técnicas da empresa, ao passo que aquela pode ser arbitrária ou não, dependendo da existência comprovada de fato objetivo relacionado à empresa, causado por motivo de ordem econômico-conjuntural ou técnico-estrutural (PANCOTTI, José Antônio. Aspectos jurídicos das dispensas coletivas no Brasil. *Revista LTr*, v. 74, n. 5, p. 5/529-05/541, maio 2010.

indenização de 40% sobre os depósitos de FGTS, levantamento do valor na conta vinculada e pagamento das parcelas resilitórias já adquiridas, como férias e gratificações natalinas proporcionais, ideia também presente quando se trata de despedida individual.

Em sua primeira manifestação, datada de 26 de fevereiro, o Tribunal Regional do Trabalho de Campinas concedeu liminar suspendendo as rescisões contratuais, já feitas ou que viessem a ocorrer, até a data da audiência de conciliação, e requisitou da empresa a apresentação de balanços patrimoniais e demonstrações contábeis dos dois últimos exercícios. Na oportunidade, o Relator, Desembargador Sotero da Silva, disse haver "indiscutível interesse público na preservação da dignidade do trabalhador enquanto pessoa humana, fundamento do Estado Democrático Brasileiro".

Fracassadas todas as tentativas conciliatórias, o TRT da 15ª Região julgou parcialmente procedente o dissídio coletivo e, em atenção à força normativa dos princípios, citando extensa e atualizada doutrina, declarou abusiva a demissão coletiva, diante da ausência de negociação coletiva prévia[254].

(254) CRISE ECONÔMICA — DEMISSÃO EM MASSA — AUSÊNCIA DE PRÉVIA NEGOCIAÇÃO COLETIVA — ABUSIVIDADE — COMPENSAÇÃO FINANCEIRA — PERTINÊNCIA. As demissões coletivas ou em massa relacionadas a uma causa objetiva da empresa, de ordem técnico-estrutural ou econômico-conjuntural, como a atual crise econômica internacional, não podem prescindir de um tratamento jurídico de proteção aos empregados, com maior amplitude do que se dá para as demissões individuais e sem justa causa, por ser esta insuficiente, ante a gravidade e o impacto socioeconômico do fato. Assim, governos, empresas e sindicatos devem ser criativos na construção de normas que criem mecanismos que, concreta e efetivamente, minimizem os efeitos da dispensa coletiva de trabalhadores pelas empresas. À míngua da legislação específica que preveja procedimento preventivo, o único caminho é a negociação coletiva prévia entre a empresa e os sindicatos profissionais. Submetido o fato à apreciação do Poder Judiciário, sopesando os interesses em jogo: liberdade de iniciativa e dignidade da pessoa humana do cidadão trabalhador, cabe-lhe proferir decisão que preserve o equilíbrio de tais valores. Infelizmente não há no Brasil, a exemplo da União Europeia (Directiva 98/59), Argentina (Ley n. 24.013/91), Espanha (Ley del Estatuto de los Trabajadores de 1995), França (Lei do Trabalho de 1995), Itália (Lei n. 223/91, México (Ley Federal del Trabajo de 1970, cf. texto vigente — última reforma foi publicada no DOF de 17.1.2006) e Portugal (Código do Trabalho), legislação que crie procedimentos de escalonamento de demissões que levem em conta o tempo de serviço na empresa, a idade, os encargos familiares, ou aqueles em que a empresa necessite de autorização de autoridade, ou de um período de consultas aos sindicatos profissionais, podendo culminar com previsão de períodos de reciclagens, suspensão temporária dos contratos, aviso-prévio prolongado, indenizações, etc. No caso, a Embraer efetuou a demissão de 20% dos seus empregados, mais de 4.200 trabalhadores, sob o argumento de que a crise econômica mundial afetou diretamente suas atividades, porque totalmente dependentes do mercado internacional, especialmente dos Estados Unidos da América, matriz da atual crise. Na ausência de negociação prévia e diante do insucesso da conciliação, na fase judicial só resta a esta Eg. Corte, finalmente, decidir com fundamento no art. 4º da Lei de Introdução ao Código Civil e no art. 8º da Consolidação das Leis do Trabalho. Assim, com base na orientação dos princípios constitucionais expressos e implícitos, no direito comparado, a partir dos ensinamentos de Robert Alexy e Ronald Dworkin, Paulo Bonavides e outros acerca da força normativa dos princípios jurídicos, é razoável que se reconheça a abusividade da demissão coletiva, por ausência de negociação. Finalmente, não sobrevivendo mais no ordenamento jurídico a estabilidade no

Embora se entenda que a dispensa em massa não precedida de fundamentos socialmente aceitos enseja a reintegração no emprego, exatamente porque o ato resilitório é nulo por abusividade e ofensivo à boa-fé e que isso enseja o retorno das partes ao *status quo* ante, sem qualquer impedimento da indenização compensatória, reconhece-se que essa decisão do TRT de Campinas foi um grande avanço na jurisprudência, pois se agasalhou o entendimento segundo o qual o empregador não possui poderes ilimitados de despedir, principalmente coletivamente, devendo o ato demissional coletivo ser sempre precedido de negociação com a agremiação, parâmetro este sequer previsto expressamente em lei.

Houve interposição de Recurso Ordinário por ambas as partes litigantes. A Embraer insistia que havia agido conforme a lei, almejando, com isso, a reversão da declaração de abusividade da greve, enquanto as agremiações ratificavam o pedido de reintegração de todos os empregados despedidos.

Em sede liminar, o Ministro Moura França suspendeu os efeitos da decisão de Campinas, afirmando em sua decisão que as resilições contratuais tiveram por base "comprovadas dificuldades financeiras capazes de comprometer o regular exercício de sua atividade econômica".

Quanto à consideração de que a demissão teria violado o art. 7º, inciso I, da Constituição Federal, que protege a relação de emprego contra despedida arbitrária ou sem justa causa, o citado Ministro afiançou que "o dispositivo, ao contrário do que se pensa, não assegura estabilidade ou garantia de emprego, e muito menos garante, de imediato, pagamento de indenização, pelo simples fato de que a fixação do valor desse título depende de lei complementar que, lamentavelmente, ainda não foi objeto de deliberação pelo Congresso Nacional". No tocante à necessidade de negociação coletiva prévia, foi dito que "não há, especificamente, nenhum dispositivo normativo que lhe imponha essa obrigação".

Na Sessão de Dissídios Coletivos, a relatoria coube ao Ministro Maurício Godinho Delgado. Em votação apertada de cinco votos a quatro, foi confirmada a decisão anterior de manter as demissões, mas com a previsão do *iter*, constituído em torno da necessidade de negociação coletiva anterior à resilição contratual em massa, mas somente para casos futuros[255].

---

emprego, exceto as garantias provisórias, é inarredável que se atribua, com fundamento no art. 422 do CC — boa-fé objetiva —, o direito a uma compensação financeira para cada demitido. Dissídio coletivo que se julga parcialmente procedente.

(255) Pela importância da decisão, optou-se pela sua transcrição da ementa na íntegra: RECURSO ORDINÁRIO EM DISSÍDIO COLETIVO, DISPENSAS TRABALHISTAS COLETIVAS. MATÉRIA DE DIREITO COLETIVO. IMPERATIVA INTERVENIÊNCIA SINDICAL. RESTRIÇÕES JURÍDICAS ÀS DISPENSAS COLETIVAS.

O assim denominado caso Embraer demonstra, de uma maneira até agressiva, que o entendimento em voga[256] acerca do real alcance da proteção contra a despedida arbitrária deve ser modificado.

ORDE CONSTITUCIONAL E INFRACONSTITUCIONAL DEMOCRÁTICA EXISTENTE DESDE 1988. A sociedade produzida pelo sistema capitalista é, essencialmente, uma sociedade de massas. A lógica de funcionamento do sistema econômico-social induz a concentração e centralização não apenas de riquezas, mas também de comunidades, dinâmicas socioeconômicas e de problemas destas resultantes. A massificação das dinâmicas e dos problemas das pessoas e grupos sociais nas comunidades humanas, hoje, impacta de modo frontal a estrutura e o fundamento operacional do próprio Direito. Parte significativa dos danos mais relevantes na presente sociedade e das correspondentes pretensões jurídicas tem natureza massiva. O caráter massivo de tais danos e pretensões obriga o Direito a se adequar, deslocando-se da matriz individualista de enfoque, compreensão e enfrentamento dos problemas a que tradicionalmente perfilou-se. A construção de uma matriz jurídica adequada à massividade dos danos e pretensões característicos de uma sociedade contemporânea sem prejuízo da preservação da matriz individualista, apta a tratar os danos e pretensões de natureza estritamente atomizada é, talvez, o desafio mais moderno proposto ao universo jurídico, e é sob esse aspecto que a questão aqui proposta será analisada. As dispensas coletivas realizadas de maneira maciça e avassaladora somente seriam juridicamente possíveis em um campo normativo hiperindividualista, sem qualquer regulamentação social, instigador da existência de mercado hobbesiano na vida econômica, inclusive entre empresas e trabalhadores, tal como, por exemplo, respaldado por Carta Constitucional com a de 1891, já há mais um século superada no país. Na vigência da Constituição de 1988, das convenções internacionais da OIT ratificadas pelo Brasil relativas a Direitos Humanos e, por consequência, direitos trabalhistas, e em face da leitura atualizada da legislação infraconstitucional do país, é inaceitável concluir-se pela presença de um Estado Democrático de Direito no Brasil, de um regime de império da norma jurídica (e não do poder incontrastável privado), de uma sociedade civilizada, de uma cultura de bem-estar social e respeito à dignidade dos seres humanos, tudo repelindo, imperativamente, dispensas massivas de pessoas, abalando empresas, cidade e toda uma importante região. Em consequência, fica fixada, por interpretação da ordem jurídica, a premissa de que a negociação coletiva é imprescindível para a dispensa em massa de trabalhadores. DISPENSAS COLETIVAS TRABALHISTAS. EFEITOS JURÍDICOS. A ordem constitucional e infraconstitucional democrática brasileira, desde a Constituição de 1988 e diplomas internacionais ratificados (Convenções da OIT ns. 11, 87, 98, 135, 141 e 151, ilustrativamente), não permite o manejo meramente unilateral e potestativista das dispensas trabalhistas coletivas, por se tratar de ato/fato coletivo, inerente ao Direito Coletivo do Trabalho, e não Direito Individual, exigindo, por consequência, a participação do(s) respectivo(s) sindicato(s) profissional(is) obreiro(s). Regras e princípios constitucionais que determinam o respeito à dignidade da pessoa humana (art. 1º, III, da CF), a valorização do trabalho e especialmente do emprego (arts. 1º, IV, 6º e 170, VIII, CF), a subordinação da propriedade à sua função socioambiental (arts. 5º, XXIII e 170, III, CF) e a intervenção sindical nas questões coletivas trabalhistas (art. 8º, III e VI da CF), tudo impõe que se reconheça distinção normativa entre as dispensas meramente tópicas e individuais e as dispensas massivas, coletivas, as quais são social, econômica, familiar e comunitariamente impactantes. Nesta linha, seria inválida a dispensa coletiva enquanto não negociada com o sindicato de trabalhadores, espontaneamente ou no plano do processo judicial coletivo. A d. maioria, contudo, decidiu apenas fixar a premissa, para casos futuros, de que a negociação coletiva é imprescindível para a dispensa em massa de trabalhadores, observados os fundamentos supra. Recurso ordinário a que se dá provimento parcial (RODC-309/2009-000-15-00.4. Disponível em: <www.tst.jus.br>. Acesso em: 4.1.2015).

(256) Em reportagem publicada na *Folha de S. Paulo* em 12.4.2009, diversos *experts* do Direito do Trabalho foram solicitados a emitir parecer sobre o caso Embraer, tendo lá constado que: "Segundo o advogado trabalhista, Estevão Mallet, por não haver no Brasil, lei que estabeleça requisitos ou condições para demissões coletivas, a Justiça do Trabalho estaria julgando em desacordo com a legislação vigente. De acordo com o advogado, essas decisões causam grande insegurança jurídica, pois decidem de forma distinta sobre demissões coletivas. Para o advogado Ives Gandra Silva Martins, professor emérito da Universidade Mackenzie, o artigo da Constituição, que trata deste tema, não pode ser aplicado para proibir dispensas, uma vez que não foi regulamentado por lei complementar, conforme exigência do

Não se sustenta mais nos dias atuais que em um Estado Democrático de Direito, se permita algo tão arbitrário e despótico quanto a despedida por puro arbítrio do empregador, sem que o empregado sequer saiba os motivos da resilição contratual, como se fora algo descartável dentro do processo produtivo, ignorando-se todos os instrumentos internacionais já ratificados pelo Brasil, os quais proíbem o tratamento do ser humano como mercadoria.

É certo que houve avanço na jurisprudência, sobretudo no tocante à indicação da necessidade de se proceder à negociação coletiva como medida profilática à despedida em massa, assim como restou vazado no voto do Ministro Relator que "a proteção ao trabalhador já está plenamente prevista no texto constitucional, tratando-se de direito fundamental, tendo, portanto, aplicação imediata, impedindo a atuação do aplicador do direito em sentido contrário ao seu conteúdo".

Por outro lado, disse o Eminente Ministro que a norma constitucional possui eficácia contida, dependendo o direito à indenização de regulamentação por meio de Lei Complementar (reintegração, então, nem pensar), o que é um contrassenso, já que se falou em máxima eficácia das normas constitucionais e novos paradigmas hermenêuticos, assim entendidos como o tratamento dos princípios como verdadeiras normas. Princípios estes que zelam pela dignidade da pessoa humana, valorização do trabalho humano "e especialmente do emprego", sem perder de vista que a propriedade deve sempre ter em vista a sua função "socioambiental".

O resultado de tudo isso foi o dizer-sem-dizer[257], exatamente como já fez o legislador constituinte há meio quarto de século, quando teve a oportunidade de quebrar com o paradigma da estabilidade, mas sem perder de vista que o emprego deveria ser, não obstante isso, protegido por outros meios.

Se a atividade do Poder Legislativo de então restou insuficiente, não mais suficiente tem sido a jurisprudência, que vem avançando, reconhecendo que os empregados perseguidos e aviltados em sua dignidade merecem indenização decorrente de dano moral[258], ou até assédio

---

Superior Tribunal Federal (STF). Ele acredita que o mercado é quem deve definir o nível de emprego em uma empresa. Os tribunais do Trabalho estariam preocupados em evitar que as empresas se comportem de forma abusiva ao promoverem demissões coletivas, argumentando dificuldades com a crise econômica, comenta o presidente da Anamatra (Associação Nacional dos Magistrados da Justiça do Trabalho), Cláudio José Montesso. Segundo ele, diante do quadro atual, para a Justiça do Trabalho, a empresa tem como função social gerar emprego, não podendo simplesmente demitir sem estabelecer no mínimo uma conversa com os representantes dos trabalhadores e com a sociedade. Disponível em: <http://pt.shvoong.com/society-and-news/news-items/1883267-proibi%C3%A7%C3%A3o-demiss%C3%B5es-C3%A9-alvo-criticas/#ixzz25kDeQdYBv>. Acesso em: 4.1.2015.
(257) A expressão é de Chiarelli, como já antes aludido.
(258) "Dano moral consiste na lesão de direitos cujo conteúdo não é pecuniário, nem comercialmente redutível a dinheiro. Em outras palavras, podemos afirmar que o dano moral é aquele que lesiona a

moral[259], mas permite que isso ocorra no ambiente empresarial, já que não fornece aos empregados os meios necessários para que os atos danosos e predatórios sejam evitados e prontamente proibidos.

Ao revés, a cúpula do Poder Judiciário Trabalhista, talvez no intuito de elevar a segurança jurídica[260] em detrimento de outros princípios, como a dignidade da pessoa humana, igualmente põe de lado que a Constituição é uma ordem de valores e, como tal, deve influenciar todos os julgados e que isso não é invadir a esfera do Poder Legislativo, mas sim atuar, cumprir a missão posta já na Constituição, eivada de valores tão caros como o valor social do trabalho, que se irradia e serve de contraponto à livre-iniciativa.

Decisões ratificando um suposto direito potestativo de o empregador despedir por puro arbítrio contrariam, ainda, o valor de colocação do ser humano como centro de proteção ao ordenamento jurídico, que impede a sua diminuição a uma simples coisa, ou mero produto das empresas.

O Judiciário, ao assim agir, fecha os olhos para uma realidade que permite sejam os empregados postos à margem da relação de emprego de forma vazia, despedidos sob a invocação de um direito potestativo ao arbítrio, fazendo com que diariamente empregadores dissolvam contratos havidos há mais de uma década sem qualquer motivação, sem qualquer preocupação em relação ao fato de que o empregado tem família, e é justamente por meio dos rendimentos havidos com o seu trabalho que se sustenta e usufruem Direitos Fundamentais como a educação (dos seus, inclusive), moradia e lazer.

O entendimento em voga igualmente aceita como normal as despedidas discriminatórias de empregados doentes, disfarçadas pelo livre exercício do direito potestativo e perseguições empresariais em relação aos empregados mais afoitos, que buscam melhorias no ambiente de trabalho.

---

esfera personalíssima da pessoa (seus direitos de personalidade), violando, por exemplo, sua intimidade, vida privada, honra e imagem, bens jurídicos tutelados constitucionalmente" (GAGLIANO, Pablo Stolze; PAMPLONA FILHO, Rodolfo. *Novo curso de direito civil:* responsabilidade civil. 10. ed. São Paulo: Saraiva, 2012. p. 101).

(259) Segundo Mauricio Godinho Delgado, assédio moral pode ser definido "como a conduta reiterada seguida pelo sujeito ativo no sentido de desgastar o equilíbrio emocional do sujeito passivo, por meio de atos, palavras, gestos e silêncios significativos que visem ao enfraquecimento e diminuição da autoestima da vítima ou a outra forma de desequilíbrio ou tensão emocionais graves" (*Curso de direito do trabalho*, cit., p. 1230).

(260) Veja-se o julgado do TST no caso Embraer, que, a fim de ponderar, remete a todos os princípios aplicáveis, mas, no fim, opta pela manutenção segura das resilições contratuais e isso é opção pela segurança jurídica.

Vivencia-se hoje, apesar do discurso humanista, uma opção velada pelo valor capital em detrimento do ser humano, encarado como somente mais um meio de produção dentro da engenhosa máquina empresarial. Há, ao que parece, uma preocupação maior em remediar do que em impedir que danos sociais como as despedidas discriminatórias sem qualquer motivação sejam realmente evitados no ambiente de trabalho.

Que o Legislador tenha sofrido pressão para apor no Texto Constitucional regra de redação duvidosa, que garante mas não garante, ainda é compreensível, já que se vive na "ditadura da maioria", em um país onde supostamente os representantes legislativos representam, de fato, o povo, em um jogo de faz de conta; mas admitir que o Poder Judiciário também tenha a mesma postura, chancelando que o empregador detém direito de despedir sem qualquer motivação, é, antes de mais nada, possuir uma visão bastante estrábica acerca do Direito ao Trabalho, previsto como direito fundamental Social.

É ignorar, também, que o empregado se acha até os dias atuais, mesmo após a nossa Constituição mais democrática, "cidadã", encurralado, sem acesso livre ao Poder Judiciário, que normalmente só é procurado quando o obreiro pugna pela dispensa indireta, por não coadunar mais com os atos patronais, ou quando o contrato de emprego já restou resilido. Enquanto isso, o empregado moralmente assediado, discriminado, escravizado e aviltado de todas as maneiras no ambiente de trabalho sente-se refém do paradigma dominante, pois o poder de seu sustento, e, no mais das vezes, de sua própria família, está nas mãos do empregador, aquele que é também o seu algoz. E o pior, não acionando o Poder Judiciário, o empregado vê seus direitos prescreverem no curso do contrato de trabalho, pois é seu o "direito" constitucional à prescrição de cinco anos[261].

O Judiciário, ao diminuir o instituto da garantia de emprego ao quase nada, perde de vista que o instrumento de poder e arbítrio pelo seu exercício é repetido justamente no local onde ele deve ser combatido, assim como

---

(261) Encontra-se no Direito do Trabalho italiano uma "saída" jurídica para o problema do não acionamento do Poder Judiciário, por medo de represálias do empregador: "Para os direitos que decorrem do contrato de trabalho em geral, tem relevância seja *prescrição presumível* de que tratam os arts. 2.955 e 2.957 do Cód. Civil, seja a *prescrição extintiva* do art. 2.948 do Cód. Civil. Neste sistema incide, todavia, como já se mencionou, a decisão da Corte Constitucional (sentença n. 63, de 1966), que, tendo em vista o estado de subordinação em que o trabalhador se encontra na vigência do contrato, declarou, com base no art. 36 da Constituição, a *inconstitucionalidade* dos artigos acima referidos na parte que consente o decurso da prescrição, durante a vigência da relação de trabalho. Por esta forma se chega a *excluir a possível extinção dos direitos* particulares conexos à posição contratual do trabalhador, conjuntamente considerado, antes da data da terminação da relação de trabalho" (SANSEVERINO, Riva. *Curso de direito do trabalho*. Tradução de Elson Gottschalk, São Paulo: LTr, 1976. p. 417).

também ignora que essa falta de proteção faz cair por terra todos os demais direitos protetivos ao obreiro, já que este normalmente não busca uma resposta estatal ao desprezo pelas normas trabalhistas no curso do contrato de trabalho, saindo vencedor, mais uma vez, o algoz, o devedor, em um cenário que contraria toda a lógica jurídica de punição ao ilícito, olvidando o Judiciário que "a lei não é a vontade do aplicador, mas a vontade geral manifestada pelas mãos do aplicador"[262].

Vive-se sob a égide do Estado pós-positivista, mas que Estado é esse que é incapaz de arranjar uma solução para o problema imediato dos trabalhadores, traçando metas futuras? O trabalhador precisa da atividade jurisdicional hoje, agora, pois depende do emprego para poder usufruir direitos fundamentais que lhe são caros, como convívio com a família, educação própria e dos seus, lazer, habitação e tudo o mais que a Constituição-cidadã lhe assegura.

Lúcidas são as palavras de Valdete Souto Severo, para quem:

> o compromisso velado que a doutrina assume com a ideia de um Judiciário inerte, cuja função consiste em "descobrir a vontade da Lei", impede que o óbvio seja percebido. Ao ingressar com uma demanda, a parte pretende modificação em seu mundo, em sua vida. Os trabalhadores dispensados sem motivo pela Embraer não pretendiam uma aula de direito constitucional. Queriam seus empregos preservados. Declarar a indispensabilidade de negociação coletiva como "parâmetro para casos futuros" não serve à função instrumental do processo.[263]

A decisão analisada demonstra que há uma disparidade entre o discurso pregado pela Corte Superior Trabalhista, que se diz vinculada aos Direitos Humanos apontados nas Cartas internacionais, ratificadas ou não pelo Estado brasileiro, bem como ao princípio da dignidade da pessoa humana e ao valor social do trabalho, dizendo-se preocupada e comprometida com as soluções dos conflitos em massa, que abalam de forma mais contundente a sociedade, mas, mesmo assim, conclui exatamente o que já era pregado, não servindo o fundamento ao fim maior, que é a distribuição da justiça. Isso porque se resolve elevar o valor segurança da economia em detrimento do valor segurança no emprego, em desprezo ao ser humano trabalhador.

---

(262) SILVA, Antônio Álvares da. *Proteção conta a dispensa na nova constituição*. Belo Horizonte: Del Rey, 1991. p. 180.
(263) SEVERO, Valdete Souto. *O dever de motivação da despedida na ordem jurídico-constitucional brasileira*. Porto Alegre: Livraria do Advogado, 2011. p. 132.

Dallari, analisando o poder dos Juízes, diz que "a primeira grande reforma que deve ocorrer no Judiciário, e sem dúvida a mais importante de todas, é a mudança de mentalidade"[264], prosseguindo para afirmar que, malgrado tenha o povo se habituado a associar o Poder Judiciário à justiça, "o fato é que na grande maioria das decisões judiciais, sobretudo dos tribunais superiores dos Estados e do país, fica evidente que existe preocupação bem maior com a legalidade do que com a justiça", concluindo que:

> ainda é comum ouvir-se um juiz afirmar, com orgulho vizinho da arrogância, que é "escravo da lei". E com isso fica em paz com sua consciência, como se tivesse atingido o cume da perfeição, e não assume responsabilidade pelas injustiças e pelos conflitos humanos e sociais que muitas vezes decorrem de suas decisões. Com alguma consciência esse juiz perceberia a contradição de um juiz-escravo e saberia que um julgador só poderá ser justo se for independente. Um juiz não pode ser escravo de ninguém nem de nada, nem mesmo da lei.

Decisão como a ora analisada também perde de vista que o processo é instrumental e comprometido com a prestação jurisdicional plena e justa, além de ignorar que a democracia deve ser observada, também, no ambiente privado empresarial, em um contexto de eficácia direta dos direitos fundamentais nas relações privadas.

Do caso Embraer também se extrai que o TST diferenciou entre a dispensa individual (tópicas, no dizer do Tribunal) e a coletiva, afirmando que somente esta deve ser, para o futuro, precedida de negociação coletiva, quando, na realidade, a despedida coletiva é o mero somatório das resilições individuais, sendo ambas semelhantes, distinguindo-se tão somente em relação ao impacto social e de consumo[265], tendo-se que, no caso das despedidas coletivas, isso é observado de maneira mais evidente, o que não leva à conclusão de que, em se tratando de dispensa individual, não haja dano social[266], tanto que a própria Constituição já trouxe previsão de

---

(264) DALLARI, Dalmo de Abreu. *O poder dos juízes*. São Paulo: Saraiva, 1996. p. 80.
(265) Nas pertinentes palavras de Pancotti (*op. cit.*), o desligamento involuntário da empresa, seja ele individual ou coletivo, "gera exclusão social, redução da capacidade econômica de consumo; extinção de uma relação jurídico-econômico e social produtiva; diminuição da condição de cidadania; perda de contatos e relacionamentos sociais e — não raro — profunda depressão psicológica".
(266) Em detida análise sobre o tema, Baylos Grau e Pérez Reis explicam que essa concepção de irrelevância social da despedida "é um dado ligado ao que se pode considerar, de maneira genérica, como uma tendência à depreciação do valor do trabalho e a uma paralela exaltação do dinheiro como lógica da condição social, mas se desprende de maneira específica de um certo processo de racionalização cultural que se torna sobre a empresa e sua ordenação no conjunto da sociedade atual e da era da globalização" (BAYLOS GRAU, Antonio; REY, Joaquim Pérez. *A dispensa ou violência do poder privado*. Tradução de Luciana Caplan. São Paulo: LTr, 2009. p. 34).

indenização, esta somente devida quando há dano moral ou patrimonial a ser reparado, sob pena de enriquecimento ilícito por parte da pessoa que recebe o montante indenizatório.

O que resta evidente é que nem a Corte Suprema, nem o TST estão preocupados em romper com o equivocado paradigma dominante, cristalizado em torno do direito potestativo de o empregador despedir sem qualquer motivação, exceto nas hipóteses legalmente previstas.

Recentemente, outra decisão proveniente do Tribunal Superior do Trabalho chamou a atenção. Tratou a lide, dentre outras questões, de pedido de indenização por supostos danos morais sofridos pelo autor, antigo empregado do Sistema Brasileiro de Televisão durante vinte e sete anos, e despedido sem qualquer motivação[267]. No caso em análise (que retrata a realidade de tantos outros idênticos no Brasil, diga-se), o juízo de primeira instância condenou a empresa a pagar indenização por danos morais no valor de R$ 30.000,00, afirmando que o ato demissionário sem qualquer motivação é abusivo e, portanto, ilícito, mas o acórdão do TRT/RS foi justamente no sentido oposto, tendo-se, na oportunidade, concluído que "não se pode ter como indenizável poder potestativo (*sic*) do empregador de dispensa do empregado, que não constitui ato ilícito", sendo tal fundamentação também repetida nas razões do acórdão no Recurso de Revista. Veja-se:

> o reclamante afirma que restou devidamente reconhecida nos autos a ocorrência de ofensa à honra do reclamante pela prática de ato abusivo, destituído de boa-fé objetiva. Afirma a aplicação dos princípios constitucionais e infraconstitucionais de direito do trabalho a assegurar suas pretensões. Indica violação dos arts. 5º, V, 6º e 7º, I, da CF; 8º da CLT, 187 e 422 do Código Civil.

Infere-se do *decisum* o entendimento de que a dispensa sem justa causa está dentro do poder potestativo do empregador, não sendo passível de indenização por dano moral quando não caracterizado ato discriminatório ou realizado de forma a ofender a honra ou a imagem do empregado.

A mera dispensa por justa causa não caracteriza ato ilícito ou abuso de direito pelo empregador a ensejar reparação por dano moral, a tornar incólumes os arts. 5º, V, 6º e 7º, I, da CF, 8º da CLT, 187 e 422 do Código Civil, visto que inexistente ofensa à imagem ou honra do empregado quando o empregador exerce de forma regular o seu direito potestativo de dispensar sem motivação o empregado.

---

(267) BRASIL. TST -RR n. 71900-80.2009.5.04.0005. Relator Ministro Aloysio Corrêa da Veiga. Decisão por maioria. Publicado em: 2.12.2011. Disponível em: <www.tst.jus.br>. Acesso em: 4.1.2015.

Aí vem a inevitável pergunta: o que seria o exercício regular de ato que, por si, é arbitrário, tendo-se que o próprio art. 122 do Código Civil afirma que, dentre as condições defesas à formação do ato jurídico, estão aquelas que o sujeitam ao puro arbítrio de uma das partes? Realmente não se consegue achar outra resposta senão aquela já afirmada à exaustão: o ato de despedir sem qualquer motivação pelo empregador é despótico, arbitrário, contrários ao Estado Democrático de Direito e à própria dignidade do trabalhador.

É evidente que o grande período de autoritarismo vivido pelo Estado brasileiro influenciou e ainda influencia muito a formação do pensamento jurídico, resvalando isso tudo nas decisões judiciais, pois, como já afirmou Dallari, a "neutralidade jurídica é uma quimera"[268]. Porém, não se pode perder de vista que o paradigma construído desde a década de sessenta, época "de chumbo" para toda a sociedade, não pode impedir a interpretação constitucional evolutiva, que tem como foco a *ratio legis* da norma constitucional, visando à proteção contra a despedida arbitrária[269].

Barroso aponta como duas as possibilidades legítimas de mutação ou transição constitucional, sendo elas a "reforma do texto, pelo exercício do poder constituinte derivado, ou o recurso aos meios interpretativos", asseverando que a interpretação evolutiva "é um processo informal de reforma do texto da Constituição. Consiste ela na atribuição de novos conteúdos à norma constitucional, sem modificação do seu teor literal"[270], e não há dúvida de que o desiderato deste trabalho é uma pretensão de evolução interpretativa.

7. A REPETIÇÃO DE ANTIGOS PARADIGMAS

O Estado moderno, fundado no direito divino da realeza, corroído pela falência do feudalismo e com o pé fincado no direito romano, não possuía códigos. As revoluções burguesas ocorridas na Francesa e nos Estados Unidos incorporaram o jusnaturalismo racionalista tão presente na época e o seu ápice se deu em 1804, quando foi publicado o Código de Napoleão, inaugurando a Era das Codificações e, com isso, também o paradigma da

---

(268) *Op. cit.*, p. 94.
(269) "A despedida arbitrária é exercício de desvio de direito potestativo do empregador. Em síntese: resilição unilateral do contrato de emprego sem justificação jurídica" (CARVALHO, Weliton. Despedida arbitrária — concretização à espera do STF. *Revista LTr*, v. 74, n. 8, p. 74-08/947-08/954, ago. 2010).
(270) BARROSO, Luís Roberto. *Interpretação e aplicação da constituição*. 5. ed. São Paulo: Saraiva, 2003. p. 146.

legalidade e da racionalidade prevista em texto sistematizado. Era chegada a época do positivismo, quebrando a ideia de que o Direito se apartava da ética, justiça e moral.

A ideia de separação de poderes, inicialmente tida como um antídoto ao absolutismo, já pregava a não preocupação com problemas outros que não o cumprimento da lei em si, tanto que cabia ao Legislador, tido como legítimo representante do povo, a missão de emitir as leis e ao Judiciário, apenas, pronunciar *les paroles de la loi*[271].

Novamente se invoca a doutrina de Barroso, pra quem o caráter científico, o emprego da lógica formal, a pretensão de completude, a pureza científica, a racionalidade da lei e neutralidade do intérprete[272] foram como as principais características do Direito na perspectiva clássica. Ou seja, ao magistrado não era destinada a missão de interpretar a norma, percebendo-a à luz da moral, da justiça e da ética, pois toda essa discussão ficara no passado, sepultada na vala do jusnaturalismo.

Embora o positivismo tenha pretendido ser apenas uma teoria do Direito, focada no racionalismo e no conhecimento, foi entendida em diversas partes do mundo como uma ode à lei e, sobretudo, ao legalismo distanciado de críticas, asséptico à moral, à justiça e à ética, sendo certo que qualquer altercação acerca de tais era prontamente decidida à luz da ordem posta, fosse ela qual fosse, o que influenciou até guerras e a totalização de alguns Estados. Lembre-se, por exemplo, que todas as atrocidades perpetradas na Segunda Guerra Mundial o foram sob a égide da lei, ou melhor, da Constituição de Weimar, que, naquela época, a exemplo das demais constituições europeias, apenas era vista como um mero documento político.

Basta lembrar que todos os carrascos nazistas julgados pelo Tribunal de Nuremberg alegaram em suas defesas o estrito cumprimento da lei, o que, até aquele momento, era extremamente aceitável, já que a Europa ainda não havia vivenciado um desenvolvimento na teoria da Constituição, sendo permitido que o Poder Legislativo laborasse de forma ilimitada.

No Brasil também se vivenciou uma longa época despótica, considerando-se o grande período ditatorial vivido pela nossa sociedade, que, não obstante a perseguição e até morte dos reacionários ao "sistema", quando se buscava o Judiciário, encontrava-se, no mais das vezes, o cumprimento de

---

(271) MONTESQUIEIU. *O espírito das leis*. 7. ed. São Paulo: Saraiva, 2000. p. 178.
(272) BARROSO, Luís Roberto. *Curso de direito constitucional contemporâneo*. 3. ed. São Paulo: Saraiva, 2011. p. 252.

normas francamente inconstitucionais, mas fundadas em atos institucionais absolutistas e singelamente legais.

O debate no período pós-guerra tomou um caminho diferente, porquanto, se até então se pregava o cumprimento da lei (constitucional ou não), emitida pelos legítimos representantes do povo (Poder Legislativo), que não tinham o compromisso de observar a Constituição, com o eixo liderado pela Alemanha vencido, ruindo com isso toda a racionalidade do homem como meio, tornou-se imperativa a mudança de paradigma, pois não só a população, mas também os poderes constituídos começaram a perceber que havia algo de equivocado no discurso que tratava o Direito, responsável pela realização da justiça, impermeável à ética e à moral.

Como se viu, com o advento da Constituição de Bonn, em 1949, e posteriormente a criação do Tribunal Constitucional Federal, em 1951, discussões acerca do real alcance dos princípios e valores, assim como a eficácia das normas constitucionais e a força normativa da Constituição[273] passaram a se fazer presentes, motivo por que há concordância com a doutrina de Barroso, quando este diz que a "quadra atual é assinalada pela superação dos modelos puros por um conjunto difuso e abrangente de ideias, agrupadas sob o rótulo genérico de pós-positivismo"[274].

Corolária do período Pós-Guerra é também a compreensão da amplitude do princípio da dignidade da pessoa humana, sendo certo que o Homem foi novamente entronizado, deixando de ser um meio e passando a ser um fim em si mesmo.

Fruto da construção jurisprudencial do Tribunal Constitucional Federal Alemão, é também o reconhecimento dos princípios como normas, diferenciando-se das regras por serem aqueles "mandados de otimização"[275], normas com "grau de generalidade relativamente alto", comportando, por serem mais abertos que as regras, sopesamento ou ponderação entre si, quando conflitantes no caso concreto.

Se é certo que essa mudança de racionalidade ocorreu na Europa na segunda metade do século passado, não menos certo é afirmar que aqui no Brasil, como já visto no capítulo anterior, tais discussões somente passaram a fazer parte do cotidiano jurisprudencial com o advento da Constituição

---

(273) HESSE, Konrad. *A força normativa da constituição*. Tradução de Gilmar Ferreira Mendes. Porto Alegre: Sergio Antonio Fabris, 1991.
(274) BARROSO, Luís Roberto. *Curso de direito constitucional contemporâneo*. 3. ed. São Paulo: Saraiva, 2011. p. 269.
(275) Ver ALEXY, Robert. *Teoria dos direitos fundamentais*. Tradução de Virgílio Afonso da Silva. São Paulo: Malheiros, 2008. p. 87-90.

de 1988, eivada de valores e princípios tão caros à Democracia e ao Estado Social de Direito.

Nesse contexto, não é mais admissível que o Judiciário permaneça com a mentalidade própria de um período autoritário, quando a Constituição última inaugurou o período mais longo de democracia da nossa história.

No *leading case* da Embraer, pode-se vislumbrar claramente o conflito entre princípios constitucionalmente assegurados, a saber o princípio da livre-iniciativa (art. 170), contrapondo-se ao princípio da valorização do trabalho humano.

As condições apontadas pela empresa para a despedida em massa de mais de 4.200 trabalhadores, naquele momento, era a crise mundial, que tinha como epicentro os Estados Unidos da América, principal consumidor, não havendo outra alternativa senão a resilição contratual.

Estabelecido o conflito, várias foram as propostas firmadas para a tentativa conciliatória (suspensão contratual, prolongamento do aviso-prévio, garantia de emprego para os empregados não dispensados etc.), não tendo sido quaisquer delas aceitas pelo patronato, que só desejava uma coisa: livrar-se dos trabalhadores.

O TST em nenhum momento sopesou realmente princípios constitucionais, pois, se assim tivesse procedido, iria perceber que, mesmo sendo supostamente "adequado" o ato empresarial, o meio não era necessário, pois, como restou amplamente proposto pelo Regional, havia outras alternativas que não a pena capital da resilição do contrato. Toda a fundamentação inicial levava a crer que a decisão não seria aquela, consagrando a "segurança jurídica" da empresa como fundamento "forte" em detrimento do valor maior que é o valor do trabalho humano.

O Juiz-constitucional não pode perder de vista a sua missão, que é zelar pelas normas constitucionais, aí compreendidas como regras e princípios, que não diferem em grau de hierarquia, e esse é justamente o motivo por que o preceito normativo contido no art. 7º, I, da CRFB/88 não pode mais ser interpretado ignorando o princípio da dignidade da pessoa humana, o valor social do trabalho, o objetivo da prevalência dos direitos humanos, a construção de uma cidade livre, justa e solidária, em que se vive sob o império de um Estado Democrático de Direito, que não mais tolera o arbítrio, e que o princípio da livre-iniciativa não é posto na Constituição de forma solitária, devendo ser conciliado com a função social da propriedade e, principalmente, a busca do pleno emprego. Ao assumir esse compromisso, o juiz-constitucional também se conciliará com a noção de que o processo é apenas um instrumento[276] para o alcance da justiça[277].

Aparentemente o Tribunal Superior do Trabalho passou a ponderar a realidade ao norte explanada, tanto que recentemente fez publicar a Súmula n. 443 do TST, divulgada em 27.9.2012, cujo teor atesta que "presume-se discriminatória a despedida de empregado portador do vírus HIV ou de outra doença grave que suscite estigma ou preconceito. Inválido o ato, o empregado tem direito à reintegração no emprego".

Em que pese a vagueza do que vem a ser "doença grave que suscite estigma ou preconceito", o Tribunal mostrou grande preocupação com o ônus da prova decorrente desse tipo de ação, pois se antes o empregado, portador de tal "estigma", detinha o ônus probatório, sendo esse encargo o que a doutrina chamaria de "prova diabólica"[278], agora é o empregador que detém o ônus de comprovar que não agiu de forma discriminatória. É dizer, parte-se do pressuposto de que o empregado, quando gravemente doente, não pode ser despedido sem que haja um motivo suficientemente forte para isso, e tal mudança de pensamento foi, sim, um grande avanço.

É importante perceber, também, que a referida súmula consagrou o próprio princípio da continuidade[279] da relação de emprego, tão afastado pela concepção de que o empregador pode despedir empregados sem motivação.

A referida súmula deixa evidente que o Tribunal percebe claramente que o empregador, no exercício do um suposto direito potestativo, despede agindo com arbítrio, pois discrimina de forma velada e, apesar do progresso, ainda demonstra uma preocupação maior com a consequência do que com a prevenção do ato danoso, sendo necessária ainda uma reflexão maior, no sentido de se proibir o arbítrio de vez, para que o controle posterior dos motivos das dispensas possa ser sempre perpetrado. Sem isso, as discriminações veladas continuarão a ocorrer, com a ajuda do Poder Judiciário.

---

(276) MARINONI, Luiz Guilherme. *Novas linhas do processo civil*. 4. ed. São Paulo: Malheiros, 2000.
(277) DINAMARCO, Cândido Rangel. *A instrumentalidade do processo*. 9. ed. São Paulo: Malheiros, 2001. p. 159-161.
(278) "É aquela que é impossível, senão muito difícil, de ser produzida" (DIDIER JR., Fredie. *Curso de direito processual civil*: teoria geral e processo de conhecimento. 6. ed. Salvador: Jus Podivm, 2006. v. I, p. 524).
(279) Plá Rodrigues, em obra de grande referência, aponta como um dos alcances do aludido princípio, "a resistência em admitir a rescisão unilateral do contrato, por vontade patronal" (PLÁ RODRIGUEZ, Américo. *Princípios de direito do trabalho*. 3. ed. São Paulo: LTr, 2000. p. 247).

8. O ALCANCE DO ART. 7º, I, DIANTE DA REGRA CONTIDA NO ART. 5º, § 1º, DA CONSTITUIÇÃO DE 1988

Viu-se ao longo deste trabalho que os Direitos Fundamentais, assim entendidos segundo a versão de direitos à prestação, podem ser subdivididos em direitos a proteção, estes bipartidos em prestações materiais e prestações jurídicas; e direitos à organização e procedimento.

Também foi pontuado que a hermenêutica constitucional contemporânea, aqui adotada, entende a Constituição como ordem de valores e os Direitos Fundamentais como normas-princípios, que vinculam todas as atividades estatais, impondo-se para que o Estado legisle e crie políticas públicas para efetivá-los, irradiando-se, inclusive para os particulares[280], para que estes também observem em suas relações privadas os ditos Direitos.

Interessa nesse momento apenas a localização dos Direitos Fundamentais como direitos a prestação jurídica, máxime a proteção contra a despedida arbitrária (aqui entendida como despedida sem qualquer motivação), tendo-se que a Constituição em seu art. 7º, I, estabeleceu tal direito e o Estado-Legislador, passados mais de cinco anos, ainda não cumpriu o seu dever constitucional, assumido já no Preâmbulo da Constituição Federal de 1988, no tocante ao desiderato de instituir um Estado Democrático, destinado a assegurar o exercício dos direitos sociais e a liberdade.

A regra contida no indigitado art. 7º, I, do Texto Constitucional encerra norma constitucional de eficácia plena, assegurando a proteção em face da despedida arbitrária ou sem justa causa, remetendo a Constituição ao Legislador apenas a previsão de indenização pela dispensa e o modo como tal deverá ser processada.

Apesar da evidente conclusão retroexposta, não há qualquer novidade em afirmar que doutrina e jurisprudência dominantes[281] pensam exatamente o oposto, que o dispositivo contém regra de eficácia limitada, não podendo ser aplicado até que venha uma norma infraconstitucional tratando sobre o assunto, conclusão que por si só atenta contra a supremacia, a máxima efetividade e a força normativa da Constituição, tendo-se que não é crível que, passados tantos anos da promulgação da Lei Maior, ainda penda de "regulamentação" tal direito fundamental social, quando a própria Consti-

---
(280) Em relação a esse específico ponto, ainda haverá maior análise adiante.
(281) Atente-se para os julgados já indicados, de forma exemplificativa, neste mesmo capítulo.

tuição em seu art. 5º, § 1º, prevê que todas as normas definidoras dos direitos e garantias fundamentais têm aplicação imediata.

É certo que, não obstante esse último mandamento constitucional, nem todos os Direitos Fundamentais possuem imediata eficácia, pois não é incomum encontrar no Texto Constitucional normas que, para alcançarem a plena aplicação, dependem de norma que as regulamente[282], destrinchando o Direito Fundamental ao patamar ordinário, o que não significa que a norma fundamental possua nenhuma eficácia, pois há sempre uma vinculação negativa e positiva dos Poderes Públicos, no sentido de não se ignorar o traçado já posto na Constituição, assim como o dever de agir para maximizar o Direito Fundamental correspondente na Legislação ou por meio dos julgados.

Nesse sentido, importa muito mais saber se o direito analisado possui alta ou baixa densidade normativa e assim assegura Sarlet, afiançando que a Constituição de 1988 consagrou variada gama de Direitos Fundamentais Sociais e "considerou todos os Direitos Fundamentais como normas de aplicabilidade imediata" e que boa parte dos Direitos Fundamentais Sociais são, na verdade, direitos de defesa (classicamente de eficácia imediata), mas carentes de "concretização legislativa", o que não significa a ausência de aplicação do art. 5º, § 1º, da Constituição Federal de 1988, sendo relevante saber se a norma constitucional é dotada de "baixa densidade normativa"[283].

Prossegue o citado publicista, asseverando que a "melhor exegese contida no art. 5º, § 1º, de nossa Constituição é a que parte da premissa de que se trata de norma de cunho inequivocamente principiológico, considerando-a, uma espécie de mandamento de otimização (ou maximização)"[284].

Ou seja, a conclusão do autor guarda simetria com o quanto analisado neste trabalho, no tocante à vinculação de todos os poderes públicos aos Direitos Fundamentais, sendo do Estado a tarefa de maximizá-los, por meio do processo legislativo de proteção, na efetivação de políticas públicas materiais e efetivas voltadas à concretização dos valores já postos na Constituição e, sobretudo, por meio do Estado-Juiz, a quem cabe também o dever de interpretar o Texto Constitucional de modo a dar máxima efetividade às normas fundamentais.

---

(282) Como, por exemplo, a regra contida no art. 7º, X, da CRFB/88, que protege o salário na forma da lei, constituindo crime a retenção dolosa deste, devidamente atrelada ao princípio estrito da legalidade.
(283) SARLET, Ingo Wolfgang. *A eficácia dos direitos fundamentais*. 10. ed. Porto Alegre: Livraria do Advogado, 2009. p. 268.
(284) *Op. cit.*, p. 270.

Vale lembrar a doutrina de Canotilho, já anunciando a "morte" das normas constitucionais programáticas, por entender que todas as normas constitucionais "têm força normativa independentemente do ato de transformação legislativa" e que essa concepção é diversa de "saber em que termos uma norma constitucional é suscetível de aplicação direta e em que medida é exequível por si mesmo"[285].

Se é certo afirmar, como se fez ao norte, que nem todos os Direitos Fundamentais podem ser automaticamente invocados e aplicados, por força da regra contida no art. 5º, § 1º, da Constituição, não menos certo é defender que os aludidos direitos possuem, em relação aos demais direitos constitucionais, "maior aplicabilidade e eficácia". Isso não significa que entre os Direitos Fundamentais não possa haver conflito, aqui importando mais ainda saber se, no caso concreto, o respectivo Direito Fundamental colide com outro de mesma hierarquia, a densidade normativa de cada um deles, bem como o valor constitucional que cada um encerra, pois "negar-se aos direitos fundamentais esta condição privilegiada significa, em última análise, negar-lhes a própria fundamentalidade"[286].

Nesse trilhar, outro ponto que merece análise é a eficácia e o alcance dos Direitos Fundamentais Sociais do Trabalhador, sendo certo que topograficamente a proteção contra a despedida arbitrária ou sem justa causa está localizada na parte constitucional que trata dos Direitos Sociais dos obreiros.

É o que será abordado no próximo tópico.

9. Eficácia plena da primeira parte do art. 7º, I, da Constituição e a antijuridicidade da despedida imotivada

A primeira parte do art. 7º, I, do Texto Constitucional contém norma de eficácia plena, sendo *proibida* a despedida sem motivação pelo empregador[287],

---

(285) *Op. cit.*, p. 1161.
(286) SALET. *Op. cit.*, p. 272.
(287) Em percuciente abordagem sobre o tema, a lição de Edilton Meireles (*Abuso do direito na relação de emprego*, cit., p. 198), para quem: "a primeira lição que se extrai é que é direito do trabalhador a proteção contra a despedida arbitrária ou sem justa causa. Logo, se a lei busca proteger o trabalhador contra a despedida arbitrária ou sem justa causa, assegurando-lhe esse direito social, constitucional e fundamental, é porque ela não tem como jurídica a despedida imotivada. A despedida injusta, arbitrária ou sem justa causa, portanto, ao menos a partir da Constituição Federal de 1988, passou a ser ato antijurídico, não protegido pela legislação".

a assim denominada denúncia vazia[288], pois o próprio Legislador Constituinte já afirmou que é direito de todos os empregados urbanos e rurais a proteção contra a despedida arbitrária ou sem justa causa (alguma causa há de ter!), relegando ao Legislador infraconstitucional apenas a confecção de Lei Complementar para tratar sobre a hipótese de indenização por conta da despedida com tais características.

Assim sendo, não há falar em norma constitucional de eficácia limitada, como professa a interpretação dominante, mas sim em norma de eficácia plena, na primeira parte, com baixa densidade normativa na segunda parte, não se permitindo constitucionalmente que o empregador se utilize da faculdade resilitiva que lhe é outorgada pela Lei, despedindo o respectivo empregado sem qualquer motivação, pois, ao revés do quanto majoritariamente defendido, a ordem emanada da Constituição é no sentido da proteção contra a despedida arbitrária, sem motivo, vazia e sem justa causa[289], em defesa do valor constitucional maior da dignidade do trabalhador, que informa o próprio direito ao trabalho, presente no art. 6º da Constituição.

O paradigma dominante, assim entendido como a permissão de o empregador despedir sem qualquer apresentação de motivos, esvazia todo o conteúdo protetivo da Constituição e não se coaduna com o Estado, Legislador ou Juiz, vinculado aos valores constitucionais.

É de notar, inclusive, que a despedida sem motivação é ato antijurídico[290] e contrário ao Texto Constitucional, sendo essa a única interpretação viável e possível para quem vislumbra a Constituição segundo uma ordem axiológica, tendo em conta o valor social do trabalho e o exercício do direito de propriedade segundo a sua função social.

Faça-se um pequeno teste, que pela sua simplicidade chega até a ser pueril. Se o Legislador regulamentar o art. 7º, I, da nossa Constituição, jamais poderá fazê-lo para dizer que a despedida do empregado pelo empregador pode se dar sem motivação, de forma vazia, pois o Estado-Legislador é objetivamente vinculado à Constituição e esta já traça a diretriz de "relação

---

(288) Para Ceneviva, o indigitado dispositivo não é autoaplicável, mas limita o poder de comanda da empresa, "que tem discrição, mas não arbítrio de rescindir imotivadamente o contrato de trabalho, sob pena de indenizar o trabalhador" (CENEVIVA, Walter. *Direito constitucional brasileiro*. 3. ed. São Paulo: Saraiva, 2003. p. 95.
(289) Nesse particular, a lógica leva a concluir que, se o Legislador proibiu a despedida sem justa causa, alguma causa, pelo menos, deve ser apresentada, para que seja analisada se é justa ou não.
(290) À mesma conclusão chegou Virgínia Leite Henrique, assegurando que "a dispensa arbitrária (injusta ou imotivada) coloca-se *fora* do ordenamento jurídico" (Dispensa arbitrária ou sem justa causa. *In*: SCHWARZ, Rodrigo Garcia (org.). *Dicionário*: direito do trabalho, direito processual do trabalho, direito previdenciário. São Paulo: LTr, 2012. p. 376, 376-385.

protegida contra a despedida arbitrária" e não o contrário[291]. Seria inconstitucional, portanto, qualquer norma que intentasse "desproteger" a relação de emprego em face da despedida arbitrária, até porque a suposta norma se atritaria diretamente com o *caput* do art. 7º da Constituição de 1988, que traça o perfil evolutivo das normas trabalhistas e não o inverso.

Lançando luzes sobre a conclusão já exposta, José Afonso da Silva, comentando o alcance do art. 7º, I, da CRFB/88, concluiu:

> temos para nós que a garantia do emprego é um direito por si bastante, nos termos da Constituição — ou seja, a norma do art. 7º, I, é por si só suficiente para gerar o direito nela previsto. Em termos técnicos, é de aplicabilidade imediata; de sorte que a lei complementar apenas virá determinar os limites dessa aplicabilidade, com a definição dos elementos ("despedida arbitrária" e "justa causa") que delimitem sua eficácia, inclusive pela possível conversão em indenização compensatória de garantia de permanência no emprego. Indenização não é garantia da relação de emprego. Como se vê no texto, é uma medida compensatória da perda de emprego. Se a Constituição garante a relação de emprego, o princípio é o da conservação, e não o da sua substituição. Compreendido o texto especialmente em conjugação como § 1º do art. 5º, aplicável aos direitos do art. 7º — que se enquadram também entre os direitos e garantias fundamentais — chega-se à conclusão de que a norma do citado inciso I é de eficácia contida.[292]

O regramento previsto no art. 7º, I, do Texto Constitucional contém o que Alexy[293] consagrou como "reserva simples" a um Direito Fundamental, tendo-se que o Legislador é instado, pela própria regra, a regulamentar o respectivo direito já assegurado na Constituição, mas este é também vinculado ao modelo já traçado pela Lei Maior.

---

(291) Em outras palavras, a mesma conclusão: "O direito fundamental a uma relação de emprego protegida contra a despedida arbitrária esvazia-se, se condicionarmos seu exercício a uma atuação legislativa desnecessária, porque terá de dizer o óbvio. Ora, mesmo sob a perspectiva da eficácia indireta dos direitos fundamentais, a doutrina é unânime em reconhecer a necessidade de conformação do sistema jurídico às normas constitucionais. Logo, seria inconstitucional qualquer legislação que propusesse a ausência do dever de motivação do ato de denúncia do contrato. A lei, a ser editada a partir da ordem contida no inciso antes referido, terá necessariamente que disciplinar os motivos da despedida lícita e as consequências da perda do emprego. Ou seja, explicitar o dever já contido no dispositivo constitucional" (SEVERO, Valdete Souto. *Op. cit.*, p. 197).
(292) SILVA, José Afonso da. *Comentário contextual à constituição*. 8. ed. São Paulo: Malheiros, 2012. p. 193.
(293) *Op. cit.*, p. 130.

É dizer, o Legislador ordinário não poderá jamais "desproteger" o empregado, permitindo a despedida arbitrária, diante de tal limitação. Ademais, atentando-se ao princípio da unidade do Texto Constitucional, fácil é perceber que a livre-iniciativa que fundamenta a faculdade de o empregador dispensar o empregado não é absoluta; ao revés, encontra limites postos pela própria Constituição, por meio da vedação à despedida arbitrária e o exercício da propriedade segundo a sua função social.

Se é certo que há uma evidente limitação à atividade do Legislador ordinário, não menos certo é afirmar que a limitação constituída em torno da vedação à despedida arbitrária — aqui entendida como a denúncia vazia — é também ordem dirigida diretamente ao particular empregador, que, como já assegurado, não detém ilimitados "poderes" diretivos, já que tais teoricamente decorrem do exercício do direito de propriedade e do princípio da livre-iniciativa, sendo aquele vinculado à sua função social e este limitado ao regramento já posto na Constituição ao redor da vedação à despedida arbitrária.

Toda a ordem constitucional proíbe o arbítrio e essa ideia, como se viu ao longo da primeira parte deste trabalho, foi algo construído pelos povos ocidentais, criando um paradigma que se irradiou inclusive para as relações civis pátrias, que sequer permitem que a resolução de um contrato possa ser invocada por puro arbítrio de uma das partes contratuais, como prevê o art. 122 do nosso Código Civil. Ora, se até a Legislação civil, que tem como paradigma a ideia ancestral de igualdade entre as partes convenentes, não permite tal forma de resolução contratual, com muito mais razão as relações trabalhistas devem ser guiadas pela mesma racionalidade[294].

O art. 7º, I, do Texto Constitucional é claro ao estabelecer hipótese de indenização, prevendo que o empregado despedido sem justa causa ou imotivadamente terá reparação patrimonial, não sendo difícil concluir que, se a Constituição previu indenização para o empregado contra ato arbitrário do respectivo empregador, é porque o considera ato ilícito, contrário ao Direito, como determina o art. 927 do Código Civil, segundo o qual "aquele que, por ato ilícito causar dano a outrem, fica obrigado a repará-lo". Pensar o contrário é permitir que o empregado se locuplete ilicitamente ao receber indenização, pois está recebendo pecúnia do empregador, que agiu licitamente, diante do seu "direito potestativo" de despedir.

---

(294) Atente-se para o último capítulo, em que foi elaborada uma maior abordagem sobre essa mesma questão, que ora serve tão somente como premissa para o raciocínio.

Não se vê como possível qualquer outra interpretação, sobretudo a em voga, no sentido de um suposto direito potestativo de o empregador despedir com arbítrio, que contraria não só o próprio Texto Constitucional em sua literalidade, mas também ignora toda a evolução já traçada neste trabalho acerca da proibição do arbítrio.

A inércia do Estado-Legislador é evidente nesse tocante e não se justifica pela realidade que se apresenta aos olhos mais atentos, quando é perceptível que o invocado direito potestativo de despedir com arbítrio do empregador permite, no mais das vezes, que este tenha por resilidos determinados contratos de empregados não muito interessantes à livre-iniciativa e que "precisam" ser descartados[295], como os doentes não amparados pela previdência social, os que estão em vias de adquirir determinados vencimentos pelo longo tempo na empresa, ou, simplesmente, porque há a possibilidade de contratar pessoal com menor custo.

Pensar que não há inércia ou omissão por conta da regra supostamente transitória contida no art. 10 do ADCT é outra excrescência interpretativa. O referido dispositivo se pretende transitório, para teoricamente suprir a carência de Lei Complementar presente no art. 7º, I, da Constituição, mas, apesar disso, há quase um quarto de século serve como paliativo para conter a inércia do Estado.

Também é fácil encontrar na doutrina e na jurisprudência[296] posicionamento no sentido de que a "estabilidade" é incompatível com o regime do FGTS e, portanto, toda a indenização a que o empregado teria direito já está contida no art. 10 do ADCT.

Ora, uma coisa não tem nada a ver com a outra. O art. 7º trata, em incisos diferentes e apartados, do direito do empregado contra a despedida arbitrária ou sem justa causa e do direito ao FGTS, respectivamente, incisos I e III, o que já demonstra que aquela indenização presente no indigitado art. 10 do ADCT refere-se à indenização transitória, para suprir a falta da Lei Complementar a que se refere o art. 7º, I, tratando, coincidentemente, sobre a elevação da multa pela despedida sem justa causa ou arbitrária, o que não significa dizer que essa indenização se confunde com a multa de 40% prevista na Lei n. 8.036/90.

---

(295) Sobre o tema, a percuciente abordagem de SILVA, Cristiane de Melo M. S. Gazola; SALADINI, Ana Paula Sefrin. Da limitação do poder de despedir — a aplicação do art. 7º, I, da Constituição Federal aos casos de despedida abusiva de empregados portadores de doenças não ocupacionais. *Revista LTr*, v. 74, n. 2, p. 74-02/242-74-02/250, fev. 2010.
(296) Veja-se, por exemplo, a decisão do TST, já transcrita neste capítulo, resolvendo sobre a despedida sem qualquer motivo de empregado contratado há mais de vinte anos pela mesma empresa.

É dizer, se vier a Lei Complementar, esta preverá indenização compensatória à despedida arbitrária ou sem justa causa, regulamentando o art. 7º, I, do Texto Constitucional, mas isso não implicará que a multa de 40% incidente sobre o FGTS deixará de existir, pois a primeira indenização referida tem previsão constitucional no aludido dispositivo, e a outra indenização encontra amparo legal no inciso III do art. 7º da Constituição, esmiuçado ordinariamente pela Lei n. 8.036/90, que trata exatamente da multa de 40% incidente sobre o FGTS.

Capítulo V

Direitos Fundamentais na Relação de Emprego

1. Considerações iniciais

Embora muito se discuta sobre a "horizontalidade" dos direitos fundamentais, a Constituição Federal de 1988 é clara e não discrimina entre a máxima eficácia dos Direitos Fundamentais defensivos ou prestacionais, observáveis em relação ao Estado ou entre os particulares, tanto o é que o art. 5º, § 1º, contempla que "as normas definidoras dos direitos e garantias fundamentais têm aplicação imediata"[(297)], muito embora o dispositivo não trace parâmetros para a resposta de questões como e em que medida os particulares são vinculados aos Direitos Fundamentais.

A Constituição da República portuguesa é ainda mais clara ao estabelecer em seu art. 18, I, que "os preceitos constitucionais respeitantes aos direitos, liberdades e garantias, são diretamente aplicáveis e vinculam as entidades públicas e privadas", mas também não conseguiu, somente com

---

(297) A Lei Fundamental alemã (art. 1º, III) e a Constituição espanhola (art. 53,1) também vinculam expressamente os Direitos Fundamentais a todos os poderes públicos, mas nada falam a respeito das entidades privadas.

tal previsão, encerrar o debate acerca das questões precisamente aludidas, tanto que lá, em terras lusitanas, há fervorosa discussão acerca da vinculação dos particulares em relação aos direitos fundamentais, diante das diversas teorias havidas, dentre as quais se destacam a *state action*, a vinculação indireta e a vinculação direta, todas a seguir analisadas.

Vale lembrar que ao longo deste trabalho — capítulos I e II — se falou exaustivamente sobre a percepção clássica dos direitos fundamentais enquanto direitos subjetivos dos indivíduos, isoladamente considerados, em face do Estado, cujo dever de proteção se limitava ao afastamento das relações privadas, para que sobressaísse a liberdade, tida como inata ao indivíduo.

O paradigma liberal tinha como verdadeira a separação completa entre Estado e indivíduo (público e privado), este amplamente livre, posto autônomo e "igual", segundo a Lei.

Isso ficou ainda mais evidente com a chegada do que se denominou de "era das codificações": "*el Código Civil se erige entonces en la verdadera carta constitucional de esa sociedad autosuficiente, sancionando los principios de la autonomía de la voluntad y la liberdad contractual como ejes de la regulación de las relaciones jurídicas inter privatos*"[(298)]. Nesse contexto, não havia sentido se pensar que os Direitos Fundamentais pudessem incidir nas relações privadas, já que o estigma da vinculação entre iguais era a externalização da plena liberdade.

Igualmente se verificou que a chamada "questão social" veio para transpor a ordem estabelecida e já posta acerca do dever estatal de proteção, fazendo com que o Estado revisse sua posição protetiva, o que levou à consagração dos direitos sociais, econômicos e culturais, tidos de segunda geração e com a evidente finalidade de intervenção do estatal nas relações privadas.

Mudou o Estado porque havia sido modificada a sociedade e, com isso, o modo de concepção estatal também precisava ser reinventado. Não houve uma real transposição do Estado liberal para o social, mas uma evolução do Estado, que passou a enxergar com mais clareza as suas obrigações para com os indivíduos.

A sociedade apresentada perante o Estado Liberal era individual. Não se enxergavam os conflitos sociais já existentes advindos da assimetria

---

(298) UBILLOS, Juan María Bilbao. ¿Em qué medida vinculan a los particulares los derechos fundamentales? In: SARLET, Ingo Wolfgang (org.). *Constituição, direitos fundamentais e direito privado*. Porto Alegre: Livraria do Advogado, 2003. p. 299-336.

social estimulada pela chegada do capitalismo e modificação dos meios de produção, somente avistados quando se começou a perceber que o poder não estava somente concentrado em torno do Estado.

Nesse trilhar, a percepção foi aprimorada, descortinando a necessidade de proteção dos indivíduos perante outros indivíduos, tendo-se que diversas entidades "novas", como as associações de classe, os sindicatos, as agremiações, grupos e organizações, antes não vistas como detentoras de poder (até porque várias delas foram proibidas com o advento do liberalismo), demonstravam um imenso poder privado, criando normas, punindo e expulsando integrantes, sendo necessária uma maior intervenção estatal em um espaço anteriormente só destinado ao Direito Civil, até então impermeável aos Direitos Fundamentais, diante do princípio da autonomia privada, dogma do Estado Liberal.

A grande discussão em torno da "horizontalização" dos Direitos Fundamentais diz respeito à medida e à possibilidade de aplicação deles nas relações entre entes privados ou particulares, já que, nesse tipo de relação, ambas as partes são igualmente titulares de Direitos Fundamentais, como liberdade e autonomia privada. Se as partes envolvidas no conflito são titulares de Direitos Fundamentais, como resolver a questão sem ferir a Constituição? Há necessidade de ponderação de interesses? Quais os critérios — ou pesos — que deverão ser levados em conta?

Vale, nesse particular, a advertência de Miranda, alertando que determinados Direitos Fundamentais têm como destinatário somente o Estado, como sói ocorrer com os direitos políticos e determinadas garantias de Direito e processo penal, além de alguns direitos sociais[299].

Quando se pensa em Direitos Fundamentais como direitos subjetivos em face do Estado, por tradição e, sobretudo, pelo fato de ser bem precisa a separação de quem é o destinatário — Estado — e quem é o titular — particular —, todas as questões postas acerca da máxima efetividade dos aludidos direitos é quase intuitiva; mas a mesma certeza não se apresenta quando ambos, particulares, são titulares de direitos, sendo inevitável o conflito de interesses constitucionalmente previstos.

É certo que não é objetivo do presente trabalho tratar da vinculação dos Direitos Fundamentais Sociais previstos no Capítulo II da nossa Constituição à relação de emprego, tendo-se que tais direitos foram constitucionalmente concebidos com o objetivo de vincular os entes privados — empregado e empregador — ao rol de Direitos Fundamentais. A análise será firmada em

---

(299) MIRANDA, Jorge. *Op. cit.*, p. 284.

torno de outros Direitos Fundamentais à relação de emprego, sobretudo o princípio do devido processo legal, diante do forte poder social representado nas empresas, que estabelecem unilateralmente regras a serem cumpridas pela parte "submissa" da relação de emprego, sob pena de punição e até denúncia do contrato, tendo-se que, como já afirmou Bilbao Ubillos, *"el poder no está concentrado en el aparato estatal, está disperso, diseminado en la sociedad [...] inherente a toda organización social"*[(300)].

2. A IDEOLOGIA DO PODER SOCIAL DO EMPREGADOR

"Paz sem voz, não é paz, é medo."
(Marcelo Yuka, O Rappa)

É entendimento já há muito tempo consolidado, tanto na doutrina[(301)] quanto na jurisprudência[(302)], que o contrato de emprego confere ao empregador poderes, dentre os quais o poder disciplinar, podendo o tomador de serviços aplicar ao empregado sanções pelas faltas por este cometidas, sendo a despedida o ápice do exercício do aludido poder, deixando tal entendimento evidenciado que o contrato empregatício possui peculiaridades que não guardam simetria com qualquer outro liame[(303)].

A ideia de sujeição a um ente superior está na própria ideologia do contrato social, em que ao Estado é dado o poder de punir o cidadão, caso este transgrida as regras imperativas por aquele criadas, de forma democrática ou não.

---

(300) *Op. cit.*
(301) Mauricio Godinho Delgado (*Curso de direito do trabalho*. 11. ed. São Paulo: LTr, 2012. p. 657) indica como "um dos mais importantes efeitos próprios ao contrato de trabalho" o poder empregatício, assim dividido em diretivo, regulamentar, fiscalizador e disciplinar, no que é parcialmente seguido por Alice Monteiro de Barros (*Curso de direito do trabalho*. 2. ed. São Paulo: LTr, 2006. p. 552), para quem a "autoridade do empregador exterioriza-se pelo poder de direção e torna-se efetiva pelo poder disciplinar", afirmando a referida autora que o poder de fiscalização "nada mais é do que uma das faculdades compreendidas no conteúdo do poder diretivo".
(302) Atente-se, para que não haja repetição, para os julgados analisados no capítulo IV, tratando do poder resilitório do empregador de despedir sem motivação, corriqueiramente encontrado na jurisprudência.
(303) "O poder, no âmbito da empresa, embora seja um fenômeno unitário, tende a se concretizar através de níveis distintos, os quais se combinam. De fato, o empregador o exerce de variadas formas, podendo-se falar nas dimensões do poder empregatício" (PORTO, Lorena Vasconcelos. *A subordinação no contrato de trabalho:* uma releitura necessária. São Paulo: LTr, 2009. p. 41).

Tal ideologia foi transplantada para o Direito do Trabalho, exatamente por se considerar que a empresa é um grande centro de poder[304], onde figura como mentor o empregador, que pode, em tese, estabelecer regras a serem observadas pelos empregados, assim como dirigir as atividades destes e até puni-los, caso as regras unilateralmente criadas não sejam cumpridas; paradigma ideológico este que tem sido ao longo do tempo seriamente criticado[305], embora ainda nos dias atuais permaneça dominante, mesmo com tantas modificações no modo de se trabalhar.

Desde o surgimento do "empregado", no período após a primeira Revolução Industrial, aos operários das fábricas capitalistas foi imposta não só uma rígida disciplina, mas também uma política de punição fervorosa e, diante do afastamento dos castigos corporais advindos da época da escravidão e do feudalismo, castigavam-se os empregados com multas severas, o que, de mais a mais, também se constituía em uma reprimenda física indireta, já que o obreiro restava privado de seu próprio sustento.

Classicamente a relação de emprego é tida como um legítimo contrato, com todas as nuances pertinentes a tal liame, o que é bem compreensível, tendo-se que o Direito Civil, de onde "brotou" do Direito do Trabalho, cultua a contratação como relação jurídica apta a gerar efeitos entre as partes, muito embora hoje o contrato seja extremamente dirigido pelas normas imperativas que dispõem sobre Direitos Fundamentais, limitando a autonomia das partes, que devem guardar, no mínimo, a dignidade da pessoa humana, a vida e a liberdade.

Entre os séculos XVIII e XIX, auge do liberalismo, era muito presente a ideia de vinculação entre empregado e empregador por intermédio do contrato, e que, por meio deste, o empregador detinha poderes de direção, mando e punição em relação àquele, juridicamente a este subordinado. Nesse

---

(304) No dizer de Antonio Baylos, "a empresa é a organização econômica e social sobre a qual o sistema democrático se apoia e que impõe limites às possíveis opções de desenvolvimento alternativas ao que existe. Nesse sentido, ela reflete em si boa parte dos problemas inerentes ao sistema político e institucional que consagra como ponto de referência. Isto porque, também é uma organização que exerce poder privado sobre as pessoas. Poder social e econômico, mas também técnico-jurídico, que se realiza através do reconhecimento a um sujeito, em uma relação de débito e crédito, de poderes e faculdades negadas a outro, ou seja, poder de impor juridicamente ao outro as próprias decisões. Na empresa, configura-se uma verdadeira autoridade privada simbolizada no âmbito de organização e direção do empresário". (BAYLOS, Antonio. *Direito do trabalho:* modelo para armar. Tradução Flávio Benites e Cristina Schultz, São Paulo: LTr, 1999. p. 117)

(305) Em recente trabalho publicado, Leandro Fernandez (O direito diretivo: a necessária revisão da dogmática acerca dos poderes do empregador à luz da teoria dos direitos fundamentais. *Revista Trabalhista Direito e Processo*, São Paulo: LTr, n. 41, p. 92-116, jun. 2012) elabora instigante análise acerca do suposto poder do empregador, diante da moderna teoria dos Direitos Fundamentais, colocando-o, porém, como faculdade e não como poder.

contexto, não se questionava seriamente de onde viria o poder privado do empregador, tido como "natural", diante da vinculação por meio do contrato, que tudo podia, desde que houvesse uma vontade sincronizada, para uma finalidade tida como comum.

Melhado, analisando o paradigma contratualista exposto, explica que o poder do empregador nascia do próprio acerto de vontades entre as partes[306], ideia bastante presente até os dias atuais, pois não é incomum encontrar até empregados afirmando que o empregador "manda" e ele "obedece", podendo ser punido diante da "indolência", acreditando-se ser extremante natural a denúncia vazia do contrato de emprego. O referido autor delineia o paradigma estabelecido pela vinculação entre empregado e empregador:

> ao realizar-se o negócio jurídico bilateral, obriga-se o trabalhador à prestação de uma certa atividade e igualmente a um dever geral de fidelidade, isto é, de acatamento às futuras determinações do empregador no sentido de estabelecer o conteúdo concreto da prestação. Paralelamente aos deveres são pactuadas as cláusulas penais, isto é, um sistema de penalidades aplicáveis em face do inadimplemento de uma das partes. O núcleo central da fundamentação localiza-se, portanto, no campo da *autonomia privada*, em cujos domínios é represada a vontade humana.[307]

Segundo a teoria contratualista, portanto, o poder diretivo do empregador é decorrente do contrato, tido como relação jurídica firmada entre as partes, fruto da livre vontade delas. A ideia é perfeita para uma época em que a contração regia todas as relações sociais e encontrava na autonomia privada a justificativa para tudo que fosse livremente pactuado pelas partes convenentes, já que as cláusulas eram tidas como "leis entre as partes".

O fetiche pela ideia de autonomia e livre vontade dominou a relação firmada entre empregado e empregador, impedindo que se enxergasse que na relação de emprego não há materialmente uma vontade liberta e, muito menos, autonomia de ambas as partes. A vinculação mediante o contrato, ao revés, deixa evidente que, na pactuação por adesão que é a relação de emprego, há interesses contrapostos, extremamente divergentes e somente conciliáveis com uma forte intervenção estatal, por meio da fixação de normas mínimas.

---

[306] MELHADO, Reginaldo. *Poder e sujeição:* os fundamentos da relação de poder entre capital e trabalho e o conceito de subordinação. São Paulo: LTr, 2003. p. 31.
[307] *Op. cit.*, p. 31.

A ideia de que a vontade livre gera obrigações recíprocas e similares é igualmente equivocada, sendo bastante observar-se que na contratação de emprego somente o empregador pode dirigir, estabelecendo regramento unilateral, ao qual deve se submeter o empregado, sendo também concentrado nas mãos invisíveis do empregador um "poder" abstrato, quase espectral, de punir, enquanto ao empregado somente é, *coletivamente*, dada a faculdade de autotutela e esta com limites bem traçados na lei.

Em sua precisa abordagem sobre o tema, Monereo Péres ressalta que *"la forma contractual ha de ser desenmascarada para entender el estatuto material de las relaciones de trabajo como relaciones de poder"*, pois dita na relação de emprego se *"enmascarada una forma de dominio de la propia persona del trabajador"*, ou, *"una forma de sometimiento y de objetivación con base misma en um 'poder-saber' institucionalizado"*[308].

A Legislação Trabalhista pátria foi extremamente influenciada por tal paradigma, sendo bastante observar que o art. 462 da CLT permite que o empregador possa se ativar como advogado, promotor e juiz do empregado que supostamente causou dano de forma tida como dolosa em face da propriedade, aplicando a severa punição de desconto no salário do empregado, isso tudo sem que seja observado o devido processo legal.

Observando-se atentamente, será inevitável a conclusão de que, nesse particular, o Legislador de 1967, vinculado ao ideal ditatorial, houve por bem, diante do conflito do princípio do devido processo legal para apuração de "dolo" do empregado, e da livre-iniciativa, fazer com que este prevalecesse, modelo que parece questionável diante da inauguração do Estado Democrático com a Constituição de 1988, que, vale lembrar, tem como um dos grandes motes o valor social do trabalho, a dignidade da pessoa humana e, sobretudo, o devido processo legal aplicável em todas as searas, inclusive nas relações privadas, como oportunamente será analisado.

Nesse contexto em que o poder do empregador é visto como natural e amplamente decorrente de uma contratação de vontades "livres", não é estranhável que a denúncia vazia do contrato de emprego igualmente seja tida como natural e incapaz de gerar grandes danos, pois, de mais a mais, o empregado é "merecedor", pois ou é "indolente", ou "não qualificado" para a manutenção do emprego, ou "indisciplinado".

O discurso que se apresenta como comum é aceito sem grandes questionamentos, inclusive entre os próprios empregados, que, doutrinados ao

---

(308) *Op. cit.*, p. 50.

longo da ideologia de séculos, acreditam que do contrato de emprego possam sobressair poderes como os previstos na própria Lei Trabalhista — o que já é por si só bastante questionável, diga-se —, mas também outros como a fiscalização de bolsas ao término da jornada, a fixação de metas jamais alcançáveis por seres humanos que prezam pela saúde física e mental, ou mesmo a submissão a ordens ofensivas à dignidade, que ilustram o rosário de casos de assédio moral apresentados perante o cotidiano na Justiça do Trabalho.

O doutrinamento comumente funciona e faz com que o próprio empregado acredite que a culpa pela despedida é sua, pois é incapaz de se adequar a metas humanamente inalcançáveis, cumprir todas as ordens de um patrão-capataz, adequar-se ao qualificado mercado de trabalho, gerando, não raramente, transtornos de ordem psicológica em um empregado que prefere aguentar calado todas as possíveis malversações de um mal empregador, com medo de que este exercite o seu "direito potestativo" de punir, resilindo a relação de emprego de forma vazia.

O ciclo do doutrinamento por meio de um suposto poder decorrente do contrato se fecha e encontra na ideia de direito potestativo à denúncia contratual vazia a sua principal arma, que pode ser disparada pelo empregador a qualquer momento, sendo o que denominou Bauman de "medo líquido"[309], pois o empregado tem medo do perigo, mas esse não é concreto, não se apresentando com todas as suas nuances. Ao revés, é insidioso, velado, mas presente na relação de emprego.

Por seu turno, o doutrinamento mediante o discurso institucional encontrou na doutrina Taylorista[310] — e na fábrica Ford[311] o seu campo fértil — do início do século passado ao seu apogeu, em que era pregada uma extremada disciplina, consistente na separação entre o planejamento e a execução, esta atrelada a um cronômetro, fracionando o ciclo de produção, com tarefas específicas para cada obreiro, o que deixava dia a dia o empre-

---

(309) BAUMAN, Zygmunt. *Medo líquido*. Rio de Janeiro: Zahar, 2008. p. 10.
(310) Paulo Sérgio do Carmo (*A ideologia do trabalho*. São Paulo: Moderna, 1993. p. 41) explica a doutrina idealizada por Frederick W. Taylor (1856-1915), "engenheiro de formação puritana e de princípios rígidos". O método encampado por Taylor consistia na "racionalização da produção, a fim de possibilitar o aumento da produtividade no trabalho, evitando o desperdício de tempo, economizando mão de obra, suprimindo gestos desnecessários e comportamentos supérfluos no interior do processo produtivo", tendo sido estabelecida a noção de "tempo útil", sempre como atenção ao relógio na fábrica.
(311) Seguindo os passos de Taylor, Henry Ford (1863-1947), visando à maior produtividade de automóveis, idealiza o trabalho do operário da fábrica por meio de esteiras, fazendo com que cada um dos operários se concentrasse somente na atividade para a qual havia sido designado, não se deslocando para nada, pois a esteira transformava todo o tempo em "útil", trazendo as peças e componentes até o obreiro, havendo uma grande verticalização no modo de produção.

gado insatisfeito com a sua condição de humano, incapaz de se equivaler às máquinas, tão perfeitas, sempre aptas a trabalhar durante horas e horas, sem que houvesse uma só reclamação.

Escorava-se a disciplina no estudo "científico" da organização da produção, agora massificada, onde a atividade de um empregado, que somente executava um determinado movimento, por vezes repetido à exaustão ao longo de cada jornada, dependia necessariamente da atividade do outro, que laborava em igual forma, mas todos apenas executores de cada nano serviço dentro da indústria, pois a atividade pensante era destinada para os *manageres*, seres pensantes que determinavam o ofício dos outros, meros executores, todos em prol de um objetivo comum: a grande família que era a empresa.

A ideologia institucional é baseada no doutrinamento do empregado na fábrica, que, ao se vincular ao emprego, "ingressava para uma grande família" e, como a "empresa" seria a detentora do "poder", todos os episódios de indisciplina não poderiam ser tolerados, pois o empregado rebelde ou letárgico[312] não prejudicaria só a si, mas também aos outros, integrantes da "família".

O paradigma institucional também foi utilizado tanto no regime totalitário que tinha como meta a produção coletiva em prol da sociedade, bem delineado nos países do leste europeu, quanto no próprio regime nacional socialista de Hitler, no qual se encontrava nos campos de concentração a singela frase: "o trabalho liberta ou nos torna livres".

Talvez por isso, com o advento da Lei Fundamental de Bonn em 1949 e a instalação do Tribunal Constitucional alemão, em 1951, tenha se evoluído substancialmente em torno da "questão social", para quebrar o paradigma anterior de arbítrio, tanto que hoje o trabalho em terras germânicas é livre e a lei trata como ineficaz a despedida socialmente injustificada para os empregados que laboram há mais de seis meses para o mesmo empregador[313].

---

(312) Sintetizando, explica Carmo que: "A linha de montagem, criada por Henry Ford (1863-1947) na fabricação em massa de automóveis, seguiu a trilha aberta por Taylor. Essa atividade em cadeia elevou o grau de mecanização no trabalho, reduzindo ainda mais a iniciativa e a autonomia dos operários. Ao ditar a cadência do trabalho, a linha de montagem permite um grau de padronização da mão de obra que elimina o operário zeloso ou o preguiçoso, pois ambos retardariam a marcha da produção. Através da esteira transportadora o fordismo fixa o operário em seu posto, fazendo com que as peças e os componentes venham até ele". (CARMO, Paulo Sérgio do. *A ideologia do trabalho*. São Paulo: Moderna, 1993. p. 44).

(313) Cf. ROMITA, Arion Sayão. *Proscrição da despedida arbitrária*. São Paulo: LTr, 2011. p. 27.

Dissertando sobre a teoria institucionalista na *Ley de Contrato de Trabajo* de 1944 no Direito espanhol, Gyl e Gil pontifica que, na Espanha, a teoria institucionalista "sublinhou os aspectos comunitários da relação laboral, isto é, a ideia de um fim comum, para cuja consecução hão de colaborar empresários e trabalhadores, e que justifica a atribuição originária dos poderes de organização ao chefe da empresa, a fim de que esta possa alcançar aquele fim"[314].

A própria máquina já servia para disciplinar o empregado, pois, como os movimentos eram extremamente repetitivos, em um determinado momento, o obreiro passava a se confundir com o próprio instrumento de trabalho e todo esse ambiente era um campo fértil para a aceitação dócil da ideia segundo a qual ao empregador era dado punir ou mesmo despedir o empregado sem qualquer motivação, quando entendesse que o respectivo obreiro não estava mais contribuindo para a "grande família".

Tal pensamento institucional é a base do suposto direito potestativo de resilir o contrato de emprego por meio de denúncia vazia, sem qualquer apresentação de motivos, paradigma que aqui no Brasil tem se consolidado ao longo de toda a história capitalista, mesmo após a chegada da Constituição Federal de 1988.

Não se questiona mais profundamente também o fato de todos os empregadores, munidos de seu "poder disciplinar" — tido, inclusive, como um direito potestativo —, punirem seus empregados com advertências ou suspensões contratuais, ainda que sem salário; procedimentos estes sequer previstos na nossa legislação, embora extremamente repetidos, sobretudo na jurisprudência[315], que até indica um *iter*[316] a ser observado pelo tomador

---

(314) Tradução livre. No original: "*En nuestro país, la teoría institucionalista subrayó los aspectos comunitários de la relación laboral, esto es, la idea de un fin común, para cuya consecución han de colaborar empresarios y trabajadores, y que justifica la atribución originaria de los poderes de organización al jefe de la empresa, a fin de que ésta pueda alcanzar aquel fin*". (GIL Y GIL, José Luis. *Principio de la buena fe y poderes del empresario*. Sevilla: Mergablum, 2003. p. 188).

(315) Mauricio Godinho Delgado (*Curso de direito do trabalho*, cit., p. 691) assegura que: "o fato de a advertência não estar tipificada em texto legal não a torna irregular. Ao contrário, a doutrina e a jurisprudência firmemente têm considerado a gradação de penalidade um dos critérios essenciais de aplicação de sanções no contexto empregatício, surgindo, desse modo, a advertência verbal ou escrita como o primeiro instante de exercício do poder disciplinar em situações de conduta faltosa do empregado. Apenas em vista de cometimento de falta muito grave pelo obreiro, consubstanciada em ato que não comporte gradação de penalidades, é que esse critério tende a ser concretamente afastado".

(316) "Existe uma gradação na aplicação da pena ao empregado, conforme a gravidade da falta. Assim, a pena aplicada poderá, na ordem hierárquica, corresponder às seguintes sanções: advertência, suspensão disciplinar e dispensa por justa causa. A advertência comporta a seguinte gradação: verbal, por escrito, particular, pública. A suspensão disciplinar observará critérios estipulados em regulamentos internos, ou instrumentos normativos ou, na sua falta, serão observados os usos e costumes" (MANNRICH, Nelson. *Dispensa coletiva*: da liberdade contratual à responsabilidade social. São Paulo: LTr, 2000. p. 279).

de serviços, para que este, em observância ao princípio da imediatidade, possa "punir" o empregado faltoso[317].

Outros países, a exemplo da Espanha, possuem não só um rol exaustivo de possibilidades punitivas para o empregado, mas também as possíveis faltas por este cometida (art. 60.2 do Estatuto dos Trabalhadores), mas no Brasil não há na legislação trabalhista qualquer menção à possibilidade de advertências ou suspensões disciplinares, sendo certo que a sua aplicação ultrapassa as faculdades empregadoras legalmente estabelecidas, mas, ainda assim, não se questiona seriamente tal "poder" empregatício, o que denota ainda mais que normalmente não se percebe que o procedimento deriva de ideologia institucional e extremamente totalitária da empresa, não mais com lugar no Estado Democrático.

A Legislação Trabalhista brasileira foi influenciada tanto pela ideia de contrato, quanto pela ideia de instituição, sendo bastante observar o conteúdo tautológico do art. 442 da CLT, que trata o contrato individual de trabalho como acordo — o que pressupõe vontade livre de ambas as partes — correspondente à relação de emprego, não sendo objetivo do presente trabalho analisar ditas teorias de forma amiúde, até porque não se crê na antítese entre a teoria contratual e a institucional, sendo mais importante a demonstração da relação de emprego como campo fértil para a aplicação dos Direitos Fundamentais, diante do evidente poder social nela presente.

Pode-se afirmar que a propaganda antiproteção à relação de emprego, assim entendida distorcidamente no período da Constituinte como antiestabilidade, foi algo que deu certo, diante da interpretação majoritária em torno do direito potestativo de o empregador despedir o empregado sem qualquer motivação, concentrando em suas mãos um poder imenso, maximizado pela necessidade de flexibilização do mercado, que vê a relação de emprego como algo que deva ser mais solto, embora ainda se mantenha a hipocrisia da liberdade entre as partes convenentes.

O que há na realidade é uma forte assimetria, estimulada pela suposta existência de um direito potestativo de denúncia vazia, onde a culpa do

---

(317) Edilton Meireles também critica a ideia de um natural poder punitivo proveniente do contrato de emprego: "O art. 474 da CLT apenas limita a liberdade de contratar, declarando que as partes não podem pactuar a suspensão disciplinar por mais de trinta dias. Assim, ao se falar em relação jurídica contratual, tem-se sempre em mente, pois lhe é inerente, a igualdade jurídica das partes, que são livres para contratar, nos limites da lei, obrigando-se e contraindo direitos na medida do pactuado. O empregado, portanto, não fica sujeito às sanções disciplinares estabelecidas pelo empregador pelo simples fato de se obrigar a obedecer ordens. Fica, sim, sujeito apenas às sanções contratuais expressamente pactuadas" (*Abuso de direito na relação de emprego*. São Paulo: LTr, 2005. p. 101).

desemprego é atribuída ao empregado, que "não pôde atender às exigências (altas e mutantes) de qualificação"[318], havendo uma "naturalização da exclusão social"[319] — ou seria um verdadeiro Darwinismo social, ante a naturalidade com que se enxerga a seleção dos mais aptos? —, diante da lógica civilista que ainda permeia a vinculação existente entre empregado e empregador.

Nesse contexto, "se um trabalhador não consegue emprego, ou se é despedido, a culpa passa a ser dele, que não soube mudar, atualizar-se, inventar soluções, aderir ao projeto, pensar em equipe, relacionar-se. Em outras palavras, não foi suficientemente *empresário* para se tornar *empregável*"[320].

Ou, como já afirmou Baylos, os trabalhadores dispensados "são considerados 'excedentes' de mão de obra, 'recortes' de emprego, ou 'ajustes' do quadro de empregados desde um ponto de vista, ou, desde outro, são definidos como fracasso e inadaptação individual"[321].

Wandelli também denuncia essa "banalização do mal", apontando que um sistema que "pressupõe, como única via de acesso possível às condições de subsistência e ao pertencimento à comunidade, para a maioria das pessoas, a alienação do trabalho, mas nega essa via de acesso a grande parcela da população" é "um sistema não verdadeiro"[322].

É dizer, a interpretação, segundo a qual o poder de despedir resta concentrado de forma arbitrária em torno do empregador, é um sistema extremamente excludente e até discriminatório, quando se parte do princípio de que ambas as partes contratantes, empregado e empregador, partilham de idêntica liberdade contratual, mas, na prática, somente uma das partes — empregador — detém uma efetiva liberdade e, para além disso, um poder de ditar todas as regras do jogo que deve ser jogado docilmente pelo empregado, caso contrário este irá aumentar a fila do desemprego.

---

(318) PORTO, Noemia. Despedir sem fundamentar é um direito do empregador? *Revista Trabalhista Direito e Processo*, São Paulo: LTr, n. 39, p. 68-83, nov. 2011.
(319) Idem.
(320) VIANA, Márcio Túlio. Trabalhando sem medo: alguns argumentos em defesa da Convenção n. 158 da OIT. *Revista do Tribunal Regional do Trabalho da 3ª Região*, Belo Horizonte, v. 36, n. 76, p. 235-246, jul./dez. 2007. Disponível em: <http://www.trt3.jus.br/escola/download/revista/rev_76/Marcio_Viana.pdf>. Acesso em: 26.11.2012.
(321) BAYLOS GRAU, Antonio; REY, Joaquim Pérez. *A dispensa ou violência do poder privado*. Tradução de Luciana Caplan. São Paulo: LTr, 2009. p. 34.
(322) WANDELLI, Leonardo. *Despedida abusiva. O direito (do trabalho) em busca de uma nova racionalidade*. São Paulo: LTr, 2004. p. 40.

Viana explica a discriminação velada, constituída em torno da seleção e escolha de empregados mais dóceis, mas afeitos ao "perfil" da empresa. Pontua o autor que há duas formas de discriminar, podendo-se fazê-lo "ferindo as regras, mas também *com as próprias regras*"[323].

A interpretação que permite o direito potestativo de o empregador denunciar de forma vazia o contrato de trabalho discrimina com as próprias regras do jogo, firmadas unilateralmente pelo empregador, que pode fazer efetivamente uma seleção entre incluídos e excluídos, com critérios velados e arbitrários, pois não há a necessidade de se apresentarem os motivos da "exclusão", em uma autêntica seleção natural ditada pelo braço forte do poder empregatício, muito embora o contexto constitucional repudie o arbítrio, a discriminação e eleve a liberdade — concebendo, inclusive, que esta somente é alcançada em um cenário de intervenção estatal —, o valor social do trabalho ao lado da livre-iniciativa e, principalmente, o direito *ao* trabalho.

Não é difícil perceber que nesse cenário de assimetria de poder, o empregado se vê com medo e sua (pseudo) liberdade contratual, diante da possibilidade da denúncia contratual vazia (arma latente, que pode ser disparada a qualquer momento), resta materialmente inexistente.

O debate acerca dos limites do "poder" do empregador no Estado Democrático e como os Direitos Fundamentais podem funcionar como contraponto ao assim denominado direito potestativo da dispensa se impõe.

Não é sem razão que Ubillos já afirmou que a teoria da eficácia horizontal encontrou na relação de emprego o seu *"desarollo más fecundo"*, justamente por que *"como organización economica, estructurada jerárquicamente, la empresa genera una situación de poder y, correlativamente, outra de subordinación"*. Assim sendo, *"los poderes del empresario (el poder de dirección y el disciplinario) constituyen, por tanto, una amenaza potencial para los derechos fundamentales del trabajador, dada la fuerte implicación de la persona de éste en la prestación laboral"*[324], o que levou o referido autor a concluir que a terminologia "eficácia horizontal" não seria adequada em casos como tais, nos quais há uma forte assimetria entre as partes convenentes, tendo-se que estas evidentemente

---

(323) VIANA, Márcio Túlio. Os dois modos de discriminar: velhos e novos enfoques. *In:* RENAULT, Luiz Otávio Linhares; VIANA, Márcio Túlio; CANTELLI, Paula Oliveira (orgs.). *Discriminação.* 2. ed. São Paulo: LTr, 2010. p. 143-149.
(324) *Idem.*

não estão no mesmo patamar, diante da subordinação própria do contrato de emprego.

3. ORIGEM DA TEORIA ACERCA DA EFICÁCIA DOS DIREITOS FUNDAMENTAIS ENTRE OS PARTICULARES (DRITTWIRKUNG)

Se fosse possível apontar uma época exata para o nascedouro da discussão sobre se os Direitos Fundamentais permeiam ou não as relações privadas, seria a década de 1950[325], e o local, o Tribunal Federal Constitucional da Alemanha, onde foi desenvolvida a teoria da dupla dimensão das normas fundamentais — a classicamente subjetiva, mas também a objetiva —, com diversos efeitos, dentre os quais se destacam a irradiação de efeitos dos Direitos Fundamentais e vinculação dos entes públicos — aí incluídos os Poderes Legislativo e Judiciário — e particulares a estes.

A jurisprudência desenvolvida pela citada Corte encontrou forte resistência, sobretudo na doutrina de Forsthoff e Mangoldt[326], ferrenhos defensores do liberalismo e incrédulos em relação à necessidade de se desenvolver tal ampliação aos Direitos Fundamentais. Acreditavam os referidos publicistas que não haveria razão para se ter como destinatários de tais direitos particulares, uma vez que a Constituição alemã, quando tratou de Direitos Fundamentais, somente o fez tendo como destinatário o Estado[327]. Também se argumentava que a autonomia privada, princípio previsto constitucionalmente, restaria fulminada com a invasão do Direito Constitucional, pela maximização dos poderes destinados aos Juízes.

A tese pela negatividade na Alemanha não conseguiu muitos adeptos e hoje figura mais como relato histórico, debruçando-se e dividindo-se a doutrina[328] majoritariamente entre duas teorias: a da eficácia direta e da eficácia indireta, ambas desenvolvidas nos países de tradição romano-germânica, como Portugal e Espanha.

---

(325) A própria doutrina oscila, apontando Ubillos (*op. cit.*) o ano de 1954, quando Nipperdey, então presidente do Tribunal Federal do Trabalho, reconheceu que os Direitos Fundamentais são "princípios ordenadores para a vida social" de caráter vinculante, que têm uma significação imediata para o tráfego jurídico privado, enquanto outros doutrinadores apontam como marco o multicitado "caso Lüth", julgado em 1958 pela mesma Corte.
(326) Cf. SARMENTO, Daniel. *Direitos fundamentais e relações privadas*, cit., p. 188.
(327) Cf. UBILLOS, Juan María Bilbao. *Op. cit.*
(328) Vista no item que tratará sobre a eficácia indireta dos Direitos Fundamentais nas relações privadas.

3.1. DOUTRINA DA *STATE ACTION*

A tese da não vinculação dos particulares aos Direitos Fundamentais[329], inicialmente desenvolvida na Alemanha, encontrou nos Estados Unidos o seu campo fértil. Nesse país, diante da exegese majoritária em torno da literalidade do Texto Constitucional, construiu-se o dogma segundo o qual o Direito Civil é impermeável às normas que dispõem sobre Direitos Fundamentais, com exceção da proibição da escravidão, por conta da Emenda 13ª da Constituição americana, já que esta, quando trata dos destinatários dos Direitos Fundamentais, somente os tem como sendo os entes estatais[330].

Outro argumento comumente encontrado na citada doutrina diz respeito ao pacto federativo, uma vez que em terras estadunidenses a União não detém competência para legislar sobre Direito Civil, detendo-a somente os Estados federados, e, como a Constituição é federal, isso seria uma invasão à competência estadual, ofensiva ao pacto federativo, portanto.

A doutrina desenvolvida nos Estados Unidos, argumenta Ubillos, "*no pone en cuestión en ningún momento el principio, comúnmente aceptado en aquella cultura jurídica, de que los derechos proclamados en la Constitución sólo vincula a los órganos e instituciones del Estado*"[331].

Indica Sarmento[332] que aludida doutrina se desenvolveu a partir de julgados da Suprema Corte norte-americana em 1883. Diante da competência posta pela 14ª Emenda à Constituição americana e após o fim da escravidão, o Congresso Nacional dos EUA, em 1875, aprovou o *Civil Rights Act*, proibindo a discriminação racial em locais e serviços públicos, prevendo punições civis e penais a serem aplicadas aos infratores.

A Suprema Corte, ao analisar casos de pessoas indicadas pelos atos então considerados ilícitos, como o cerceio de pessoas negras em hotéis, teatros e trens, declarou a inconstitucionalidade da norma, ao argumento de que a União, diante da redação literal da 14ª Emenda, somente detinha competência para proibir atos discriminatórios praticados pelo Estado e não por particulares, fundando-se nas seguintes razões: i) a literalidade da

---

(329) Virgílio Afonso da Silva (*A constitucionalização do direito*: os direitos fundamentais nas relações entre particulares. 1. ed. São Paulo: Malheiros, 2011. p. 99) discorda desse ponto de vista, assegurando que a doutrina da *state action* não é negativista: "ao invés de *negar* a aplicabilidade dos direitos fundamentais às relações privadas, a doutrina da *state action* tem como objetivo justamente definir *em que situações* uma conduta privada está vinculada às disposições de direitos fundamentais".
(330) Cf. SARMENTO, Daniel. *Direitos fundamentais e relações privadas*, cit., p. 189.
(331) *Idem*.
(332) *Ibidem*, p. 190.

Constituição, segundo a qual somente o Estado é vinculado aos Direitos Fundamentais, não os particulares; ii) Apenas o Legislador estadual detém competência para legislar sobre Direito Civil e, portanto, limitações nas relações privadas.

Também salienta o referido autor que a partir da década de 1940 do século passado a Corte, sem abandonar totalmente a doutrina da *state action*, tornou-a mais amena, passando a adotar a assim denominada doutrina *public function theory*, que consiste basicamente em aplicar os Direitos Fundamentais às entidades particulares que desempenham atividade eminentemente estatal, tendo sido o caso mais emblemático o *leading case Marsh v. Alabama*, julgado em 1946.

Na oportunidade, a Suprema Corte decidiu que uma empresa privada, possuidora de terras por onde passavam ruas e eram edificados estabelecimentos comerciais e residências, não podia proibir a pregação das Testemunhas de Jeová em sua área privada, pois ali havia uma verdadeira "cidade privada" e, assim agindo, a empresa ofendia a 1ª Emenda, que trata da liberdade de culto.

Não obstante a decisão, cujos temperamentos foram reproduzidos em tantas outras, e da doutrina minoritária contrária à *state action*, a Suprema Corte ainda permanece forte na defesa da liberdade e autonomia entre os particulares, talvez até pelo apelo individualista[333] presente na sociedade estadunidense e até na própria Constituição, ignorando-se que o poder privado disputa hoje com o Estado o posto de destinatário das normas fundamentais.

Sem embargo, a doutrina americana repudia o próprio posicionamento da Corte em relação à supremacia das normas constitucionais, firmada desde o início do século XIX, tese que somente seria prevalecente na Europa em meados do século seguinte. Para não aplicar a Constituição nas relações privativamente travadas, a Suprema Corte efetuou uma verdadeira ginástica hermenêutica, dando ênfase à liberdade formal do indivíduo, merecendo a crítica de Sombra, tendo este já pontuado que, "ao invés de reconhecer a eficácia dos direitos fundamentais entre particulares, os norte-americanos

---

(333) Essa parece ser também a opinião do Ministro Joaquim Barbosa, quando disserta sobre as ações afirmativas, pontuando que nos Estados Unidos não é dado ao Governo "interferir na esfera íntima das pessoas, sob pretexto de coibir os atos discriminatórios", pois, "por razões históricas e em consequência da inegável predominância de valores individualistas e privatistas [aquele país], o combate à discriminação deu-se prevalentemente na esfera pública" (GOMES, José Joaquim Barbosa. *Ação afirmativa e princípio constitucional da igualdade:* o direito como instrumento de transformação social — a experiência dos EUA. Rio de Janeiro: Renovar, 2001. p. 80).

preferem adotar o caminho mais complexo", é dizer, "ampliar a conotação pública de determinadas atividades designadamente privadas", explicando o referido autor, ainda, que "o contrassenso deste posicionamento está em ampliar, diante de um Estado de conotação neoliberal (mínimo), aquilo que deve ser entendido por ação governamental ou estatal"[334].

3.2. Teoria da eficácia indireta

Segundo a teoria da eficácia mediata ou indireta, inicialmente formulada por Günter Dürig[335], em 1956, e utilizada pelo famoso caso Lüth, em 1958, os Direitos Fundamentais não incidem nas relações privadas como direitos subjetivos constitucionais, mas, sim, como normas objetivas, ou como sistema de valores[336].

Assim sendo, toda essa ordem axiológica "está condicionada à mediação concretizadora do legislador de direito privado, em primeiro plano,

---

(334) SOMBRA, Thiago Luís Santos. *A eficácia dos direitos fundamentais nas relações privadas*. 2. ed. São Paulo: Atlas, 2011. p. 95.
(335) São do referido autor as palavras traduzidas: "Os direitos fundamentais particulares são formas de apresentação de um sistema de valores, declaratoriamente reconhecido no art. 1 I e 2 I, da lei fundamental, determinado à constituição, que é protegido contra perigos específicos da direção do estado por direitos fundamentais jurídico-positivos de valor diverso. Ao sistema de valores corresponde, nisso, um sistema de pretensão feito indubitável pelo art. 1 III, dirigido contra o estado. O aqui essencial é, agora, que desse *sistema de pretensão*, precisamente para satisfazer os princípios de constituição supremos de nosso direito total, justamente faz parte também o direito de poder dispor juridicamente autonomamente sobre relações de vida individuais. Isso, porém, significa lógico-juridicamente que na direção *de terceiros*, o 'efeito absoluto' dos direitos fundamentais é relativizado por um direito fundamental em favor da autonomia individual e da responsabilidade própria. O tráfego jurídico de privados uns com os outros está sujeito, por isso, justamente por causa da constituição, a direito especial (exatamente 'direito privado') — e precisamente também no direito de defesa de ataques de privados a direitos de outros (à medida que, no fundo, o direito penal não intervém). Os *meios* normativos para a defesa de ataques da direção de terceiros, com cujo auxílio, na falta de normas de proteção jurídico-civis especiais, o direito privado objetivo cumpre seu *pedido de proteção*, são suas *cláusulas gerais suscetíveis de preenchimento de valores e carentes de preenchimento de valores.* O caminho pela sua aplicação salvaguarda, por um lado, a *autonomia do direito privado*, tornada necessária *lógico-jurídica* e *sistemático-juridicamente* depois de reconhecimento jurídico-fundamental da liberdade de disposição privada no tráfego jurídico de terceiros e salvaguarda, por outro, a *unidade do direito total*, naturalmente necessária, *na moral jurídica*" (DÜRIG, Günter. Direitos fundamentais e jurisdição civil. Tradução de Luís Afonso Heck. *In:* HECK, Luiz Afonso (org.). *Direitos fundamentais e direito privado*: textos clássicos. Porto Alegre: Sergio Antonio Fabris, 2011. p. 35).
(336) "Somente através da sua modelação ou transformação em normas de Direito Civil podem os preceitos constitucionais sobre direitos, liberdades e garantias obrigar as pessoas nas suas vidas jurídico-privadas e só através da sua irradiação sobre os conceitos indeterminados ou as cláusulas gerais privatísticas podem os correspondentes conceitos tornar-se operativos" (MIRANDA, Jorge. *Op. cit.*, p. 288).

e do juiz e dos tribunais em segundo plano"[337], cabendo ao legislador "o desenvolvimento 'concretizante' dos direitos fundamentais por meio da criação de regulações normativas específicas, que delimitem o conteúdo, as condições de exercício e o alcance desses direitos nas relações entre particulares"[338], e ao Poder Judiciário, na análise do caso concreto e diante da inércia do legislador, compete "dar eficácia às normas de direitos fundamentais por meio da interpretação e aplicação dos textos de normas imperativas de direito privado"[339].

É dizer, os conceitos jurídicos indeterminados e as cláusulas abertas do Direito Privado serviriam como uma via por meio da qual os Direitos Fundamentais penetrariam, mas sempre com a dimensão de valores e não como direitos subjetivos, pois estes somente teriam como destinatário o Estado, jamais os particulares, mediatamente vinculados ao texto fundamental.

Ainda de acordo com a referida teoria, que terminou prevalecente na terra onde foi formulada — Alemanha —, nega-se a possibilidade de aplicação direta dos direitos fundamentais nas relações privadas porque, em síntese, "esta incidência acabaria exterminando a autonomia da vontade, e desfigurando o Direito Privado, ao convertê-lo numa mera concretização do Direito Constitucional"[340], e seus defensores asseveram que adotar posicionamento contrário "importaria na outorga de um poder desmesurado ao Judiciário"[341], tendo-se o grau de indeterminação que caracteriza as normas constitucionais que tratam de Direitos Fundamentais[342].

Estranhamente, Konrad Hesse, um dos maiores defensores da força normativa da Constituição, rejeita terminantemente a vinculação direta dos

---

(337) STEINMETZ, Wilson. *A vinculação dos particulares a direitos fundamentais*. São Paulo: Malheiros, 2004. p. 137.
(338) STEINMETZ, Wilson. *Idem*.
(339) STEINMETZ, Wilson. *Op. cit.*, p. 138.
(340) SARMENTO, Daniel. *Direitos fundamentais e relações privadas*. 2. ed. Rio de Janeiro: Lumen Juris, 2006. p. 198.
(341) SARMENTO, Daniel. *Op. cit.*, p. 198.
(342) Atualmente, o maior defensor desse ponto de vista na Alemanha é Canaris, para quem uma aplicação direta dos Direitos Fundamentais nas relações entre particulares pode "destruir tanto o direito contratual quanto também o direito da responsabilidade extracontratual, pois ambos seriam em larga escala substituídos pelo direito constitucional. Isso contradiz a autonomia do Direito Privado, desenvolvida organicamente no decorrer de muitos séculos, contrariando, também no que diz com o direito alemão, a função dos direitos fundamentais que, em princípio, de acordo com a sua gênese e em consonância com a formulação do seu suporte fático, têm por destinatário direto apenas o Estado e não um particular. É por esta razão que a teoria da eficácia imediata não se impôs na Alemanha, embora ainda conte com seguidores" (CANARIS, Claus-Wilhem. A influência dos direitos fundamentais sobre o direito privado na Alemanha. Tradução de Peter Naumann. *In:* SARLET, Ingo Wolfgang (org.). *Constituição, direitos fundamentais e direito privado*. Porto Alegre: Livraria do Advogado, 2003. p. 223-243.

Direitos Fundamentais nas relações entre particulares, por acreditar que a penetração direta da Constituição no Direito Privado acabaria por matar a identidade deste, estabelecida classicamente *"por la larga historia"*[343].

Tal posicionamento é extremamente contraditório com a obra produzida pelo referido autor, que sempre elevou as normas constitucionais à sua mais alta categoria, repudiando por completo a exaltação ao princípio da legalidade, tão apregoado pelo positivismo, por acreditar que um direito *"cuyo reconocimiento, cuya existencia, depende del legislador, no es un derecho fundamental"*[344], tendo-se que *"este se define justamente por la indisponibilidad de su contenido por el legislador"*[345].

Ubillos, em um momento de total lucidez, resumiu o posicionamento da doutrina alemã, afirmando que o avanço em torno da eficácia irradiante dos Direitos Fundamentais termina por importar a estes *"la renuncia al título de derecho subjetivo"*[346].

Ou seja, de acordo com a teoria da eficácia indireta, corolária da tese da dimensão objetiva, os Direitos Fundamentais se irradiam por todo o ordenamento jurídico, vinculando todos os poderes e até particulares, mas o preço disso é alto, pois tais direitos, enquanto eficazes nas relações privadas, perdem o caráter clássico de subjetividade e, logicamente, de sindicabilidade, funcionando na prática judicial como *"simples parametros interpretativos, a los que se acude, sobre todo, cuando existen lagunas que integrar o la ley está redactada de forma imprecisa"*[347].

A aludida teoria mereceu a crítica de Vieira de Andrade, para quem "a autonomia do direito privado não significa independência em relação à Constituição que tem hoje como tarefa fundamental a garantia da unidade do ordenamento jurídico", tendo o autor afirmado, ainda, que a teoria da aplicabilidade mediata foi mal compreendida, pois os seus partidários "não se libertaram do peso das concepções liberais-individualistas e deixaram-se influenciar pela circunstância de terem sido o direito civil e penal, na sua ancianidade, que primeiro regularam as relações privadas"[348].

A crítica merece aplausos, pois hoje o que se observa é uma crescente "invasão" do Direito Constitucional no Direito Civil e Penal, sendo bastante

---

(343) *Apud* SARMENTO, Daniel. *Op. cit.*, p. 199.
(344) UBILLOS. *Op. cit.*
(345) *Idem.*
(346) *Op. cit.*
(347) UBILLOS, Juan María Bilbao. *Op. cit.*
(348) ANDRADE, José Carlos Vieira. *Os direitos fundamentais na Constituição portuguesa de 1976.* 4. ed. Coimbra: Almedina, 2008. p. 253-254.

observar o recente Código Civil brasileiro, que abandonou o seu conteúdo eminentemente individualista, passando a conter normas mais sociais, voltadas à dignidade das pessoas, como a contração que deve sempre se vincular à boa-fé, inclusive objetivamente, ou até mesmo em relação ao Direito Fundamental por excelência e classicamente tido como absoluto, a propriedade, que hoje, após as inovações na seara civilista, fortemente influenciada pelas normas constitucionais, deve guardar a função social.

É certo que, em se tratando de Direito Penal, vinculado ao princípio estrito da legalidade, não há falar em supressão de omissão legislativa pelo Estado-Juiz, sendo mais acertado se falar em interpretação e aplicação de preceitos legais, que servirão de filtros por onde passarão os Direitos Fundamentais. Perceba-se que em casos como tais a Constituição não deixará de ser aplicada, pois a própria Lei Fundamental prevê a impossibilidade de utilização de qualquer outro meio de previsão criminológica ou punição, senão por meio de Lei em sentido estrito, razão pela qual, em havendo omissão legislativa, é possível a utilização da teoria dos deveres estatais de proteção.

A razão parece estar com Miranda[349], quando assevera que a teoria analisada, na prática, acaba por se aproximar da teoria da eficácia direta, tendo-se que, no fim, a Constituição será aplicada. Concordando com tal ponto de vista, ainda afirma Sarno Braga[350] que a teoria da eficácia mediata é "supérflua", pois resta abrangida pela teoria diametralmente oposta, que apregoa a aplicação direta dos Direitos Fundamentais nas relações privadas.

3.3. Teoria da eficácia direta

De acordo com a teoria da eficácia direta ou imediata dos Direitos Fundamentais, também conhecida como teoria monista[351], todos esses direitos, por serem concebidos segundo a sua subjetividade, têm como destinatário o Estado e também os particulares, principalmente se a entidade privada detém um poder privado ou social, mas todos os seus defensores possuem

---

(349) *Op. cit.*, p. 288.
(350) BRAGA, Paula Sarno. *Direitos fundamentais como limites à autonomia privada*. Salvador: JusPodium, 2008. p. 138.
(351) MAC CROIE, Benedita Ferreira da Silva. *A vinculação dos particulares aos direitos fundamentais*. Coimbra: Almedina, 2005. p. 21.

sempre um argumento em comum, constituído em torno da necessidade de ponderação[352] no caso concreto com o princípio da autonomia privada, tendo-se que este é um princípio reconhecidamente constitucional. Isso porque a conclusão acerca da permeação direta dos Direitos Fundamentais nas relações privadas atenta sempre para o fato de que esse tipo de fenômeno não se dá da mesma forma em que ocorre quando o destinatário é o Estado, sendo necessária uma ponderação de princípios que informam o caso concreto.

Atribui-se a Hans Carl Nipperdey a tese inicial sobre a eficácia imediata dos direitos fundamentais nas relações privadas, tendo o referido autor afirmado que "não é necessário, para a validez de direitos fundamentais como normas objetivas para o direito privado, nenhum 'meio', 'lugares de invasão', como devem ser as cláusulas gerais", prosseguindo para concluir que:

> o efeito jurídico é, ao contrário, em normativo imediato que modifica ou cria de novo normas de direito privado existentes, independente se de direito coercitivo ou dispositivo, se de cláusulas gerais ou normas jurídicas determinadas, sejam proibições, mandamentos, direitos subjetivos, leis de proteção ou fundamentos de justificação.[353]

A teoria da eficácia direta dos Direitos Fundamentais foi estimulada pelo próprio desenvolvimento da Constituição como ordem aberta de valores[354] e princípios provenientes da sociedade. É dizer, se a Constituição ocupa o mais alto patamar do regramento de um Estado, o Direito Privado não figura como refúgio ou fuga às normas fundamentais, que, ao revés, passeiam por todas as searas do Direito, não só sob a dimensão objetiva, mas também diretamente, impondo-se de modo subjetivo nas relações

---

(352) Virgílio Afonso da Silva (*op. cit.*, p. 153) afronta terminantemente esse ponto de vista, acreditando que uma ponderação entre o direito fundamental e o princípio da autonomia: O grande problema é que, para que a autonomia privada não seja ameaçada, costuma-se fazer menção a uma necessidade de se sopesar, em cada caso concreto, o direito fundamental atingido e a própria autonomia privada. Parece-me duvidoso, no entanto, que um sopesamento como esse seja possível ou até mesmo necessário".

(353) NIPPERDEY, Hans Carl. Direitos fundamentais e direito privado. Tradução de Waldir Alves. *In:* HECK, Luiz Afonso (org.). *Direitos fundamentais e direito privado*: textos clássicos. Porto Alegre: Sergio Antonio Fabris, 2011. p. 62.

(354) Virgílio Afonso da Silva (*op. cit.*, p. 146), na contramão das opiniões a esse respeito, assevera que "o recurso a uma ordem objetiva de valores, da forma como ocorre na doutrina e na jurisprudência alemãs, não é necessário. [...] A resposta está no conceito de direitos fundamentais como princípios. [...] Fundamentar os efeitos dos direitos fundamentais nas relações entre particulares com base na ideia de otimização e não na ideia de ordem objetiva de valores tem pelo menos duas vantagens: (1) exime o modelo das principais críticas feitas a essa ordem de valores; (2) não implica uma dominação do direito infraconstitucional por parte dos valores constitucionais, pois o próprio conceito de otimização já enuncia que a produção de efeitos é condicionada às condições fáticas e jurídicas existentes".

privadas, "precipuamente como uma sentença, e não como um mero critério interpretativo"[355].

A teoria é justificada, principalmente, com base no poder, pois os perigos que permeiam os direitos fundamentais não proveem apenas do Estado, mas também dos poderes sociais e de terceiros em geral, como sói ocorrer na relação de emprego, em que, como se observou no item 2 deste capítulo, há forte assimetria entre as partes convenentes e concentração de poder nas mãos do empregador, sendo a contratação de emprego campo fértil para o semear e florescer dos Direitos Fundamentais. Tanto é assim que a nossa Constituição consagrou um capítulo inteiro (II) para tratar dos Direitos Fundamentais sociais na relação de emprego, a fim de fazer com que as normas fundamentais se façam incidir diretamente na relação privada travada entre empregado e empregador.

A teoria da eficácia imediata não gerou grande aceitação na Alemanha, como se observou no item anterior. Em Portugal, como é explícito na Carta Política (art. 18, I)[356], a adesão à teoria imediata é majoritária, assim como na Espanha, apesar de neste país não haver regramento constitucional expresso sobre o tema[357], mas tão somente em relação à eficácia clássica dos Direitos Fundamentais quando o destinatário é o Estado.

Jorge Miranda, embora não tenha se manifestado explicitamente sobre a adesão a quaisquer das teorias, explica o alcance do art. 18º, I, da Constituição portuguesa — fazendo, inclusive, uma referência na nota de rodapé à Constituição brasileira, que, segundo o autor, possui regramento semelhante —, apontando que o essencial para a interpretação do referido dispositivo é: i) salientar o caráter preceptivo, e não programático, das normas sobre direitos, liberdades e garantias; ii) afirmar que estes direitos se fundam na Constituição, e não na lei; iii) sublinhar que não são os Direitos Fundamentais que se movem no âmbito da lei, mas a lei que deve mover-se no âmbito dos Direitos Fundamentais[358].

O referido publicista, filiando-se à teoria ora analisada, doutrina que, em se tratando de poder privado ou social, a aplicação dos Direitos, Liberdades e Garantias Fundamentais será direta, valendo ditos direitos de modo

---

(355) SOMBRA, Thiago Luís Santos. *Op. cit.*, p. 89.
(356) Art. 18, I. "os preceitos constitucionais respeitantes aos direitos, liberdades e garantias, são diretamente aplicáveis e vinculam as entidades públicas e privadas".
(357) A Carta Política espanhola de 1978 assim dispõe em seu art. 53.1: "*Los derechos y libertades reconocidos en el Capítulo segundo del presente Título vinculan a todos los poderes públicos. Sólo por ley, que en todo caso deberá respetar su contenido esencial, podrá regularse el ejercicio de tales derechos y libertades, que se tuteláran de acuerdo con lo previsto en al artículo 161.1.a*".
(358) *Op. cit.*, p. 276.

"absoluto" nas aludidas relações de poder, mas, "nos restantes casos, poderá haver graus de vinculatividade"[359].

O indigitado autor parece ter encontrado adesão também na doutrina de Vieira de Andrade, quando este apresenta a preocupação de se aplicar a teoria da eficácia imediata de forma absoluta, pois a vinculação dos particulares aos Direitos Fundamentais somente seria dessa forma quando se tratasse de evidente relação de poder, tendo-se que, em casos como tais, a parte subjugada possui direito subjetivo fundamental em face do destinatário, detentor do poder privado ou social, mas, como ambos os sujeitos são titulares de Direitos Fundamentais, o conflito no caso concreto é inevitável, devendo ser resolvido à luz da ponderação de princípios. Entretanto, em não se apresentando o dito poder privado, a aplicação dos Direitos Fundamentais segue a lógica da teoria da eficácia indireta[360].

Ou seja, os Direitos Fundamentais não se infiltrariam na relação privada como direitos subjetivos, mas apenas como ordem de valores, objetivamente, indicando o caminho a ser seguido pelo Juiz, máxime quando este tem por missão a interpretação de conceitos jurídicos indeterminados e as cláusulas gerais.

Desse entendimento não se dispersa totalmente Ubillos, apontando que a solução mais correta é a aplicação dos Direitos Fundamentais de forma direta nas relações privadas, o que tem sido perpetrado pelos tribunais civis espanhóis (segundo o autor) que, apesar disso, não deixam de aplicar a ponderação de interesses constitucionais em conflito[361].

Em idêntico sentido parece ser a posição de Mac Croie, para quem as relações entre iguais são sempre um problema de colisão de Direitos Fundamentais nas relações privadas, dependendo a aplicação de tais direitos muito mais de como se apresenta o conflito concretamente do que a filiação a uma ou outra teoria, pois ambos os particulares são titulares de direitos provenientes da Constituição, sendo tudo, "no fundo, uma escolha entre direitos ou liberdades que competem"[362].

À mesma conclusão chegou Vieira de Andrade, quando, articulando acerca do dever de proteção, pontifica que uma das limitações substanciais de tal dever estatal diz respeito ao que ele chamou de "direito dos outros", pois, "quando a proteção dos direitos de uma pessoa possa pôr em causa a

---

(359) *Op. cit.*, p. 288.
(360) *Op. cit.*, p. 290.
(361) *Idem.*
(362) *Op. cit.*, p. 94-95.

esfera jurídica de terceiros, exige-se que essa proteção seja medida por uma ponderação dos bens ou valores em presença e que respeite o princípio da proporcionalidade"[363].

Filiando-se à teoria da eficácia direta dos Direitos Fundamentais nas relações privadas, assegurou Daniel Sarmento que "nada há no texto constitucional brasileiro que sugira a ideia de vinculação direta aos direitos fundamentais apenas dos poderes públicos"[364], invocando o sempre lembrado § 1º do art. 5º da nossa Constituição, que não distingue entre a aplicação das normas fundamentais nas relações havidas com o Estado ou com as entidades particulares.

Também se filia à teoria da eficácia direta Ingo Sarlet, ao afirmar que, se a tese diametralmente oposta segue dominante na doutrina e jurisprudência alemãs, inclina-se "hoje em prol de uma necessária vinculação direta *prima facie* também dos particulares aos direitos fundamentais"[365].

Porém, mais adiante o mesmo doutrinador assevera que, "no âmbito da problemática da vinculação dos particulares, as hipóteses de um conflito entre os Direitos Fundamentais e o princípio da autonomia privada pressupõem sempre uma análise tópico-sistemática, calcada nas circunstâncias específicas do caso concreto"[366], sendo a conclusão de Steinmetz bem semelhante, para quem os melhores argumentos sobre as teorias debatidas ratificam a por ele chamada de "intermediária", sendo o problema da eficácia de normas de Direitos Fundamentais entre particulares "um problema de colisão de direitos fundamentais", pois "a autonomia privada, princípio fundamental do direito privado, é também um bem constitucionalmente protegido; e, em razão do alcance, a medida da eficácia imediata em cada caso concreto deve resultar de uma justificada ponderação dos direitos, interesses ou bens em jogo"[367].

Seguindo praticamente o mesmo raciocínio, Thiago Sombra assegura que os Direitos Fundamentais "não são direitos públicos subjetivos rígidos" exercidos somente em face do Estado, "senão também em face dos particulares" e as tensões firmadas entre direitos fundamentais, "enquanto resultado de uma eficácia direta, podem resultar na necessidade de imposição de limites, os quais, via de regra, poderão ser definidos pelo processo

---

(363) *Op. cit.*, p. 141.
(364) *Op. cit.*, p. 198.
(365) *Op. cit.*, p. 382.
(366) *Op. cit.*, p. 383.
(367) *Op. cit.*, p. 171.

de concretização hermenêutica"[368], o que, em outras palavras, significa ponderação de interesses constitucionalmente assegurados.

3.4. A doutrina de Alexy

Concordando que atualmente a ideia de que as normas de Direitos Fundamentais produzem efeitos também nas relações privadas é amplamente aceita, Alexy somente vê campo maior para o debate da "questão sobre *em que extensão* elas o fazem"[369], resolvendo-se tudo, no fim, com a ponderação de interesses, já que a penetração dos aludidos direitos na relação cidadão/cidadão não é idêntica à relação cidadão/Estado e naquela há um evidente problema de colisão de interesses previstos constitucionalmente.

Para a resolução do problema aventado, o publicista propõe a solução em três níveis, já que a adesão à teoria direta, indireta ou dos deveres de proteção não apresenta um resultado satisfatório, sendo necessário o casamento entre elas, que, afinal, se complementam.

O modelo proposto, segundo o autor, deve observar: o dever estatal, os direitos em face do Estado e as relações jurídicas entre os sujeitos privados, não havendo relação de grau entre eles, mas sim mútua implicação[370].

No primeiro nível estaria a teoria dos efeitos indiretos, constituída no dever estatal de proteção, tendo-se que "o fato de as normas de direitos fundamentais valerem como princípios objetivos para todos os ramos do direito implica que o Estado tem o dever de levá-las em consideração tanto na legislação civil, quanto na jurisprudência civil"[371].

O segundo nível é composto dos direitos "em face do Estado que sejam relevantes do ponto de vista dos efeitos perante terceiros". É dizer, o cidadão possui, em face do Estado, um dever de proteção também em relação ao Poder Judiciário, estando este vinculado aos Direitos Fundamentais de acordo com a teoria axiológica. Sendo assim, caso o Juiz não leve em conta o Direito Fundamental aplicável ao caso concreto, na lide firmada entre cidadão/cidadão, há uma ofensa a um direito subjetivo, enquanto direito de proteção (estatal) em face de outrem (particular).

---

(368) *Op. cit.*, p. 91.
(369) *Op. cit.*, p. 528.
(370) *Op. cit.*, p. 533.
(371) *Idem.*

O autor, partindo da premissa apresentada no *leading case* Lüth[372], assegura que um direito só pode ser violado por aquele em face do qual ele existe: "Se tribunais civis podem violar direitos fundamentais dos cidadãos por meio do conteúdo de suas decisões, então, os direitos violados são direitos dos cidadãos contra o Judiciário, ou seja, contra o Estado"[373].

Já no terceiro nível, há uma aplicação direta dos Direitos Fundamentais nas relações privadas, mas, como a relação cidadão/cidadão é diversa da travada entre o cidadão e o Estado, uma vez que, naquele caso, ambas as partes são titulares de direitos constitucionalmente assegurados, a solução encontrada pelo autor em nada difere da tese de Nipperdey e todos os seus seguidores, ou seja, há necessidade de se sopesarem Direitos Fundamentais das partes titulares e envolvidas no conflito, utilizando-se, para tanto, a máxima da proporcionalidade. E finaliza, ainda, afirmando que a resolução do conflito deve passar pelos níveis, porque o "juiz civil está *prima facie* vinculado ao direito civil vigente, na forma de leis, de precedentes e da dogmática comumente aceita". Todavia, se o Juiz "quiser se afastar disso, em virtude de princípios de direitos fundamentais, ele tem que assumir o ônus argumentativo"[374].

A teoria apresentada por Alexy parece ser o casamento perfeito entre o dever de proteção e a eficácia direta dos Direitos Fundamentais nas relações havidas entre particulares, o que parece até óbvio. Que o Legislador é vinculado aos Direitos Fundamentais, disso ninguém duvida. De que o Juiz tem o dever de aplicar os Direitos Fundamentais em sua máxima eficácia, muito menos. E, se nada disso chegar a um resultado que corresponda ao anseio da Constituição, vale a aplicação da teoria da eficácia direta, ou seja, primeiramente os "testes" no plano da legalidade são feitos, para posteriormente ser aplicada diretamente a norma fundamental e isso nada mais é do que cumprir etapas do conceito de Direitos Fundamentais segundo ordem objetiva de valores, mas, se isso for ainda insuficiente, aplica-se diretamente a Constituição.

---

(372) A decisão já foi citada e transcrita ao longo do presente trabalho, mas o trecho específico tratando do dever de proteção pelo Judiciário merece transcrição: "Se ele [juiz civil] não respeitar esses critérios, e se a sua decisão se basear na desconsideração dessa influência constitucional nas normas de direito civil, então, ele viola não apenas o direito constitucional objetivo, na medida em que ignora o conteúdo da norma de direito fundamental (como regra objetiva); como titular de um poder estatal, ele viola também, por meio de sua decisão, o direito fundamental, a cujo respeito, inclusive por parte do Poder Judiciário, o cidadão tem um direito de natureza constitucional".
(373) *Op. cit.*, p. 535.
(374) *Op. cit.*, p. 541.

3.5. A DOUTRINA DE JÜRGEN SCHWABE

O autor igualmente parte do pressuposto de que os Direitos Fundamentais se infiltram nas relações de particulares, restando a controvérsia de como isso ocorre e como as soluções apresentadas não lhe satisfazem. Formulou uma nova teoria, afiançando que a discussão sobre a eficácia aludida passa necessariamente pela delimitação dos conceitos de força e intervenção, argumentando que: "é a ordem jurídica estatal e não o poder de um cidadão que sustenta que mesmo alguém mais forte se submeta à 'intervenção' e à 'força privada' de particulares"[375].

É dizer, o publicista defende que o Estado, enquanto responsável pela criação e imposição de um sistema de direito privado, é igualmente responsável pelas violações cometidas por cidadãos em face de outros cidadãos, recusando a ideia de que os particulares se movem em espaço vazios deixados pelo Estado, que tem o dever de proteger o indivíduo por meio da Legislação.

Segundo Schwabe o Estado sempre será o responsável pela ação violadora de um particular, que, exercendo o seu Direito Fundamental, ofende Direito Fundamental de outro particular, pois não previu as consequências dos atos na legislação infraconstitucional, sendo permissivo ou prevendo insatisfatoriamente as condutas. Consequentemente, a "vítima", como não detém meios para se defender, pode responsabilizar o Estado pela conduta do particular "ofensor".

A doutrina formulada por Schwabe somente contou abertamente com um adepto da Alemanha: Schnur[376], acreditando também este publicista que os particulares não agem sozinhos, mas seguem o que o Direito Privado posto pelo Estado prevê, regulamentando a autonomia dos cidadãos e os limites dela, ou seja, todas as condutas dos particulares, sendo dever do Legislador observar o conteúdo essencial do respectivo Direito Fundamental, assim, desnecessária a construção em torno da *Drittwirkung* de tais direitos, devendo-se observar até onde a Legislação alcança.

---

(375) SCHWABE, Jürgen. O chamado efeito perante terceiros dos direitos fundamentais para a influência dos direitos fundamentais no tráfego do direito privado. Tradução e resumo de José Roberto Ludwig. *In:* HECK, Luís Afonso (org.). *Direitos fundamentais e direito privado*: textos clássicos. Porto Alegre: Sergio Antonio Fabris, 2011. p. 93, 91-135.
(376) Cf. notas de José Roberto Ludwig. *In:* HECK, Luís Afonso (org.). *Direitos fundamentais e direito privado*: textos clássicos, Porto Alegre: Sergio Antonio Fabris, 2011. p. 93, 91-135.

3.6. Eficácia dos direitos fundamentais na relação de emprego

A doutrina brasileira ainda não tem um bom desenvolvimento sistemático acerca da aplicação dos Direitos Fundamentais nas relações privadas, sendo as obras citadas ao longo deste trabalho paradigmáticas no assunto.

O mesmo curso segue a jurisprudência, sobretudo a trabalhista, que normalmente não se ocupa de consolidar uma teoria acerca do tema em apreço, muito embora os Direitos Fundamentais alheios ao Capítulo II da Constituição sejam aplicados corriqueiramente nas Cortes trabalhistas.

É bastante observar, por exemplo, que sempre que se decide que um determinado empregador não pode praticar revista íntima ou nos pertences dos seus respectivos empregados, está a se dizer, em síntese, que o direito à intimidade ou privacidade é resguardado na relação privada de emprego, efetuando-se uma ponderação entre tal direito fundamental e a livre-iniciativa no caso concreto e quando há procedência no pedido indenizatório, em palavras mais técnicas, quer-se dizer que a livre-iniciativa não é princípio absoluto, podendo ser restringido quando em colisão com o direito à intimidade, e que o peso desta é maior na relação privada de emprego, diante da assimetria decorrente do poder social do empregador.

A análise passa, necessariamente — embora habitualmente não se diga — pelos testes prévios da proporcionalidade, como a adequação (o meio — revista íntima ou nos pertences — era adequado a se coibirem apropriações indébitas no ambiente de trabalho?) e a necessidade (havia outro meio menos agressivo para o alcance da finalidade?), para se chegar ao resultado procedência ou improcedência do pleito indenizatório, mas normalmente a argumentação não preza pela técnica e passa logo para o juízo de proporcionalidade, embora no fundo se diga o mesmo sinteticamente analisado.

Conforme já evidenciado no item 2 deste capítulo, a relação de emprego é, antes de tudo, uma relação de poder, constituída em torno da assimetria[377]

---

(377) Assim também doutrina Carlos Henrique Bezerra Leite: "No âmbito das relações de trabalho, especificamente nos sítios da relação empregatícia, parece-nos não haver dúvida a respeito da importância do estudo da eficácia horizontal dos direitos fundamentais, mormente em razão do poder empregatício (disciplinar, diretivo e regulamentar) reconhecido ao empregador (CLT, art. 2º), o qual, por força dessa relação assimétrica, passa a ter deveres fundamentais em relação aos seus empregados" (Eficácia horizontal dos direitos fundamentais na relação de emprego. *Revista Brasileira de Direito Constitucional*, n. 17, p. 33-45, jan./jun. 2011. Disponível em: <http://www.esdc.com.br/RBDC/RBDC-17/RBDC-17-033-Artigo_Carlos_Henrique_Bezerra_Leite_Eficacia_Horizontal_dos_Direitos_Fundamentais_na_relacao_de_Emprego.pdf>. Acesso em: 4.1.2015.

firmada na contratação entabulada entre empregado e empregador, e tal realidade justifica a aplicação forte dos Direitos Fundamentais nesse tipo de relação havida entre particulares[378].

Vale dizer, diante da concepção dos Direitos Fundamentais como ordem de valores, há irradiação de efeitos deles para todos os âmbitos da sociedade, inclusive para as relações travadas entre particulares "iguais", e, no caso da relação de emprego, o poder social e econômico que lhe é próprio justifica e estimula a aplicação dos aludidos direitos de forma direta e imediata[379], embora se reconheça que o problema não é assim tão facilmente resolvido, tendo-se que na relação de emprego ambos os pactuantes são titulares de Direitos Fundamentais (normalmente a "colisão" é firmada da seguinte forma: livre-iniciativa *versus* direito à cidadania ou personalidade) e essa questão somente poderá ser resolvida, concretamente, segundo a técnica da ponderação de princípios constitucionais, com os olhos do examinador voltados para a concordância prática entre eles, elaborando-se um juízo de ponderação, constituído em torno da análise da adequação, necessidade e proporcionalidade em sentido estrito.

Se é certo que o poder social próprio da relação de emprego justifica a penetração de todos os Direitos Fundamentais nesse tipo de relação privada,

---

(378) "Convém destacar que um dos fatores primordiais que deve ser considerado nas questões envolvendo a aplicação dos direitos fundamentais nas relações entre particulares é a existência e o grau da desigualdade fática entre os envolvidos. Em outras palavras, quanto maior for a desigualdade, mais intensa será a proteção ao direito fundamental em jogo, e menor a tutela da autonomia privada. Ao inverso, numa situação de tendencial igualdade entre as partes, a autonomia privada vai receber uma proteção mais intensa, abrindo espaço para restrições mais profundas ao direito fundamental com ela em conflito" (SARMENTO, Daniel. *Direitos fundamentais e relações privadas*, cit., p. 261).

(379) À mesma conclusão chegou Andrea Presas Rocha (A eficácia dos direitos de cidadania nas relações de emprego — em defesa de uma eficácia direta. In: ALMEIDA, Renato Rua de (coord.); CALVO, Adriana; ROCHA, Andrea Presas (orgs.). *Direitos fundamentais aplicados ao direito do trabalho*. São Paulo: LTr, 2010. p. 29-46), verificando que: "tendo como elemento a subordinação jurídica, a relação de emprego distribui desigualdade, entre trabalhador e empregador, os poderes econômico e social, pondo o trabalhador em situação de sujeição em face do poder diretivo do empregador. Pela sua própria natureza, é, pois, a relação de emprego, ambiente propício a que a liberdade e os direitos individuais do trabalhador seja vulnerados. Cuidando-se, assim, de relação *manifestamente desigual*, conclui-se que a *vinculação do empregador* aos direitos fundamentais é *direta e imediata*, inclusive no atinente aos denominados *direitos fundamentais de cidadania*". Em sentido idêntico, a doutrina de Hermano Queiroz Júnior (*op. cit.*, p. 141) assevera que: "além da vinculação dos tomadores de serviço decorrer diretamente da circunstância de o Texto Constitucional lhes cometer, imediatamente, a obrigação de respeito ao mínimo dos direitos fundamentais previstos, a eficácia horizontal dos direitos fundamentais dos trabalhadores deflui igualmente do fato de a relação de trabalho se caracterizar por sua natureza manifestamente desigual, na medida em que estabelecida entre os detentores de algum, ou muito, poder econômico-social de um lado, o tomador de serviço e de indivíduos quase que totalmente desvestidos de parcelas de poder do outro, o trabalhador".

não menos correto é afirmar que essa mesma assimetria serve como peso para definir o alcance ou limitação da autonomia do empregador na supressão ou diminuição dos Direitos Fundamentais do empregado.

Com isso não se quer afirmar que sempre haverá a mesma solução para o caso de colisão de Direitos Fundamentais na relação de emprego. Aqui vale a advertência já perpetrada por Alexy, segundo a qual a lei de colisão é firmada quando há afronta de um princípio constitucional em face de outro princípio constitucionalmente previsto, mas o resultado sempre dependerá de circunstâncias presentes no caso concreto, que serão analisadas topicamente, tendo-se que todos os princípios são analisados e válidos *prima facie*, não havendo precedência absoluta de um em relação ao outro.

Perceba-se, inclusive, que não se fala em eficácia horizontal porque a relação de emprego não é horizontal, as partes não estão no mesmo patamar[380]. Ao revés, há uma verticalidade entre empregador e empregado, tendo-se que este se submete às regras firmadas unilateralmente por aquele, que é detentor de "poder" diretivo, podendo, inclusive, aplicar a pena capital, que é a resilição contratual.

Em decisão paradigmática, já decidiu a 2ª Turma do Supremo Tribunal Federal, em 1996, sobre a incidência dos direitos fundamentais nas relações privadas, no Recurso Extraordinário n. 161.243-6/DF, em que foi Relator o Ministro Carlos Mário Velloso. Na lide analisada, o empregado brasileiro da Air France pretendia o reconhecimento de direitos trabalhistas assegurados no Estatuto do Pessoal da Empresa, tendo o tribunal acolhido a pretensão com fulcro no princípio da igualdade:

> CONSTITUCIONAL. TRABALHO. PRINCÍPIO DA IGUALDADE. TRABALHADOR BRASILEIRO EMPREGADO DE EMPRESA ESTRANGEIRA: ESTATUTOS DO PESSOAL DESTA: APLICABILIDADE AO TRABALHADOR ESTRANGEIRO E AO TRABALHADOR BRASILEIRO. CF, 1967, art. 153, § 1º, CF, 1988, art. 5º, *caput*.
>
> I — Ao recorrente, por não ser francês, não obstante trabalhar para empresa francesa, no Brasil, não foi aplicado o Estatuto do Pessoal da Empresa, que concede vantagens aos empregados, cuja aplicabilidade seria restrita ao empregado de nacionalidade francesa. Ofensa ao princípio da igualdade: (CF, 1967, art. 153, § 1º, CF, 1988, art. 5º, *caput*).

---

(380) Em obra inovadora, Gamoral (GAMORAL C. Sérgio. *Cidadania na empresa e eficácia diagonal dos direitos fundamentais*. São Paulo: LTr, 2011) defende que esse tipo de eficácia é diagonal.

II — a discriminação que se baseia em atributo, qualidade, nota intrínseca ou extrínseca do indivíduo, como o sexo, a raça, a nacionalidade, o credo religioso, etc., é inconstitucional.

Precedente do STF: Ag 110.846 (AgRg) — PR, Célio Borja, RTJ 119/465.[381]

Como já denunciado, o grande problema da eficácia dos direitos fundamentais nas relações privadas não se limita à filiação à tese da eficácia mediata ou imediata, já que a Constituição Federal de 1988 em seu art. 5º, § 1º, assegurou o princípio da máxima eficácia dos Direitos Fundamentais, não discriminando se tal eficácia seria em desfavor do Estado ou dos particulares, ou se estes seriam vinculados de forma negativa ou positiva aos aludidos Direitos. Assim, toda a problemática da dita eficácia dos diretos fundamentais nas relações particulares é questão de colisão de interesses constitucionalmente assegurados, pois, topicamente, o problema será o contraponto entre dois princípios fundamentais que, no fim, garantem ou se elevam com o próprio princípio constitucional da autonomia privada[382].

Tendo-se as teorias analisadas, força é concluir que não há um modelo que isoladamente acarrete perfeição, sendo viável a combinação de modelos, como já propôs com outras argumentações Alexy. Assim, diante da dimensão objetiva própria dos Direitos Fundamentais, estes se irradiam para todo o ordenamento jurídico, vinculando todos os Poderes Públicos e também os particulares, mas, quando há conflito entre a livre-iniciativa e qualquer outro direito fundamental cujo titular é o empregado, a solução da ponderação de interesses não pode desprezar que o Legislador tem o dever de prever a respectiva conduta, diante do dever de proteção que lhe é próprio. Em um segundo momento, em não havendo lei a regulamentar e resolver o conflito, cabe ao Judiciário aplicar diretamente a Constituição para a resolução do caso concreto, tendo-se que este Poder também é vinculado aos Direitos Fundamentais de forma objetiva, sendo seu também o dever de salvaguardar tais direitos. Daí a importância da concepção de Direitos Fundamentais como princípios e estes como normas jurídicas.

A junção de modelos rebate completamente o argumento contrário à tese da eficácia direta dos Direitos Fundamentais nas relações privadas, no tocante à maximização dos poderes do Juiz, pois permite que o Legislador cumpra o seu mister constitucional, protegendo os Direitos Fundamentais,

---

(381) Informativo STF n. 197.
(382) Desse raciocínio discrepa Virgílio Afonso da Silva (*op. cit.*, p. 158 e ss.), por acreditar que o princípio da autonomia privada não é sopesado com Direitos Fundamentais, pois aquele é mero princípio formal e estes, como princípios — mandamentos de otimização, portanto — que são, devem sempre ser tidos em sua máxima eficácia, não havendo razão para a não sua observância no âmbito privado.

mas, quando este resta inerte, o Estado-Juiz é instado a agir, pois é tão objetivamente vinculado aos Direitos Fundamentais quanto o Legislador, não podendo simplesmente detectar que há um claro na Legislação, sem qualquer resolução para o caso concreto. Agindo assim, o Juiz será tão inerte quanto o Legislador, descumprindo o seu dever de guardião dos Direitos Fundamentais, protegendo também tais direitos de forma insuficiente[383].

Nesse contexto, ainda cabe mais uma análise em relação à eficácia dos Direitos Fundamentais nas relações de emprego, pertinente à necessidade de o empregador observar de forma positiva determinados Direitos Fundamentais. Melhor explicando, a tese acima sustentada, embora não seja tão palatável para os mais ortodoxos hermeneuticamente, torna-se com menos possibilidade de aceitação quando se pensa em direitos subjetivos do empregado a determinadas condutas a serem perpetradas pelo empregador, destinatário dos ditos direitos, a exemplo dos chamados "direitos laborais inespecíficos"[384], como o direito ao lazer, o direito à cidadania, contraditório e da ampla defesa, os direitos de personalidade, presunção da inocência, direito à informação, dentre outros.

O pré-conceito é apenas aparente, pois a própria Constituição e até a Legislação ordinária já preveem diversas condutas "positivas" que têm como destinatário o empregador na relação particular de emprego, como ilustrativamente demonstram a necessidade de se fazer creche para crianças de até cinco anos de idade nas empresas; o cumprimento de diversas condutas traçadas nas NRs para a redução dos riscos inerentes ao trabalho, como o fornecimento de EPIs, lanches específicos para combater não só a fome, mas também a toxicidade de determinados produtos; a contratação de número mínimo de aprendizes ou até de pessoas com deficiência física (art. 93 da Lei n. 8.213/91). Se o empregado é titular de diversos direitos subjetivos "positivos", que necessitam de uma conduta ativa por parte do empregador, força é concluir que no tocante aos assim denominados direitos laborais inespecíficos, que são autênticos direitos de defesa no âmbito privado da relação de emprego, a vinculação é direta.

---

(383) Paula Sarno Braga (*op. cit.*, p. 143-145), afirmando que o ordenamento jurídico brasileiro incorporou a tese ora sustentada, combinando os deveres de proteção e a eficácia direta dos Direitos Fundamentais nas relações privadas, concluiu que: "as atividades legislativa e judicial não se excluem. Complementam-se. Legislador e Juiz têm o poder de dar efetividade aos direitos fundamentais nas relações particulares. Tanto o legislador pode fazê-lo em tese, nas leis privadas, quanto o juiz, à luz do caso concreto. Se omisso o legislador, não pode o cidadão ser privado de uma decisão judicial que salvaguarde seus direitos humanos no litígio travado".
(384) A esse respeito, a paradigmática e recente obra: ALMEIDA, Renato Rua de (coord.); SUPIONI JUNIOR, Claudimir; SOBRAL, Jeana Silva (orgs.). *Direitos laborais inespecíficos*: os direitos gerais de cidadania na relação de emprego. São Paulo: LTr, 2012.

Capítulo VI

O Devido Processo Legal Aplicável à Relação de Emprego. Um Modelo para a Motivação da Despedida

1. *O direito à informação e devido processo legal como direitos laborais inespecíficos*

Durante muitos séculos as relações firmadas entre tomadores e prestadores de serviços tiveram como pano de fundo as normas civis, baseadas na plena igualdade das partes, paradigma que somente foi modificado, como já visto no Capítulo I, com a ultrapassagem do Estado Liberal para o Estado Social.

Nesse passo, o constitucionalismo passou, a partir da Constituição mexicana de 1917, de Weimar, de 1919, e, por que não dizer, com a Constituição brasileira de 1934, a prever direitos laborais específicos, inaugurando, assim, um modo intervencionista de o Estado se apresentar.

Os direitos laborais específicos mereceram, na Constituição Federal de 1988, lugar de honra[385] e, como se pôde observar no primeiro capítulo,

---
(385) Todo o capítulo II.

são eles cobertos pelo manto protetivo das cláusulas pétreas, não podendo haver modificação no Texto constitucional de forma retrocessiva.

O ambiente da relação de emprego, com evidente poder social concentrado unicamente nas mãos do empregador, é um sítio propício ao exercício de determinados Direitos Fundamentais que, embora não postos no capítulo destinado na Constituição aos direitos trabalhistas, funcionam como se laborais fossem, diante da penetração direta que possuem na relação privada: o vínculo de emprego.

Isso ocorre porque, quando o empregado se vincula à contratação empregatícia, malgrado a subordinação tida como própria ao liame, não se despe de seus direitos de personalidade[386]. Ao revés, tais direitos devem não só ser respeitados pelo empregador, mas também por este estimulado, a fim de que o meio ambiente de trabalho não se torne um círculo de adoecimento ou, até mesmo, um refúgio à margem dos Direitos Fundamentais.

É dizer, todos os Direitos Fundamentais classicamente conhecidos como direitos de primeira geração, ou direitos de cidadania, aqui também entendidos como direitos laborais inespecíficos, permeiam o contrato de emprego, amalgamando-se aos direitos laborais e constitucionais específicos, para que todos os direitos da pessoa humana também sejam observados ao cidadão-trabalhador.

À mesma conclusão chegou o Tribunal Constituição espanhol, que no dia 10.4.2000 julgou o Recurso de Amparo n. 4.015/96, apresentado por Don Santiago ldazábal Gómez (representante do Comitê de Empresa) frente à Sentença da Sala Social do Tribunal Superior de Justiça da Galícia. Esse Tribunal modificou a decisão anterior, que havia declarado contrária à Constituição e, consequentemente, ofensiva aos Direitos Fundamentais, a instalação de microfones nas roletas francesas de um cassino, por considerar que este já possuía sistema fechado de segurança que capitava som e imagem no ambiente de trabalho dos obreiros, sendo a atitude extremada ato que contrariava o princípio da proporcionalidade e invadia a esfera de intimidade pessoal, prevista no art. 18 da Constituição da Espanha.

Na Sentença n. 98/2000, disse o Tribunal Constituição espanhol que:

---

(386) Como já afirmou José João Abrantes (*Contrato de trabalho e direitos fundamentais*. Coimbra: Coimbra, 2005. p. 61): "a conclusão de um contrato de trabalho não implica, de modo algum, a privação de direitos que a Constituição reconhece ao trabalhador *como cidadão*. Na empresa, o trabalhador mantém, em princípio, todos os direitos de que são titulares todas as outras pessoas".

a la vista de la doctrina sentada por este Tribunal, no puede admitirse que la resolución judicial objeto del presente recurso de amparo haya ponderado adecuadamente si en el presente caso se cumplieron los requisitos derivados del principio de proporcionalidad. De entrada, resulta inaceptable, como ya se dijo, la premisa de la que parte la Sentencia impugnada en el sentido de que los trabajadores no pueden ejercer su derecho a la intimidad en la empresa, con excepción de determinados lugares (vestuarios, servicios y análogos). Esta tesis resulta refutada por la citada doctrina del Tribunal Constitucional, que sostiene que la celebración del contrato de trabajo no implica en modo alguno la privación para una de las partes, el trabajador, de los derechos que la Constitución le reconoce como ciudadano, por más que el ejercicio de tales derechos en el seno de la organización productiva pueda admitir ciertas modulaciones o restricciones, siempre que esas modulaciones estén fundadas en razones de necesidad estricta debidamente justificadas por el empresario, y sin que haya razón suficiente para excluir a priori que puedan producirse eventuales lesiones del derecho a la intimidad de los trabajadores en los lugares donde se realiza la actividad laboral propiamente dicha.[387]

Atribui-se a José João Abrantes a expressão "cidadania na empresa", explicando o referido autor que há determinados Direitos Fundamentais que não são especificamente laborais, mas devem ser exercidos por todos os trabalhadores, enquanto cidadãos, na empresa[388]. Ou seja, são direitos atribuídos "genericamente aos cidadãos, exercidos no quadro de uma relação jurídica de trabalho por cidadãos, que, ao mesmo tempo, são trabalhadores e que, por isso, se tornam verdadeiros direitos de matriz juslaborista, em razão dos sujeitos e da natureza da relação jurídica em que são feitos valer"[389].

Tais direitos laborais inespecíficos dos trabalhadores são os previstos para todos os cidadãos, sendo àqueles assegurados, dentre outros, como já asseverou Rua de Almeida, "o direito à personalidade, o direito à informação, o direito à presunção de inocência, o direito à ampla defesa e o direito ao contraditório"[390] e, poderia ser acrescentado, o direito à privacidade, intimidade e à liberdade religiosa.

A Constituição da República portuguesa prevê o direito à informação como direito laboral específico, dispondo em seu art. 54, 5, alínea *a*, sobre o direito à comissão de representação dos trabalhadores para a defesa dos interesses e intervenções democráticas na vida da empresa, assim como no

---

(387) Disponível em: <http://hj.tribunalconstitucional.es/HJ/docs/BOE/BOE-T-2000-9223.pdf>. Acesso em: 4.1.2015.
(388) *Op. cit.*, p. 60.
(389) *Op. cit.*, p. 60.
(390) Os direitos laborais inespecíficos dos trabalhadores. In: ALMEIDA, Renato Rua de (coord.); SUPIONI JUNIOR, Claudimir; SOBRAL, Jeana Silva (orgs.). *Direitos laborais inespecíficos. Os direitos gerais de cidadania na relação de trabalho.* São Paulo: LTr, 2012. p. 9-13.

art. 55, 6, do mesmo Diploma Legal, em relação aos representantes eleitos para o exercício da liberdade sindical[391], que nada mais é do que uma liberdade social.

Por seu turno, o Código do Trabalho português de 2009, em seu art. 338, proíbe terminantemente a despedida de empregado sem que haja uma justa causa para tanto, ou seja, há de ter, pelo menos, uma causa e esta deve ser justa, contemplando a necessidade de motivação no ato da despedida. Também se encontra no art. 353 do mesmo Código referência ao direito de informação, quando esse dispositivo assegura que, na despedida por justa causa, há a necessidade de o empregador comunicar a respectiva falta ao obreiro, por escrito, bem assim à comissão de trabalhadores, garantindo-se, dessa forma, a possível análise dos motivos da dispensa perante o Órgão Extrajudicial ou pelo Poder Judiciário.

A Constituição Federal de 1988 assegurou o direito à informação a todos os cidadãos em seu art. 5º, XIV, e o direito ao devido processo legal no mesmo artigo, inciso LIV, e tais direitos, de cidadania que são, invadem o contrato de emprego, limitando a livre-iniciativa, igualmente protegida pela Constituição (art. 170).

Vale dizer, a livre-iniciativa não se constitui em direito constitucional absoluto, encontrando limites no dever de informação e motivação, bem assim na própria cláusula do devido processo legal, que, na verdade, já contém aquele.

A cláusula do devido processo legal é aberta, "instituto de teor inexato, vago, indefinido"[392], contendo em si algumas garantias, como, por exemplo, o dever de informação e motivação das decisões[393], com o único fim de inibição do arbítrio[394].

Nas palavras da Ministra Carmen Lúcia, o devido processo legal é princípio basilar de qualquer Estado Democrático de Direito e entre nós está previsto no art. 5º, LIV, da CRFB/88, sendo um conjunto de elementos jurídicos garantidores de direitos fundamentais, como: "a) direito de ser

---

(391) Art. 55, 6 da Constituição de Portugal: "Os representantes eleitos dos trabalhadores gozam do direito à informação e consulta, bem como à proteção legal adequada contra quaisquer formas de condicionamento, constrangimento ou limitação do exercício legítimo das suas funções".
(392) BRAGA, Paula Sarno. *Op. cit.*, p. 180.
(393) Cf. PARIZ, Ângelo Aurélio Gonçalves. *O princípio do devido processo legal:* direito fundamental do cidadão. Coimbra: Almedina, 2009. p. 130-138.
(394) Sobre a evolução da referida cláusula, veja-se a obra de: PEREIRA, Ruitemberg Nunes. *O princípio do devido processo legal substantivo.* Rio de Janeiro: Renovar, 2005.

ouvido; b) direito ao oferecimento e produção de provas; c) direito a uma decisão fundamentada"[395].

É evidente que dita cláusula foi idealizada para coibir abusos estatais, mas o conceito evoluiu com o pensamento de que determinadas entidades possuem poderes privados próprios ou equivalentes ao Estado e, como tal, sofrem limitações para que não haja arbítrio nas suas decisões, sobretudo nas decisões que aplicam sanções.

Hodiernamente é correto se falar que os deveres de informação e motivação, decorrentes que são do devido processo legal, tido como cláusula abstrata[396], penetram nas relações particulares, sendo a relação de emprego um dos maiores campos para a sua aplicação, diante da assimetria existente entre empregado e empregador.

Ou seja, aliados aos direitos laborais específicos, previstos no Capítulo II da Constituição Federal de 1988, estão os direitos de cidadania, dentre os quais se destacam o direito de informação e motivação das decisões[397], corolários do devido processo legal.

Vecchi lança luzes sobre a necessidade de aplicação da cláusula do devido processo legal — tida por ele como um direito laboral inespecífico — na dispensa do empregado por motivo disciplinar, afirmando que a garantia constitucional incide diretamente na relação de emprego, impedindo que o empregado seja despedido por ato único do empregador, sem que possa apresentar defesa prévia, ou sequer apresentar seus motivos. Dessa forma:

> necessário se faz uma "filtragem constitucional" das noções antes tidas e "consagradas" sobre o poder empregatício, a fim de que esse poder se exerça não como um poder arbitrário e isolado dentro do contrato de trabalho, mas que se submeta aos ditames da ordem jurídica vigente. Afirmar que os direitos fundamentais e os princípios constitucionais são limites e condicionamentos ao exercício do poder disciplinar do empregador é afirmar que o ser humano é um fim em si, não um meio, sendo dotado de dignidade,

---

(395) ROCHA, Carmem Lúcia Antunes. Devido processo legal. *Revista de Informação Legislativa*, ano 34, n. 136, p. 15, 1997.
(396) No dizer de Nelson Nery Junior: "bastaria a norma constitucional haver adotado o princípio do *due process of law* para que daí decorressem todas as consequências processuais que garantiriam aos litigantes o direito a um processo e a uma sentença justa. É, por assim dizer, o gênero do qual todos os demais princípios constitucionais do processo são espécies" (*Princípios do processo civil na constituição federal*. 7. ed. São Paulo: Revista dos Tribunais, 2002. p. 32).
(397) Paula Sarno Braga (*op. cit.*, p. 181, 183, 193), analisando o alcance da cláusula do devido processo legal, assegura que desta decorre a necessidade de "decisões motivadas", ou "decisões fundamentadas".

bem como que o empregado não deixa de ser cidadão ao adentrar no "chão da fábrica".[398]

O Ordenamento Jurídico brasileiro, bem como a jurisprudência, vêm consagrando que tais direitos específicos aos cidadãos, mas, ainda inespecíficos[399] aos trabalhadores, permeiam as relações particulares, sobretudo quando tais desvelam um poder privado. É sobre isso que tratarão os tópicos seguintes, mas não sem antes analisar o dever de informação à luz da boa-fé.

2. O DEVER DE INFORMAÇÃO E A BOA-FÉ CONTRATUAL

Contrapondo-se ao paradigma clássico que via a relação obrigacional como um vínculo estático, resultante da soma do crédito e do débito, a doutrina mais moderna[400] enxerga a obrigação de forma processual, orgânica ou funcional. O vínculo obrigacional "é bipolar, por certo, mas não pode ser visto de uma perspectiva atomista e estática. Ao contrário, o conceito engloba os elementos de todas as relações obrigacionais concretas que se apresentam na prática jurídico-social"[401], tanto que as relações obrigacionais carregam internamente deveres conexos e acessórios, dentre os quais se encontra o dever de informação, que é legítima expressão da boa-fé objetiva[402].

Explicando que o princípio da boa-fé cumpre uma tripla função interpretativa, integrativa e limitativa, e que todas afetam diretamente o exercício do poder de direção empresarial, afirma Bravo Ferrer que tais peritem:

> *dotar de seguridad jurídica y transparencia y de facilitar al trabajador el cumprimiento de sus deberes y el ejercicio de sus derechos, como ocurre*

---

(398) VECCHI, Ipojucan Demétrius. A eficácia dos direitos fundamentais nas relações privadas: o caso da relação de emprego. *Revista TST*, Brasília, v. 77, n. 3, p. 111-135, jul./set. 2011.
(399) Eis a doutrina de Vecchi: "os direitos fundamentais inespecíficos são aqueles direitos não destinados de forma especial aos trabalhadores nas relações de trabalho ou de emprego, mas, sim, os direitos fundamentais que são destinados a qualquer pessoa humana, a qualquer cidadão. Como exemplos, podem ser citados os direitos à intimidade e vida privada, direito de expressão, liberdade religiosa, devido processo legal e direito à honra" (VECCHI, Ipojucan Demétrius. A eficácia dos direitos fundamentais nas relações privadas: o caso da relação de emprego. *Rev. TST*, Brasília, v. 77, n. 3, p. 111-135, jul./set. 2011).
(400) MARTINS-COSTA, Judith. *A boa-fé no direito privado:* sistema e tópica no processo obrigacional. São Paulo: Revista dos Tribunais, 1999. *passim*.
(401) MARTINS-COSTA, Judith. *Op. cit.*, p. 393.
(402) Eis a doutrina de Edilton Meireles: "a boa-fé subjetiva tem como parâmetro de aferição o comportamento ético do agente, sempre de foro íntimo. Já a boa-fé objetiva é apurada a partir de um comportamento que se exterioriza, de forma objetiva, tendo em vista confiança depositada em outrem" (*Abuso de direito na relação de trabalho*, cit., p. 57).

> *por ejemplo en el posible reconocimiento de un deber de motivación de las decisiones empresariales que afectan al trabajador, sobre todo las que restringen sus derechos que podría julgar un papel importante en la transparencia y no arbitrariedad en el ejercicio de los poderes empresariales, pero también en la configuración de posiciones activas del trabajador que pueden condicionar e incluso activar el ejercicio del poder de dirección integrando en la buena fe a cargo del empresario no sólo el respeto sino también la tutela y protección de los derechos del trabajador frente a inferencias o límites de otros sobre los que el empresario puede ejercer su poder de dirección.*[(403)]

Também no mesmo sentido, é a doutrina de Gil y Gyl, para quem

> *la información desempeña un cometido importante y autónomo en el contrato de trabajo, que concierne a la defensa del trabajador como la parte más débil del vínculo jurídico, y que acentúa los rasgos de igualdad sobre los de predomínio del empresario.*[(404)]

Vale transcrever as palavras de Alan Supiot:

> a promoção da informação é um fenômeno jurídico geral que se traduziu de duas maneiras. Em primeiro lugar, por um aumento das obrigações de informação e de "transparência", que afetam de agora em diante todos os contratos e modificam a concepção tradicional de inúmeros vínculos sociais [...]. Depois, por uma patrimonialização da informação, que é cada vez mais amiúde tratada como um bem imaterial apropriável.[(405)]

O contrato de emprego nada mais é do que um conjunto de deveres e obrigações, contendo em si obrigações conexas, sendo o dever de informação — tendo como corolária a necessidade de motivação — uma evidente manifestação do princípio da boa-fé, que justifica e informa a necessidade de o empregador motivar o ato de despedida[(406)].

---

(403) ESCUDERO RODRÍGUEZ, Ricardo (coord.); BRAVO FERRER, Miguel Rodríguez-Piñero y. *El poder de dirección del empresario:* nuevas perspectivas. Madrid: La Ley, 2005. p. 19.
(404) *Op. cit.*, p. 207.
(405) SUPIOT, ALAN. Homos juridicus. *Ensaio sobre a função antropológica do direito*. Tradução de Maria Ermantina de Almeida Prado Galvão. São Paulo: Martins Fontes, 2007. p. 155.
(406) Maria Beatriz Ribeiro Dias (Direito à informação no direito do trabalho. In: ALMEIDA, Renato Rua de (coord.); SUPIONI JUNIOR, Claudimir; SOBRAL, Jeana Silva (orgs.). *Direitos laborais inespecíficos:* os direitos gerais de cidadania na relação de trabalho. São Paulo: LTr, 2012. p. 83-91) assegura que o empregador possui dever de informar ao empregado os motivos da sua despedida, para que não haja ofensa à boa-fé, pois o "direito de informação é dever conexo ao princípio da boa-fé contratual e também consagrado como Direito Fundamental".

3. Motivação e devido processo legal para aplicação de penalidades: o paradigma estabelecido pelo código civil

O direito às decisões motivadas, conforme análise elaborada nos itens antecedentes, deriva da cláusula do devido processo legal, e esta, por ser disposição aberta, também comporta o direito de informação, que nada mais é do que uma pequena parcela do *due process of law*, e toda essa gama de garantias invade as relações privadas, sobretudo a relação de emprego, onde há forte poder social.

O direito de informação, enquanto fundamental, igualmente decorre do princípio da boa-fé objetiva (CC, art. 422), permitindo que as partes convenentes possuam ciência contratual equivalente.

Há muito tempo doutrina e jurisprudência vêm admitindo a aplicação do devido processo legal nas relações privadas, mesmo que não haja previsão formal alguma nesse sentido no liame estabelecido entre as partes[407]. Isso ocorre, principalmente, por dois motivos: i) a referida cláusula é garantia constitucional fundamental e, como tal, é de observância obrigatória em todos os setores sociais, pois todo o aparato jusfundamental estabelecido na Constituição possui dimensão objetiva e efeito irradiante; ii) as relações privadas não podem servir de refúgio à penetração dos Direitos Fundamentais, sobretudo quando se trata de pactuações eivadas de grande desequilíbrio entre as partes envolvidas, diante da existência de poder social.

Por pertinentes, eis a transcrição das palavras de Júlio Amaral:

> tal como ocorre nas relações jurídicas mantidas com os poderes públicos, os particulares também não podem afrontar os direitos fundamentais. A liberdade e a dignidade dos indivíduos são bens intangíveis, sendo certo que a autonomia da vontade somente poderá atuar até aquele lugar em que não haja ofensas ao conteúdo mínimo essencial desses direitos e liberdades. E isso não é diferente no âmbito de uma relação trabalhista.[408]

---

(407) Perceba-se que na relação de emprego o TST admite o devido processo legal na relação privada, mas desde que tal peculiaridade tenha sido prevista em ato empresarial interno (Súmula n. 51), mas não como decorrente diretamente da Constituição. Tal entendimento deve ser revisto, diante da tese ora defendida, no sentido da incidência direta da cláusula do devido processo legal e outros direitos laborais inespecíficos na relação havida entre empregado e empregador.

(408) AMARAL, Júlio Ricardo de Paula. Os direitos fundamentais e a constitucionalização do direito do trabalho. *Revista do TRT — 9ª Região*, Curitiba, ano 35, n. 65, jul./dez. 2010.

Determinadas entidades privadas, a exemplo das associações, agremiações e entidades de classe, possuem poderes semelhantes ao Estado, como a faculdade de se fixar penalidades e de se aplicarem sanções, inclusive com expulsão de seus integrantes.

Diante de tal poder privado, surge a necessária reflexão sobre a penetração da cláusula do devido processo legal nesse tipo de relação, sendo o direito à informação/motivação a microparcela de tal cláusula, necessário à tutela maior, que é o acesso ao Poder Judiciário para que este possa analisar os motivos da aplicação da reprimenda, elaborando até um juízo de razoabilidade[409].

3.1. Entidades associativas e sociedades

Sociedades e associações, segundo o art. 44 do Código Civil, são pessoas jurídicas de direito privado, sendo ambas a reunião de pessoas com objetivos comuns. Diferenciam-se as associações das sociedades, pois aquelas são formadas pela união de pessoas organizadas para fins não econômicos, ao passo que nas sociedades a finalidade do agrupamento humano é elaborada com objetivos econômicos e lucrativos (art. 966).

Tais entidades privadas, seguindo a diretriz constitucionalmente traçada acerca da liberdade associativa (CRFB/88, art. 5º, XX), se organizam por intermédio da Lei e, principalmente, por meio de seus estatutos sociais, podendo estes prever regras de organização, funcionamento e comportamento da pessoa jurídica para com os seus membros e vice-versa.

Dentre as regras, os ditos estatutos podem instituir penalidades, ou sanções convencionais, devidas em caso de descumprimento de alguma regra estatutária ou legal, tais como advertências, multas, suspensões de direitos, ou até mesmo a exclusão dos sócios/associados da entidade.

Nesse passo, é dever dessas entidades privadas a observância do devido processo legal, constituído, dentre outras garantias, pela necessária motivação do ato punitivo, para que assim a sanção possa

---

(409) Ruitemberg Nunes Pereira (*O princípio do devido processo legal substantivo*. Rio de Janeiro: Renovar, 2005. p. 238), após traçar detalhadamente a evolução do princípio do devido processo legal substantivo, afirma que "nenhum outro instituto simbolizou tanto essa viragem hermenêutica em busca do ideal de justiça, por meio da abertura constitucional e de sua tendência à observância de valores e princípios não propriamente positivados, quanto o instituto do devido processo legal em sua vertente material".

eventualmente ser analisada pelo Estado-Juiz, ainda que não haja previsão estatutária nesse sentido.

Isso ocorre porque tal garantia fundamental, diante de sua dimensão objetiva, penetra diretamente nas relações particulares, encontrando o princípio da autonomia privada limitação na cláusula do *due process of law*.

É dizer, se o exercício do princípio da autonomia privada permite a reunião de pessoas com a mesma finalidade, constituídas em torno de sociedade ou associação, tais entidades não podem agir de forma ilimitada e absoluta. Ao revés, devem guardar obediência a todos os Direitos Fundamentais, dentre os quais se destaca o processo devido e suas consequências, como o dever de informação de atos, motivação de decisões, contraditório e ampla defesa[410].

É interessante perceber que a redação originária do art. 57 do Código Civil de 2002 previa a possibilidade de exclusão do associado, somente admissível em havendo justa causa, devidamente prevista no estatuto da entidade e, se esse fosse omisso, o membro da associação poderia ser, ainda assim, punido, desde que fossem reconhecidos motivos graves, em deliberação associativa fundamentada, pela maioria absoluta dos presentes à assembleia geral, cabendo recurso para essa mesma assembleia, em caso de exclusão do associado.

Extrai-se do dispositivo legal que não havia qualquer previsão acerca do devido processo legal, ampla defesa ou contraditório, embora houvesse disposição legal acerca da necessidade de motivação no ato de expulsão do associado. Mesmo assim, tanto a doutrina[411] quanto a juris-

---

(410) Nesse sentido, a lição paradigmática e inovadora de Braga: "sucede que esses entes associativos não podem punir o associado ou o sócio por transgressão de normas legais ou estatutárias, sem assegurar-lhe um processo prévio pautado na lei e na razoabilidade. Deve ser respeitado o devido processo legal em suas facetas formal e material, seguindo-se um rito permeado por garantias mínimas como contraditório, ampla defesa, direito a provas, juiz natural, decisões fundamentadas etc. que se encerre com uma decisão equilibrada e proporcional (BRAGA, Paula Sarno. *Op. cit.*, p. 213).

(411) Referindo-se ao art. 57, disse Venosa: "esse dispositivo disse menos do que devia; qualquer que seja a dimensão da sociedade ou a gravidade da conduta do associado, deve ser-lhe concedido amplo direito de defesa. Nenhuma decisão de exclusão de associado, ainda que o estatuto permita e ainda que decidida em assembleia geral convocada para tal fim, pode prescindir de procedimento que permita ao indigitado sócio produzir sua defesa e suas provas. O princípio, que poderia estar enfatizado nesse artigo do Código, decorre de princípios individuais e garantias constitucionais em prol do amplo direito de defesa (art. 5º, LV, da Constituição). Processo sumário ou defeituoso para exclusão de sócio não resistirá certamente ao exame pelo Poder Judiciário. Isso é verdadeiro não somente para a pena de exclusão do quadro social, que é a mais grave; mas também para as demais penalidades que podem ser impostas, como advertência, repreensão, multa ou suspensão" (VENOSA, Sílvio de Salvo. *Direito civil*: parte geral. 3. ed. São Paulo: Atlas, 2003. p. 288).

prudência[412] já entendiam que a cláusula do devido processo legal deveria ser observada para a aplicação da pena capital na entidade privada.

Embora as decisões advindas do Poder Judiciário obrigassem a aplicação do devido processo legal para a exclusão dos associados, não havia um enfrentamento direto acerca da eficácia dos Direitos Fundamentais nas relações privadas, tendo o Supremo Tribunal Federal, por meio do julgamento do Recurso Extraordinário n. 201.819, finalmente, apontado o caminho a ser percorrido.

Na referida decisão, a Corte Suprema, ponderando a colisão firmada entre o princípio da autonomia privada *versus* o princípio do devido processo legal, decidiu que as relações privadas não são impermeáveis aos Direitos Fundamentais, devendo, ao revés, serem estes observados nas relações travadas entre particulares, sobretudo quando o ato for de aplicação de penalidade, em que se observará a motivação da decisão, assim como as garantias do contraditório e da ampla defesa[413].

---

(412) "É nulo o procedimento de exclusão de associado dos quadros de associação, quando não se observa o devido processo legal nem as garantias dele decorrentes, tais como o contraditório e a ampla defesa, além de serem infringidas outras normas legais e estatutárias. — Os danos morais são presumidos no caso de violação à honra, pois se trata de direito personalíssimo, razão pela qual a negligência na instauração e no desenvolvimento de procedimento de exclusão irregular enseja o direito à indenização de cunho compensatório". (MINAS GERAIS. Tribunal de Alçada do Estado de Minas Gerais. Constitucional. *Apelação Cível n. 2.0000.00.480020-4/000(1)*, da 5ª Câmara Cível do Tribunal de Alçada do Estado de Minas Gerais. Relator: Desembargador Elpídio Donizetti. Belo Horizonte, 16 de março de 2005. Disponível em: <http://www.tjmg.gov.br>. Acesso em: 4.1.2015.
"Ação ordinária de Reintegração em sociedade recreativa. Direito de defesa não assegurado. Nulidade do ato. Independentemente da legitimidade ou não dos motivos que ensejaram a exclusão dos autores do quadro social, percebe-se, com clareza, que estes não tiveram assegurado o direito à ampla defesa, com previsão tanto na Constituição Federal, como no estatuto da entidade demandada. Por outro lado, ainda que pudesse superar o obstáculo formal, a versão apresentada pela ré para a punição aplicada não é consentânea com a realidade, pois, inexistiu cedência exclusiva da área comunitária, em seu favor, por parte da prefeitura e de particular, de modo que não poderia impedir que as pessoas se organizassem fora de suas regras, para a prática de futebol". (RIO GRANDE DO SUL. Tribunal de Justiça do Rio Grande do Sul. Constitucional. *Apelação Cível . 70002714095*, da 11ª Câmara Cível do Tribunal de Justiça do Rio Grande do Sul. Relator: Desembargador Luiz Ary Vessini de Lima. Porto Alegre, 31.10.2002. Disponível em: <http://www.tj.rs.gov.br>. Acesso em: 4.1.2015.
(413) EMENTA: SOCIEDADE CIVIL SEM FINS LUCRATIVOS. UNIÃO BRASILEIRA DE COMPOSITORES. EXCLUSÃO DE SÓCIO SEM GARANTIA DA AMPLA DEFESA E DO CONTRADITÓRIO. EFICÁCIA DOS DIREITOS FUNDAMENTAIS NAS RELAÇÕES PRIVADAS. RECURSO DESPROVIDO. I. EFICÁCIA DOS DIREITOS FUNDAMENTAIS NAS RELAÇÕES PRIVADAS. As violações a direitos fundamentais não ocorrem somente no âmbito das relações entre o cidadão e o Estado, mas igualmente nas relações travadas entre pessoas físicas e jurídicas de direito privado. Assim, os direitos fundamentais assegurados pela Constituição vinculam diretamente não apenas os poderes públicos, estando direcionados também à proteção dos particulares em face dos poderes privados. II. OS PRINCÍPIOS CONSTITUCIONAIS COMO LIMITES À AUTONOMIA PRIVADA DAS ASSOCIAÇÕES. A ordem jurídico-constitucional brasileira não conferiu a qualquer associação civil a possibilidade de agir à revelia dos princípios inscritos nas leis e, em especial, dos postulados que têm por fundamento direto o próprio texto da Constituição da República, notadamente em tema de proteção

Colhe-se, ainda, da aludida decisão, que o caráter público da atividade desenvolvida pela União Brasileira de Compositores e a dependência do vínculo associativo para o livre exercício profissional de seus sócios justificam a aplicação direta dos Direitos Fundamentais, máxime o devido processo legal, o contraditório e a ampla defesa, demonstrando a Suprema Corte que, quanto maior o poder privado, maior deve se a aplicação das normas jusfundamentais na relação particular.

O debate acerca da ausência de um processo devido com possibilidade de contraditório e ampla defesa acirrou-se e o art. 57 do Código Civil foi alterado pela Lei n. 11.127/2005, passando o dispositivo a prever expressamente que o associado em risco de exclusão tem direito a tais garantias processuais, nos termos do estatuto, consagrando a Lei o que já vinha sendo feito para jurisprudência e ratificado pela doutrina.

Ou seja, hoje há ordem expressamente dirigida às entidades associativas, para que estas, no exercício de sua autonomia privada, prevejam o modo como o Direito Fundamental ao devido processo legal será observado na aplicação da penalidade de expulsão, não havendo margem para a não previsão da garantia nos estatutos.

às liberdades e garantias fundamentais. O espaço de autonomia privada garantido pela Constituição às associações não está imune à incidência dos princípios constitucionais que asseguram o respeito aos direitos fundamentais de seus associados. A autonomia privada, que encontra claras limitações de ordem jurídica, não pode ser exercida em detrimento ou com desrespeito aos direitos e garantias de terceiros, especialmente aqueles positivados em sede constitucional, pois a autonomia da vontade não confere aos particulares, no domínio de sua incidência e atuação, o poder de transgredir ou de ignorar as restrições postas e definidas pela própria Constituição, cuja eficácia e força normativa também se impõem, aos particulares, no âmbito de suas relações privadas, em tema de liberdades fundamentais. III. SOCIEDADE CIVIL SEM FINS LUCRATIVOS. ENTIDADE QUE INTEGRA ESPAÇO PÚBLICO, AINDA QUE NÃO-ESTATAL. ATIVIDADE DE CARÁTER PÚBLICO. EXCLUSÃO DE SÓCIO SEM GARANTIA DO DEVIDO PROCESSO LEGAL.APLICAÇÃO DIRETA DOS DIREITOS FUNDAMENTAIS À AMPLA DEFESA E AO CONTRADITÓRIO. As associações privadas que exercem função predominante em determinado âmbito econômico e/ou social, mantendo seus associados em relações de dependência econômica e/ou social, integram o que se pode denominar de espaço público, ainda que não-estatal. A União Brasileira de Compositores — UBC, sociedade civil sem fins lucrativos, integra a estrutura do ECAD e, portanto, assume posição privilegiada para determinar a extensão do gozo e fruição dos direitos autorais de seus associados. A exclusão de sócio do quadro social da UBC, sem qualquer garantia de ampla defesa, do contraditório, ou do devido processo constitucional, onera consideravelmente o recorrido, o qual fica impossibilitado de perceber os direitos autorais relativos à execução de suas obras. A vedação das garantias constitucionais do devido processo legal acaba por restringir a própria liberdade de exercício profissional do sócio. O caráter público da atividade exercida pela sociedade e a dependência do vínculo associativo para o exercício profissional de seus sócios legitimam, no caso concreto, a aplicação direta dos direitos fundamentais concernentes ao devido processo legal, ao contraditório e à ampla defesa (art. 5º, LIV e LV, CF/88). IV. RECURSO EXTRAORDINÁRIO DESPROVIDO. BRASIL. Supremo Tribunal Federal. Constitucional. *Recurso Ordinário n. 201819*, da 2ª Turma do Supremo Tribunal Federal. Relatora: Ministra Ellen Gracie. Brasília, 11 de outubro de 2005. Disponível em: <www.stf.gov.br>. Acesso em: 4.1.2015.

É interessante perceber que há um silêncio na Lei Civil em relação à aplicação de outras sanções, como a suspensão ou advertência, embora doutrina[414] e jurisprudência não estejam fazendo distinção entre a aplicação da penalidade de expulsão ou outras mais leves, como dá conta a seguinte ementa:

> APELAÇÃO CÍVEL. AÇÃO ANULATÓRIA DE ATO JURÍDICO C/C DANOS MORAIS. CLUBE RECREATIVO. SUSPENSÃO DO SÓCIO DE FREQUENTAR O CLUBE POR TRINTA DIAS. INOBSERVÂNCIA DOS PRINCÍPIOS CONSTITUCIONAIS DO CONTRADITÓRIO E DA AMPLA DEFESA. DANOS MORAIS CONFIGURADOS. OBRIGAÇÃO DE INDENIZAR. SENTENÇA REFORMADA. RECURSO PROVIDO.[415]

Em relação às sociedades, o Código Civil silenciou relativamente, tendo-se que apenas o art. 44, § 2º, prevê que "as disposições concernentes às associações aplicam-se subsidiariamente às sociedades". É dizer, todas as previsões contidas no art. 57 devem ser observadas nas relações travadas entre sociedade e sócio, sobretudo quando se tratar de risco de expulsão deste, ou aplicação de outras penalidades, sendo obrigatório o cumprimento do devido processo legal.

Nada obstante, o art. 1.085 do Código Civil estabelece o procedimento para exclusão de sócio minoritário das sociedades limitadas, dispondo expressamente que somente poderá se dar a pena capital por ato de "inegável gravidade", devidamente apurado em assembleia convocada com tal fim, desde que o estatuto respectivo haja previsto a exclusão por justa causa, sendo, em todo caso, necessária a prévia ciência do acusado em tempo hábil, para que este possa comparecer à assembleia e apresentar defesa.

Advoga Braga que o princípio-garantia do devido processo legal foi explicitamente previsto no indigitado dispositivo, quando da exclusão do sócio minoritário da sociedade limitada e que a regra deve ser aplicada por analogia em todas as formas societárias[416].

---

(414) Eis a lição de Paula S. Braga (op. cit., p. 218): "conclui-se, assim, com base nessa doutrina, que o dispositivo em questão [CC, art. 57] deve ser alvo de uma interpretação bem abrangente, para entender-se que assegurou não só a ampla defesa, mas, sim, um autêntico processo prévio orientado por *todas* as garantias inerentes ao devido processo legal — dentre elas, o direito a provas, a publicidade, a um julgador natural, a decisões fundamentadas e razoáveis. E mais, esse processo é exigível não só para a exclusão do associado, como também para infligir qualquer outro tipo de sanção (ex.: multa, suspensão de direitos etc.)".
(415) RIO GRANDE DO SUL. Tribunal de Justiça do Rio Grande do Sul. Constitucional. *Apelação Cível n. 216167*, Relator: Desembargador Carlos Adilson Silva. Porto Alegre, 27.8.2009. Disponível em: <http://www.tj.rs.gov.br>. Acesso em: 30.1.2013.
(416) BRAGA, Paula Sarno. *Op. cit.*, p. 219.

Em relação às sociedades cooperativas, a 2ª Turma do Supremo Tribunal Federal (RE n. 158.215-RS) já possui julgado paradigmático, cuja relatoria coube ao Ministro Marco Aurélio de Melo, decisão esta sempre apontada quando se fala em aplicação dos Direitos Fundamentais nas relações privadas, como sendo a pioneira nesse sentido. Veja-se:

> DEFESA — DEVIDO PROCESSO LEGAL — INCISO LV DO ROL DAS GARANTIAS CONSTITUCIONAIS — EXAME — LEGISLAÇÃO COMUM. A intangibilidade do preceito constitucional assegurador do devido processo legal direciona ao exame da legislação comum. Daí a insubsistência da óptica segundo a qual a violência à Carta Política da República, suficiente a ensejar o conhecimento de extraordinário, há de ser direta e frontal. Caso a caso, compete ao Supremo Tribunal Federal exercer crivo sobre a matéria, distinguindo os recursos protelatórios daqueles em que versada, com procedência, a transgressão a texto constitucional, muito embora torne-se necessário, até mesmo, partir-se do que previsto na legislação comum. Entendimento diverso implica relegar à inocuidade dois princípios básicos em um Estado Democrático de Direito — o da legalidade e do devido processo legal, com a garantia da ampla defesa, sempre a pressuporem a consideração de normas estritamente legais. COOPERATIVA — EXCLUSÃO DE ASSOCIADO — CARÁTER PUNITIVO — DEVIDO PROCESSO LEGAL. Na hipótese de exclusão de associado decorrente de conduta contrária aos estatutos, impõe-se a observância ao devido processo legal, viabilizado o exercício amplo da defesa. Simples desafio do associado à assembleia geral, no que toca à exclusão, não é de molde a atrair adoção de processo sumário. Observância obrigatória do próprio estatuto da cooperativa.[417]

A controvérsia havida em torno da aplicação do devido processo legal e as garantias que lhe são decorrentes, quando se trata de aplicação de penalidades nas relações societárias ou associativas, hoje, diante das decisões da Corte Maior, não encontra mais tanta divergência.

3.2. Relações condominiais

Embora o condomínio não seja legalmente considerado pessoa física ou jurídica, o Código Civil lhe dedicou atenção especial, dispondo, inclusive, sobre as sanções pecuniárias que poderão ser aplicadas aos condôminos faltosos.

---

(417) DJ de 7.6.1996. Disponível em: <www.stf.gov.br>. Acesso em: 4.1.2015.

O art. 1.336, I, do Código Civil elaborou um sistema de aplicação de penalidade de forma graduada, sendo certo que o condômino, praticante dos atos previstos como faltas na convenção condominial, pode ser punido, de acordo com a forma posta no ferido dispositivo legal, penalidade a ser aplicada, logicamente, pelo próprio condomínio.

A Lei Civil não traz qualquer previsão acerca da possibilidade de outras sanções que não as pecuniárias já legalmente previstas, como a restrição de áreas comuns, ou até a expulsão do condômino.

No entanto, tanto a doutrina[418] quanto a jurisprudência[419] têm se inclinado sobre a necessidade de aplicação do devido processo legal — principalmente a apresentação de uma justificativa para o ato — quando o condomínio desejar aplicar penalidades não pecuniárias, devidamente previstas na norma convencional.

O Enunciado n. 92 do Conselho da Justiça Federal enfaticamente estabelece: "as sanções do CC art. 1.337 não podem ser aplicadas sem que se garanta direito de defesa ao condômino nocivo".

3.3. O DEVER DE MOTIVAÇÃO NA AÇÃO DE DESPEJO

O direito à habitação proveniente de contrato de locação é protegido pela Lei n. 8.245, de 1991, estabelecendo esta em seu art. 59 que tal direito somente pode ser suprimido mediante ação de despejo, devidamente fundada nos exclusivos motivos presentes nos nove incisos do indigitado dispositivo legal.

É dizer, necessariamente o direito de o proprietário reaver seu imóvel locado a inquilino faltoso, por qualquer outro motivo expressamente previsto em lei, somente pode se dar mediante ação própria e desde que haja uma razão, devidamente comprovada processualmente, a não ser, é lógico, que as partes livremente contemplem cláusula em contrário.

---

(418) Cf. VENOSA, Sílvio de Salvo. *Direito civil*: direitos reais. 3. ed. São Paulo: Atlas, 2003. p. 299-307.
(419) É o que se extrai da decisão emanada do TJSP: "Medida cautelar — Direito de uso do salão de festas do condomínio obstado ao condômino inadimplente -Inadmissibilidade — Imposição injustificada de restrição ao uso das áreas comuns em decorrência da inadimplência — Violação ao direito de propriedade — Discussão da dívida em regular ação de cobrança e em consignatória, ambas em trâmite — Sentença mantida — Improvida a irresignação recursal" (SÃO PAULO. Tribunal de Justiça de São Paulo. *Apelação Cível n.* 0150356-03.2006.8.26.0000, 8ª Câmara de Direito Privado. Relator: Luiz Ambra. São Paulo, 4.7.2011. Disponível em: <http://www.jusbrasil.com.br/jurisprudencia/19978391/apelacao-apl-1503560320068260000-sp-0150356-0320068260000-tjsp>. Acesso em: 4.1.2015).

4. A NECESSIDADE DA MOTIVAÇÃO DA DESPEDIDA COMO CONSEQUÊNCIA DO DEVIDO PROCESSO LEGAL APLICÁVEL À RELAÇÃO DE EMPREGO

Ao longo do tópico anterior, observou-se que as normas civis, que possuem como um dos principais pilares a igualdade entre as partes, não dissentem quando o assunto é aplicação do dever de motivação dos atos punitivos nas entidades privadas, assim como também não ignoram o fato de que tal dever motivacional decorre do princípio do devido processo legal, paradigma legal acolhido tanto pela doutrina quanto pela jurisprudência, inclusive por meio de decisões do Supremo Tribunal Federal.

Viu-se, também, que todas as normas cíveis analisadas dispõem sobre o *due process of law* e as garantias que lhe são decorrentes nas relações privadas e que isso somente é possível diante da percepção de que todos os Direitos Fundamentais invadem os entes particulares de forma objetiva e irradiante, limitando a autonomia privada, sobretudo quando tais entidades são dotadas do que se convencionou chamar de poder privado.

Ora, se até as normas civis, que têm como paradigma a plena igualdade das partes, consagram o dever de motivação nas entidades privadas quando estas desejam aplicar penalidades aos seus componentes, com muito mais razão tal dever se impõe na relação de emprego, quando o empregador deseja a dispensa do empregado[420].

Isso ocorre porque a relação de emprego, conforme já analisado no capítulo anterior, é eivada de forte poder social, sendo essa peculiaridade o principal motivo da observância dos assim denominados direitos laborais inespecíficos, como o devido processo legal e seus corolários, o dever de informação e o dever de motivação das decisões.

Quanto ao tema, é importante relembrar a lição de José João Abrantes, quando se refere à relação de emprego, pontificando que esta é eivada de grande desigualdade, sendo "precisamente aí, no caráter desigual dessas relações, que radica a necessidade de assegurar um efetivo exercício das liberdades"[421].

---

(420) Em sentido exatamente idêntico e em outras palavras, já se manifestou Vecchi (*op. cit.*), assegurando que o STF já pôs fim à discussão acerca da aplicabilidade do princípio do devido processo legal às relações privadas, e tal garantia deve ser amplamente observada na relação de emprego, pois "se mesmo em relações marcadas por um maior patamar de igualdade entre as partes houve a aplicação do devido processo legal, no campo do poder disciplinar do empregador, por ser a relação assimétrica, essa aplicação se torna ainda mais cogente".
(421) *Op. cit.*, p. 23.

É certo, porém, que o art. 7º, I, do Texto Constitucional consagrou como direito laboral específico — e aqui se relembram as palavras do Ministro Celso de Melo, no julgamento da ADI n. 1.480-DF, afirmando que o ordenamento jurídico brasileiro já defere a proteção contra a despedida arbitrária — a proteção à relação de emprego em face da despedida arbitrária e o dever de motivação já está inserido em tal assertiva, sendo certo que a aplicação da cláusula do devido processo legal, como direito laboral inespecífico, serve para fornecer mais um supedâneo jusfundamental desenvolvido ao longo de séculos como proibição *mater* ao arbítrio.

O cidadão-trabalhador, pelo simples fato de se vincular a uma relação em que é dependente[422] não se despe da condição maior que é justamente a de ser humano, detentor de todos os Direitos e Garantias Fundamentais consagrados na Constituição Federal de 1988, sendo a motivação do ato de dispensa um direito laboral inespecífico antes mesmo, até, de ser específico.

O art. 165 da CLT dispõe que será considerada como despedida arbitrária a que não se fundar em motivo disciplinar, técnico, econômico ou financeiro[423]. É dizer, se a Constituição contém proteção diretamente dirigida ao particular-empregador para que este não pratique despedida arbitrária, significa afirmar que não se pode despedir empregados sem que haja um dos motivos apontados no referido artigo da norma laborista, demonstrando o raciocínio que não pode o empregador despedir de forma vazia, pois, assim procedendo, estará praticando ato arbitrário[424].

Em obra que precisou com maestria a questão em análise, Valdete Souto Severo ressaltou que "arbitrário é sinônimo de destituído de motivos lícitos, e a motivação é, necessariamente, dever de quem tem a obrigação de motivar"[425].

Relembre-se, ainda assim, que o Código Civil de 2002, em seu art. 122, parece dialogar com a tese ora defendida, dispondo que entre as condições defesas por lei se incluem as que sujeitarem o negócio jurídico ao puro arbítrio de uma das partes.

---

(422) Esse é o termo técnico utilizado pela CLT e ora empregado para que se evitem futuras discussões acerca da subordinação clássica, objetiva, estrutural, reticular etc.
(423) Antônio Álvares da Silva (*op. cit.*, p. 253) não concorda com esse ponto de vista, dizendo que "essa opinião não pode ser aceita", pois o art. 165 da CLT define o que vem a ser a dispensa arbitrária e, a *contrario sensu*, "a dispensa que se baseia em motivo disciplinar, técnico, econômico ou financeiro não é protegida pela Constituição, ou seja, situa-se na área de permissibilidade jurídica.
(424) Essa também é a conclusão do Ministro Mauricio Godinho Delgado (*Curso de direito do trabalho*, cit., p. 1186), para quem o Direito do Trabalho brasileiro ainda não logrou incorporar, como regra geral, a necessidade de motivação e que, se isso ocorresse, "levaria ao fim da *dispensa meramente arbitrária* no mercado laborativo do país, que, se realiza por meio de simples ato potestativo empresarial".
(425) *Op. cit.*, p. 135.

Transplantando o regramento civilista para a contratação de emprego, é fácil perceber que o empregador não pode concentrar em suas mãos o arbítrio de dissolução do negócio jurídico, ou seja, não pode ele próprio decidir, por puro talante e sem qualquer motivação, o fim da relação de emprego, pois, assim procedendo, praticará ato defeso por Lei.

Pensar o contrário é permitir que as relações cíveis possuam regramento protetivo maior que o regramento constitucional trabalhista que, segundo os mais ortodoxos, permite a denúncia contratual vazia, sem qualquer motivação.

O raciocínio do arbítrio, concentrado na suposta possibilidade de o empregador despedir de forma vazia, não se justifica em um Estado que, antes de ser de Direito, é Democrático, e põe toda a ordem econômica fundada na valorização do trabalho humano, que não pode ser, de modo algum, ignorado pela livre-iniciativa (CRFB/88, art. 170, *caput*).

O entendimento em voga, constituído em torno do direito potestativo da despedida, além de ser ato antijurídico, contrário à Constituição e ao próprio Código Civil, atenta, inclusive, contra o modelo estabelecido para a proteção dos Direitos Sociais.

Tenha-se como exemplo a Lei n. 8.245, de 1991, que protege o direito de habitação (CRFB, art. 6º) do inquilino, somente permitindo que este deixe o imóvel contra a sua vontade, desde que haja um motivo relevante, expressamente apontado pela aludida Lei.

Se o direito de habitação é acobertado por norma de tal conotação, em que as partes são plenamente iguais, com mais razão ainda o mesmo raciocínio deve ser utilizado em relação ao direito *ao* trabalho, igualmente previsto na Constituição no rol dos Direitos Sociais.

Diante da análise das normas civilistas que pregam e asseguram a motivação quando as entidades privadas desejam aplicar penalidades, resta evidente que há uma grande aporia firmada em torno da ideia de faculdade de o empregador despedir empregados sem qualquer apresentação de motivos, justamente na relação de emprego, extremamente assimétrica e permeada de forte poder social, onde o dever de apresentação de motivos se faz ainda mais necessário.

A função de um Estado que se propõe comprometido com a realização dos Direitos Fundamentais é questionável diante da ausência da desejada Lei Complementar para regulamentar o art. 7º, I, do Texto Constitucional de 1988, em evidente desproteção para os trabalhadores. O que é mais curioso é que a insuficiente proteção estatal se dá exatamente na relação cujo paradigma principal é a proteção do ser humano trabalhador.

Se o Estado-Legislador é insuficiente pela sua inércia, o Estado-Juiz não é mais realizador dos Direitos Fundamentais nesse sentido. Ao revés, diuturnamente a OJ n. 347 da SDI-1 do TST é recordada e aplicada pela mais alta Corte Trabalhista, ratificando o direito de o empregador despedir de forma arbitrária, sem qualquer apresentação de motivos, espelhando o entendimento majoritário no Judiciário Trabalhista, que entende viável a despedida do empregado de forma vazia no contrato ordinário de trabalho, transplantando-se o mesmo raciocínio quando as relações se dão no âmbito público, por força do art. 173 da CRFB/88, que prevê a aplicação das normas trabalhistas para a contratação de pessoal.

É certo, porém, como já se disse, que algum avanço já foi observado, sobretudo nas despedidas coletivas, nas quais a citada Corte estabeleceu um *iter* a ser observando quando o empregador deseja se utilizar de sua faculdade resilitória contratual, constituída em torno da necessidade de negociação coletiva prévia para tal mister.

No citado *leading case* da Embraer, o TST consagrou a necessidade de um devido processo legal na relação de emprego, muito embora não tenha quanto a esse ponto específico se manifestado abertamente. É bastante observar que, se há, segundo tal decisão, uma obrigação de que as dispensas coletivas se deem mediante prévia negociação, é evidente que há um itinerário processual a ser cumprido pelo empregador, homenageando-se o devido processo legal, inclusive em relação à necessidade de motivação, vez que na negociação todas as hipóteses serão levantadas, podendo o Judiciário analisar posteriormente se a despedida foi arbitrária ou não.

Melhor dizendo, o Estado poderá analisar os *motivos* que levaram a livre-iniciativa a romper com a contratação, retirando o posto de trabalho de diversos cidadãos, de forma arrazoada ou temerária e se o direito *ao* trabalho e a valorização deste foram levados em conta no ato resilitório.

A tal conclusão o TST chegou com base no "dano social" causado pela despedida em massa, embora ignore que na despedida individual também existe o aludido dano, que se revela de forma solitária, mas não menos nefasto.

O Estado comprometido com a Democracia no ambiente laboral não pode mais continuar compactuando com o suposto direito potestativo de se decidir com arbítrio. De nada adianta estabelecer valores no Texto Constitucional e não observá-los, firmar posição no sentido de vedação ao retrocesso, quando a interpretação do TST ao derredor do art. 7º, I, da Constituição Federal permite uma situação para o empregado sequer observada quando o Brasil era um Estado totalitário. Houve claramente uma involução.

As soluções para a aporia apresentada são diversas, desde a mais simples, já denunciada ao longo deste trabalho, apontando para a melhor — senão a mais evidente — interpretação do art. 7º, I, da Constituição, segundo a qual tal dispositivo é direito de liberdade e, como tal, deve ser interpretado tendo-se a sua mais alta eficácia, passando pela eficácia plena da primeira parte do Texto Constitucional analisado, possuindo a segunda parte baixa eficácia normativa, até se chegar à eficácia do devido processo legal na relação de emprego, sendo o dever motivacional uma de suas peculiaridades.

5. Desnecessidade de lei complementar para regulamentar o art. 7º da CRFB/88

Questão necessária a ser resolvida diz respeito à Lei Complementar a que se refere o art. 7º, I, do Texto Constitucional. Ora, se o referido dispositivo legal já contempla plenamente a proteção contra a despedida arbitrária, proibindo, portanto, a denúncia contratual de forma vazia, força é concluir que se o Estado-Legislador houver por bem regulamentar a matéria, jamais deverá fazê-lo no sentido de permitir tal forma de despedida, pois, assim procedendo, estará se afastando da vinculação objetiva aos Direitos Fundamentais.

Frise-se, inclusive, que há uma ordem direta presente na Constituição, para que o Legislador atue no sentido de proteger e não de desproteger a relação de emprego e, assim sendo, não poderá acolher a tese de direito potestativo à despedida sem apresentação de motivos.

A citada Lei Complementar é também desnecessária pelo fato de a primeira parte do dispositivo constitucional conter *dever protetivo* diretamente dirigido ao empregador, ente privado por excelência, vinculado a todos os Direitos Fundamentais de forma direta.

Ainda que assim não se pense, a própria tese de eficácia indireta dos Direitos Fundamentais nas relações privadas admite como correta a penetração desses Direitos nas indigitadas pactuações, desde que por meio dos conceitos jurídicos indeterminados, como a boa-fé contratual e esta, conforme visto, pressupõe o próprio dever de informação.

Nesse passo, diante da insuficiência do Estado-Legislador, o Estado-juiz possui papel importantíssimo, pois deve interpretar o Direito segundo uma de suas funções, que é a proibição do arbítrio, e as soluções apontadas são apenas algumas dentre tantas apenas no sentido hermenêutico, sem se questionar acerca da invasão de um "Poder" na competência do outro. Não se propõe qualquer revolução, elaboração de norma pelo Poder Judiciário ou algo equivalente, mas, tão somente, que este cumpra o seu papel: interpretar a Constituição de modo a lhe dar melhor eficácia.

Recentemente, especificamente no dia 6.2.2013, o Supremo Tribunal Federal, julgando o Mandado de Injunção n. 943, decidiu, *por unanimidade de votos*, que a regra sobre o pagamento de aviso-prévio proporcional, estabelecida pela Lei n. 12.506, de 11 de outubro de 2011, deve ser aplicada em relação aos outros MIs com andamento na Corte, mas com julgamento suspenso. É dizer, a referida Lei será aplicada nos casos anteriores ao seu advento, resolvendo o Poder Judiciário suprir a omissão legislativa.

A decisão aludida serve como norte para o tema objeto deste trabalho, pois se a Corte Maior já resolveu que, não obstante a carência de norma específica sobre o aviso-prévio proporcional, este instituto deve ser utilizado de acordo com os parâmetros traçados somente com o advento da Lei n. 12.506/11, suprindo a lacuna legal, o mesmo raciocínio deve ser utilizado para a proteção presente no art. 7º, I, da CRFB/88, já que a Legislação infraconstitucional já define o que vem a ser a despedida arbitrária.

6. Os motivos econômico, técnico, disciplinar e financeiro

Já se disse que o empregado, diante do dever motivacional ao qual está o empregador atrelado, somente poderá ser despedido com a apresentação de um motivo não arbitrário, assim entendido como o fundado em razão técnica, econômica, disciplinar ou financeira, como preconiza o art. 165 da CLT.

O motivo disciplinar já tem previsão na própria CLT, que em seu art. 482 elenca o rol de condutas que, uma vez praticadas pelo empregado[426], justificam a resilição contratual. A razão disciplinar é a única, dentre as dispostas no referido art. 165, que diz respeito efetivamente à conduta praticada pelo empregado[427], é dizer, é o único motivo realmente subjetivo apontado pela Lei como apto a ensejar a quebra contratual.

---

(426) Além de outras condutas, igualmente previstas na CLT, que justificam a dispensa do menor aprendiz, como as preconizadas no art. 433, incisos I a III.

(427) Esse também é o entendimento de Nascimento, que assegura ser o motivo disciplinar "aquele que diz respeito à conduta do empregado no cumprimento das suas obrigações perante o empregador, compreendendo, em sentido amplo, as figuras da justa causa previstas na legislação e não apenas o descumprimento de ordens gerais de serviço" (NASCIMENTO, Amauri Mascaro. *Direito do trabalho na Constituição de 1988*. São Paulo: Saraiva, 1991. p. 55).

Regramento semelhante é previsto no art. 1º (§ 1º) da Lei alemã de proteção contra a despedida, considerando sem eficácia a dispensa não justificada em motivo ponderoso socialmente, assim entendido como o atinente à pessoa ou à conduta do trabalhador.

De acordo com o art. 55.3 do Estatuto dos Trabalhadores, a despedida do empregado é considerada procedente quando este pratica falta disciplinar.

Já os motivos técnicos, econômicos ou financeiros são ligados à empresa ou estabelecimento, objetivamente.

Não se encontra facilmente na doutrina a definição do que vem a ser motivo técnico, econômico e financeiro, arriscando-se Cardone ao afiançar que todas essas razões são ligadas ao "desempenho micro ou macroeconômico da empresa, a técnica por ela utilizada que eventualmente deva ser modernizada (robotizada)". Todavia, prossegue a autora: "para que a empresa alegue a necessidade de dispensar um ou mais empregados, fundada naqueles motivos, é preciso que a dispensa seja condição para sua sobrevivência ou não comprometimento do seu progresso"[428].

Para Antônio Álvares da Silva[429], motivos econômicos "dizem respeito à produção e produtividade dos bens e serviços que constituem o objeto da atividade empresarial e os motivos financeiros pertinem aos meios necessários (geralmente capital e demais meios materiais e imateriais) para a execução daqueles fins".

No dizer de Amauri Mascaro Nascimento, motivo técnico "é aquele que se relaciona com a organização e a atividade empresarial, como a supressão necessária de seção ou de estabelecimento". Por seu turno, motivo econômico ou financeiro "coincide com a força maior que atinge a empresa para torná-la insolvente em suas obrigações negociais"[430].

Seguindo as diretrizes apresentadas pela doutrina citada, é possível concluir que o motivo econômico ou financeiro está atrelado às mudanças na política financeira ou econômica do próprio mercado empresarial, a exemplo da proibição de determinadas atividades (consórcio e importação de veículos, como se observou na década de noventa), ou a limitação destas, tornando inviável que a empresa prossiga de forma saudável sem que haja supressão de alguns postos de trabalho. Já as causas técnicas ligam-se diretamente a não adaptação do trabalhador ao novo método ou modo de

---
(428) CARDONE, Marly A. *Advocacia trabalhista*. São Paulo: Saraiva, 1972. p. 1313.
(429) *Op. cit.*, p. 256.
(430) *Op. cit.*, p. 55.

se trabalhar dentro da empresa, como a mudança empresarial implantando alta tecnologia, informatizando setores etc.

Vale lembrar, no entanto, que todas as alterações nas atividades empresariais capazes de afetar diretamente a atividade do empregado, alterando o seu modo de trabalho, devem ser sucedidas de um período para adaptação do obreiro, ao longo do qual este deverá ser treinado ou, até, adaptado a outra atividade para a qual igualmente possua habilidade.

7. CONSEQUÊNCIAS DA DESPEDIDA SEM MOTIVAÇÃO

Já se disse quase à exaustão que o ato demissionário vazio é antijurídico e, portanto, rejeitado pela ordem jurídica brasileira, que institui a proteção em face da despedida arbitrária. Assim, se a despedida não restar embasada em justa causa, como determina o art. 482 da CLT, deverá ser, necessariamente, fundamentada em algum motivo, sendo certo que, se assim não for, o ato será arbitrário.

O art. 7º, I, do Texto Constitucional faz referência à indenização, ainda sem previsão em Lei Complementar, mas o art. 10, inciso I, do ADCT igualmente prevê indenização para a dispensa *sem justa causa*, pois o ato resilitório arbitrário é proibido pela Lei Maior, ensejando a nulidade do ato e retorno das coisas ao *status quo ante*, seguindo a regra secular estabelecida pela Teoria Geral civilista.

Ou seja, o empregado dispensado sem qualquer apresentação dos motivos indicados no art. 165 da CLT deve ser reintegrado ao emprego, mas, não sendo isso possível, poderá o Magistrado fixar indenização compensatória.

Nesse trilhar, a ordem jurídica pátria prevê quatro hipóteses de dispensa: i) arbitrária, ou sem qualquer motivação, sendo possível, nesse caso, a reintegração do trabalhador ao emprego, sem prejuízo da indenização a que se refere a Constituição; ii) motivada, mas sem justa causa, passível de indenização compensatória, já prevista no art. 10, I, do ADCT; iii) por justa causa, que não comporta indenização; iv) discriminatória, redundando na nulidade do ato, com a possibilidade de reintegração e indenização.

A solução pela reintegração em havendo despedida sem motivação pode parecer vanguardista demais, mas não se pode perder de vista que o próprio *caput* do art. 7º do Texto Constitucional indica o caminho, pois, se o inciso I prevê como consequência do ato resilitório arbitrário a indenização, a "cabeça" do dispositivo constitucional assegura "outros direitos" que visem à melhoria da condição social do trabalhador e a possibilidade de reintegração, sem dúvida, preza pela conservação do empregado ao posto de trabalho, enaltecendo o direito social e subjetivo *ao* trabalho.

Infelizmente essa não parece ser a diretriz interpretativa seguida pela doutrina "majoritária" e, certamente, mais ortodoxa, que finca pé na conclusão segundo a qual se a Constituição manda a lei complementar prever indenização compensatória, "implicitamente exclui a estabilidade como regra geral (só a admite nas hipóteses taxativamente enumeradas), e, em consequência, a referida lei complementar não poderá prever a reintegração entre 'outros direitos'"[431].

A solução utilitarista estabelecida *provisoriamente* pelo ADCT não pode ser entrave para o fim maior que é a manutenção do emprego, almejado pelo dispositivo constitucional que protege do empregado contra a despedida arbitrária.

Se é certo afirmar que o empregado arbitrariamente despedido tem direito a retornar ao trabalho, não menos certo é afirmar que, utilizando-se a regra dos arts. 495 e 496 da CLT, o Magistrado trabalhista poderá, "dado o grau de incompatibilidade resultante do dissídio", condenar o empregador a pagar indenização compensatória.

Nesse particular, as normas civis ou trabalhistas não trazem parâmetro de tarifação da indenização[432], sendo usual a utilização da técnica do arbitramento quando "inexistem elementos objetivos para a liquidação do julgado"[433], sempre com atenção para a "extensão do dano"[434], expediente largamente utilizado na seara trabalhista para a fixação de indenizações por danos pessoais e que pode igualmente ser manejada para o arbitramento pela despedida sem motivação.

8. SUGESTÕES ÀS RESTRIÇÕES AO DEVER DE MOTIVAR

O Código Civil italiano, de 1942, em seu art. 2.119, tinha como regra geral a despedida sem apresentação de motivos, ou *ad nutum*, regramento

---

(431) ROMITA, Arion Sayão. Proteção contra a despedida arbitrária. *In:* CARRION, Valentin (dir.). *Trabalho & Processo, Revista Jurídica Trimestral*, São Paulo: Saraiva, n. 1, p. 3-35, jul. 1994.
(432) Muito embora a Súmula n. 389, II, do C. TST fixe indenização correspondente ao número de parcelas do seguro-desemprego.
(433) GAGLIANO, Pablo Stolze; PAMPLONA FILHO, Rodolfo. *Novo curso de direito civil*: responsabilidade civil. 10. ed. São Paulo: Saraiva, 2012. p. 407.
(434) CC, art. 944.

que dava a possibilidade de qualquer dos contratantes resilir o contrato de trabalho por tempo indeterminado, gerando como única obrigação mútua o aviso-prévio.

O modelo francamente liberal adotado pela Itália somente foi alterado pela Lei n. 605, de 15 de julho de 1966, que "transformou a despedida de decisão livre em ato causal"[435], prevendo em seu art. 1º que o empregador somente poderá despedir o empregado por motivo justificado, assim entendido como o notável inadimplemento das obrigações contratuais por parte do obreiro ou por razões inerentes à atividade produtiva.

Tais limitações, segundo o art. 35 da Lei n. 300, de 1970, somente são impostas às empresas comerciais ou industriais com número mínimo de quinze empregados, ou mais de cinco empregados, quando a empresa for agrícola.

As possibilidades de despedida *ad nutum* foram, em 5 de maio de 1990, ampliadas pela Lei n. 108, que passou a prever tal possibilidade quando a relação de emprego for doméstica, ou o trabalhador contar com mais de 60 anos — pois estes já podem se aposentar — e os *dirigenti* (trabalhadores de altos cargos e cargos de confiança).

O modelo apresentado na Itália atende à razoabilidade em todas as hipóteses. A empresa com poucos empregados, ou microempresa, não pode ser tratada da mesma forma que uma grande empresa, até porque normalmente aquela entidade produtiva detém forte relação pessoal com o empregado, tornando, no mais das vezes, inviável a reintegração.

O mesmo argumento pode ser utilizado para a relação de emprego doméstica, que, segundo se defende, não comporta o dever motivacional da despedida e, consequentemente, a reintegração, tendo-se que nesse tipo de relação há grande proximidade entre as partes contratantes, inviabilizando, assim, a proteção a que se refere o art. 7º, I, do Texto Constitucional.

A limitação ao dever motivacional da despedida ainda é encontrada no art. 2º.2 da Convenção n. 158 da OIT, dispondo que todo Membro poderá prever exceções ao aludido dever, quando o contrato de trabalho for: de duração determinada, para realizar alguma tarefa, ou de experiência e ainda assim quando os trabalhadores hajam sido contratados em caráter ocasional durante um período de curta duração.

CONCLUSÕES

Diante das ponderações feitas ao longo deste estudo, são possíveis as seguintes conclusões:

1. A proteção do empregado em face da despedida arbitrária é Direito Fundamental do cidadão-trabalhador, que não pode ser descartado da relação de emprego sem que o empregador apresente um motivo não arbitrário para o ato de denúncia, assim entendido como uma das razões previstas no art. 165 da CLT.

2. O art. 5º, § 1º, da Constituição Federal de 1988 possui natureza principiológica e, como tal, deve ser tido na sua máxima medida, como mandamento de otimização, sempre estimulando a eficácia de todos os Direitos Fundamentais, tidos modernamente como valores, que se irradiam para todas as relações sociais e todos os setores estatais, estimulando, inclusive, que o próprio estado cumpra o seu dever de proteção.

3. O art. 7º, I, do Texto Constitucional, em sua primeira parte, é plenamente eficaz, limitando o exercício da livre-iniciativa, que não deverá agir de maneira despótica, e também do Estado-Legislador, uma vez que este não poderá legislar no sentido contrário à proteção contra a despedida arbitrária. É dizer, mesmo que seja elaborada a Lei Complementar a que se refere o dispositivo constitucional, ainda assim, esta não poderá ser no sentido da des-

proteção, impossibilitando-se que o empregador possa despedir sem qualquer motivação.

4. A segunda parte do art. 7º, I, da Carta Política de 1988 possui baixa densidade normativa, o que não impede a conclusão a que se chegou no item anterior, tendo-se que o Legislador tratará, por meio de Lei Complementar, eminentemente, sobre a possibilidade de indenização em caso de dispensa arbitrária.

5. O referido artigo constitucional é, na verdade, uma liberdade social, não se submetendo às argumentações em torno da reserva do possível.

6. Todos os titulares de direitos fundamentais, inclusive o trabalhador, possuem em face do Estado um direito a que este os proteja contra intervenções de terceiros e, nesse passo, o Estado-Legislador, bem como o Estado-Juiz têm se mostrado insuficientes, diante da ausência de Lei protegendo especificamente o empregado em face da despedida sem motivação, modelo repetido pelo Poder Judiciário, que segue acreditando no suposto direito potestativo de o empregador denunciar o contrato de emprego de forma vazia.

8. Agindo de forma insuficiente, o Estado está ofendendo o princípio da proporcionalidade.

9. Os Direitos Fundamentais, assim entendidos segundo a concepção objetiva, penetram diretamente nas relações privadas e, principalmente, nas relações de emprego, extremamente eivadas de poder social, unilateralmente concentrado nas mãos do empregador.

10. O dever de motivação, antes de decorrer diretamente de um direito social libertário, deriva da própria cláusula do devido processo legal, que, na relação de emprego, se constitui como direito laboral inespecífico, nesta penetrando incisivamente, limitando a autonomia privada, que deve sempre se guiar pela vedação ao arbítrio.

11. Sendo carente de motivação, o ato resilitório é arbitrário e a nulidade é a sua consequência, impondo-se o retorno das coisas

ao estado anterior. Assim, a reintegração ao emprego se impõe e, não sendo isso possível, segundo o crivo do Juiz trabalhista, possível é a condenação do empregador à indenização compensatória, devidamente arbitrada segundo os critérios já utilizados na praxe judicial para a fixação de indenização por danos pessoais.

REFERÊNCIAS

ABRAMOVICH, Victor; COURTIS, Christian. *Direitos sociais são exigíveis*. Tradução de Luis Carlos Stephanov. Porto Alegre: Dom Quixote, 2011.

ABRANTES, José João. *Contrato de trabalho e direitos fundamentais*. Coimbra: Coimbra, 2005.

AGRA, Walber de Moura. A legitimação da jurisdição constitucional pelos direitos fundamentais. *In:* AGRA, Walber de Moura; CASTRO, Celso Luiz Brada de; TAVARES, André Ramos (coords.). *Constitucionalismo:* os desafios no terceiro milênio. Belo Horizonte: Fórum, 2008.

ALEXY, Robert. *Teoria dos direitos fundamentais*. Tradução de Virgílio Afonso da Silva. São Paulo: Malheiros, 2008.

ALMEIDA, Renato Rua de. Os direitos laborais inespecíficos dos trabalhadores. *In:* ALMEIDA, Renato Rua de (coord.); SUPIONI JUNIOR, Claudimir; SOBRAL, Jeana Silva (orgs.). *Direitos laborais inespecíficos:* os direitos gerais de cidadania na relação de trabalho. São Paulo: LTr, 2012.

AMARAL, Gustavo. *Direito, escassez & escolha:* critérios jurídicos para lidar com a escassez de recursos e as decisões trágicas. 2. ed. Rio de Janeiro: Renovar, 2010.

AMARAL, Júlio Ricardo de Paula. Os direitos fundamentais e a constitucionalização do direito do trabalho. *Revista do TRT — 9ª Região*, Curitiba ano 35, n. 65, jul./dez. 2010.

ANDRADE, José Carlos Vieira de. *Os direitos fundamentais na Constituição portuguesa de 1976*. 4. ed. Coimbra: Almedina, 2009.

AROUCA, José Carlos. A garantia de emprego vinte anos após. *In:* MONTESSO, Cláudio José; FREITAS, Marco Antônio de; STERN, Maria de Fátima Coêlho Borges (orgs.). *Direitos sociais na Constituição de 1988:* uma análise crítica vinte anos depois. São Paulo: LTr, 2008.

ÁVILA, Humberto. *Teoria dos princípios:* da definição à aplicação dos princípios jurídicos. 12. ed. São Paulo: Malheiros, 2011.

BALTAZAR JÚNIOR, José Paulo. *Crime organizado e proibição de insuficiência*. Porto Alegre: Livraria do Advogado, 2010.

BARROS, Alice Monteiro de. *Curso de direito do trabalho*. 2. ed. São Paulo: LTr, 2006.

BARROSO, Luís Roberto. *Curso de direito constitucional contemporâneo*. 3. ed. São Paulo: Saraiva, 2011.

_____ . *Interpretação e aplicação da constituição*. 5. ed. São Paulo: Saraiva, 2003.

BAUMAN, Zygmunt. *Medo líquido*. Rio de Janeiro: Zahar, 2008.

BAYLOS, Antonio. *Direito do trabalho:* modelo para armar. Tradução de Flávio Benites e Cristina Schultz, São Paulo: LTr, 1999.

BAYLOS GRAU, Antonio; REY, Joaquim Pérez. *A dispensa ou violência do poder privado*. Tradução de Luciana Caplan. São Paulo: LTr, 2009.

BOBBIO, Norberto. *A era dos direitos*. Rio de Janeiro: Elsevier, 2004.

BOBBIO, Norberto. *Liberalismo e democracia*. São Paulo: Brasiliense, 2011.

BONAVIDES, Paulo. *Curso de direito constitucional*. 23. ed. São Paulo: Malheiros, 2008.

_____ . *Do estado liberal ao estado social*. 10. ed. São Paulo: Malheiros, 2011.

BRAGA, Paula Sarno. *Direitos fundamentais como limites à autonomia privada*. Salvador: JusPodivm, 2008.

BRASIL. Supremo Tribunal Federal. Constitucional. *Recurso Ordinário n. 201.819*, da 2ª Turma do Supremo Tribunal Federal. Relatora: Ministra Ellen Gracie. Brasília, 11 de outubro de 2005. Disponível em: <www.stf.gov.br>. Acesso em: 4.1.2015.

CAMPANHOLE, Adriano; CAMPANHOLE, Hilton Lobo. *Todas as constituições do Brasil*. São Paulo: Atlas, 1971.

CANARIS, Claus-Wilhem. A influência dos direitos fundamentais sobre o direito privado na Alemanha. Tradução de Peter Naumann. *In:* SARLET, Ingo Wolfgang (org.). *Constituição, direitos fundamentais e direito privado*. Porto Alegre: Livraria do Advogado, 2003.

CANOTILHO, J. J. Gomes. *Direito constitucional e teoria da constituição*. 5. ed. Coimbra: Almedina, 2002.

CARDONE, Marly A. *Advocacia trabalhista*. São Paulo: Saraiva, 1972.

CARMO, Paulo Sérgio do. *A ideologia do trabalho*. São Paulo: Moderna, 1993.

CARVALHO, Weliton. Despedida arbitrária — concretização à espera do STF. *Revista LTr*, v. 74, n. 8, p. 74-08/947-08/954, ago. 2010.

CATHARINO, José Martins. *Em defesa da estabilidade*: despedida x estabilidade. São Paulo: LTr, 1968.

CAVALCANTE, Ricardo Tenório. *Jurisdição, direitos sociais e proteção do trabalhador.* Porto Alegre: Livraria do Advogado, 2008.

CENEVIVA, Walter. *Direito constitucional brasileiro.* 3. ed. São Paulo: Saraiva, 2003.

CHIARELLI, Carlos Alberto Gomes. *Trabalho na constituição.* São Paulo: LTr, 1989.

COMPARATO, Fábio Konder. *A afirmação histórica dos direitos humanos.* São Paulo: Saraiva, 2004.

COUTINHO, Aldacy Rachid. A autonomia privada: em busca da defesa dos direitos fundamentais dos trabalhadores. In: SARLET, Ingo Wolfgang (org.). *Constituição, direitos fundamentais e direito privado.* Porto Alegre: Livraria do Advogado, 2003.

DALLARI, Dalmo de Abreu. *Elementos de teoria geral do estado.* São Paulo: Saraiva, 1994.

_____. *O poder dos juízes.* São Paulo: Saraiva, 1996.

DELGADO, Gabriela Neves. *Direito fundamental ao trabalho digno.* São Paulo: LTr, 2006.

DELGADO, Mauricio Godinho. *Curso de direito do trabalho.* São Paulo: LTr, 2012.

_____. *Introdução ao direito do trabalho:* relações de trabalho e relação de emprego. 2. ed. São Paulo: LTr, 1999.

DIAS, Maria Beatriz Ribeiro. Direito à informação no direito do trabalho. *In:* ALMEIDA, Renato Rua de (coord.); SUPIONI JUNIOR, Claudimir; SOBRAL, Jeana Silva (orgs.). *Direitos laborais inespecíficos:* os direitos gerais de cidadania na relação de trabalho. São Paulo: LTr, 2012.

DIDIER JR., Fredie. *Curso de direito processual civil:* teoria geral e processo de conhecimento. 6. ed. Salvador: JusPodivm, 2006. v. I.

DINAMARCO, Cândido Rangel. *A instrumentalidade do processo.* 9. ed. São Paulo: Malheiros, 2001.

DÜRIG, Günter. Direitos fundamentais e jurisdição civil. Tradução de Luís Afonso Heck. In: HECK, Luiz Afonso (org.). *Direitos fundamentais e direito privado*: textos clássicos. Porto Alegre: Sergio Antonio Fabris, 2011.

DWORKIN, Ronald. *Levando os direitos a sério.* São Paulo: Martins Fontes, 2011.

ESCUDERO RODRÍGUEZ, Ricardo (coord.); BRAVO FERRER, Miguel Rodríguez-Piñero y. *El poder de dirección del empresario:* nuevas perspectivas. Madrid: La Ley, 2005.

FERNANDEZ, Leandro. O direito diretivo: a necessária revisão da dogmática acerca dos poderes do empregador à luz da teoria dos direitos fundamentais. *Revista Trabalhista Direito e Processo*, n. 41, São Paulo: LTr, p. 92-116, jun. 2012.

FERREIRA FILHO, Manoel Gonçalves. *Direitos humanos fundamentais.* São Paulo: Saraiva, 2004.

GAGLIANO, Pablo Stolze; PAMPLONA FILHO, Rodolfo. *Novo curso de direito civil*: responsabilidade civil. 10. ed. São Paulo: Saraiva, 2012.

GAMORAL, C. Sérgio. *Cidadania na empresa e eficácia diagonal dos direitos fundamentais*. São Paulo: LTr, 2011.

GIL Y GIL, José Luis. *Principio de la buena fe y poderes del empresario*. Sevilla: Mergablum, 2003.

GOMES, Fábio Rodrigues. *Direito fundamental ao trabalho*: perspectivas histórica, filosófica e dogmático-analítica. Rio de Janeiro: Lumen Juris, 2008.

GOMES, José Joaquim Barbosa. *Ação afirmativa e princípio constitucional da igualdade*: o direito como instrumento de transformação social — a experiência dos EUA. Rio de Janeiro: Renovar, 2001.

GRAU, Eros Roberto. *A ordem econômica na Constituição de 1988*. 15. ed. São Paulo: Malheiros, 2012.

HABERMAS, Jügen. *Direito e democracia:* entre facticidade e validade. Tradução de Flávio Breno Siebeneichler. Rio de Janeiro: Biblioteca Tempo Universitário 101, 2003. v. I.

HASSON, Roland. *Desemprego & desproteção*. Curitiba: Juruá, 2006.

HENRIQUE, Virgínia Leite. Dispensa arbitrária ou sem justa causa. *In:* SCHWARZ, Rodrigo Garcia (org.). *Dicionário*: direito do trabalho, direito processual do trabalho, direito previdenciário. São Paulo: LTr, 2012.

HESSE, Konrad. *A força normativa da constituição*. Tradução de Gilmar Ferreira Mendes. Porto Alegre: Sergio Antonio Fabris, 1991.

IBARRECHE, Rafael Sastre. *El derecho al trabajo*. Madrid: Trotta, 1996.

LEITE, Carlos Henrique Bezerra. Eficácia horizontal dos direitos fundamentais na relação de emprego. *Revista Brasileira de Direito Constitucional*, n. 17, p. 33-45, jan./jun. 2011.

LIMA, Francisco Meton Marques de. A "pejutização" do contrato de trabalho — retorno ao princípio da autonomia da vontade — Lei n. 11.196/05. *Revista LTr*, São Paulo, v. 71, n. 6, p. 6/689-06/704, jul. 2007.

LUÑO, Pérez. *Los derechos fundamentales*. Madrid: Tecnos, 1984.

MAC CROIE, Benedita Ferreira da Silva. *A vinculação dos particulares aos direitos fundamentais*. Coimbra: Almedina, 2005.

MACHADO, Martha de Toledo. *Proibições de excesso e proteção insuficiente no direito penal*: a hipótese dos crimes sexuais contra crianças e adolescentes. São Paulo: Verbatim, 2008.

MACIEL, José Alberto Couto. *Garantia no emprego já em vigor*. São Paulo: LTr, 1994.

MANNRICH, Nelson. *Dispensa coletiva*: da liberdade contratual à responsabilidade social. São Paulo: LTr, 2000.

MARINONI, Luiz Guilherme. *Novas linhas do processo civil*. 4. ed. São Paulo: Malheiros, 2000.

MARTINEZ, Luciano. *Condutas antissindicais*. São Paulo: Saraiva, 2013.

MARTINS, Nei Frederico Cano. *Estabilidade provisória no emprego*. São Paulo: LTr, 1995.

MARTINS-COSTA, Judith. *A boa-fé no direito privado*: sistema e tópica no processo obrigacional. São Paulo: Revista dos Tribunais, 1999.

MEIRELES, Edilton. *A constituição do trabalho*. São Paulo: LTr, 2012.

_____ . *Abuso de direito na relação de emprego*. São Paulo: LTr, 2005.

MELHADO, Reginaldo. *Poder e sujeição*: os fundamentos da relação de poder entre capital e trabalho e o conceito de subordinação. São Paulo: LTr, 2003.

MELLO, Celso Antônio Bandeira de. *Eficácia das normas constitucionais e direitos sociais*. 1. ed. 3. tir. São Paulo: Malheiros, 2011.

MENDES, Gilmar Ferreira e outros. *Curso de direito constitucional*. 2. ed. São Paulo: Saraiva, 2008.

MINAS GERAIS. Tribunal de Alçada do Estado de Minas Gerais. Constitucional. *Apelação Cível n. 2.0000.00.480020-4/000(1)*, da 5ª Câmara Cível do Tribunal de Alçada do Estado de Minas Gerais. Relator: Desembargador Elpídio Donizetti. Belo Horizonte, 16 de março de 2005. Disponível em: <http://www.tjmg.gov.br>. Acesso em: 4.1.2015.

MIRANDA, Jorge. *Manual de direito constitucional*. 2. ed. Coimbra: Coimbra, 1993. t. IV

MONEREO PÉREZ, José Luiz. *Derechos sociales de la cidadanía y ordenamiento laboral*. Madrid: CES, 1996.

MONTESQUIEIU. *O espírito das leis*. 7. ed. São Paulo: Saraiva, 2000.

MORAES, Alexandre de. *Direito constitucional*. 20. ed. São Paulo: Atlas, 2006.

MOREIRA, Alinie da Matta. *As restrições em torno da reserva do possível*. Belo Horizonte: Fórum, 2011.

NASCIMENTO, Amauri Mascaro. *Direito do trabalho na Constituição de 1988*. São Paulo: Saraiva, 1991.

NERY JÚNIOR, Nelson. *Princípios do processo civil na constituição federal*. 7. ed. São Paulo: Revista dos Tribunais, 2002.

NIPPERDEY, Hans Carl. Direitos fundamentais e direito privado. Tradução de Waldir Alves. In: HECK, Luiz Afonso (org.). *Direitos fundamentais e direito privado*: textos clássicos. Porto Alegre: Sergio Antonio Fabris, 2011.

NOVAIS, Jorge Reis. *Direitos sociais:* teoria jurídica dos direitos sociais enquanto direitos fundamentais. Coimbra: Coimbra, 2010.

PAMPLONA FILHO, Rodolfo M. V.; PAMPLONA, Danielle Anne.Manifestando-se sobre a constitucionalidade e compatibilidade da Convenção n. 158 da OIT com o sistema de proteção à relação de emprego previsto na Constituição. *Revista Ciência Jurídica*, Belo Horizonte: Nova Alvorada, ano XII, v. 76, p. 403-411, jul./ago. 1997.

PANCOTTI, José Antônio. Aspectos jurídicos das dispensas coletivas no Brasil. *Revista LTr*, v. 74, n. 5, p. 5/529-05/541, maio 2010.

PARIZ, Ângelo Aurélio Gonçalves. *O princípio do devido processo legal:* direito fundamental do cidadão. Coimbra: Almedina, 2009.

PLÁ RODRIGUEZ, Américo. *Princípios de direito do trabalho.* 3. ed. São Paulo: LTr, 2000.

PEREIRA, Ruitemberg Nunes. *O princípio do devido processo legal substantivo.* Rio de Janeiro: Renovar, 2005.

PORTO, Lorena Vasconcelos. *A subordinação no contrato de trabalho:* uma releitura necessária. São Paulo: LTr, 2009.

PORTO, Noemia. Despedir sem fundamentar é um direito do empregador? *Revista Trabalhista Direito e Processo*, São Paulo: LTr, n. 39, p. 68-83, nov. 2011.

QUEIROZ JÚNIOR, Hermano. *Os direitos fundamentais dos trabalhadores na Constituição de 1988.* São Paulo: LTr, 2006.

QUEIROZ, Cristina M. M. *Direitos fundamentais sociais*: funções, âmbito, conteúdo, questões interpretativas e problemas de justiciabilidade. Coimbra: Coimbra, 2002.

_____ . *Direito constitucional:* as instituições do estado democrático e constitucional. São Paulo: RT, 2009.

RIO GRANDE DO SUL. Tribunal de Justiça do Rio Grande do Sul. Constitucional. *Apelação Cível n. 70002714095*, da 11ª Câmara Cível do Tribunal de Justiça do Rio Grande do Sul. Relator: Desembargador Luiz Ary Vessini de Lima. Porto Alegre, 31.10.2002. Disponível em: <http://www.tj.rs.gov.br>. Acesso em: 4.1.2015.

_____ . Tribunal de Justiça do Rio Grande do Sul. Constitucional. *Apelação Cível n. 216167*. Relator: Desembargador Carlos Adilson Silva. Porto Alegre, 27.8.2009. Disponível em: <http://www.tj.rs.gov.br>. Acesso em: 4.1.2015.

ROCHA, Andrea Presas. A eficácia dos direitos de cidadania nas relações de emprego — em defesa de uma eficácia direta. *In:* ALMEIDA, Renato Rua de (coord.); CALVO, Adriana; ROCHA, Andrea Presas (orgs.). *Direitos fundamentais aplicados ao direito do trabalho.* São Paulo: LTr, 2010.

ROCHA, Carmem Lúcia Antunes. Devido processo legal. *Revista de Informação Legislativa*, ano 34, n. 136, 1997.

ROMITA, Arion Sayão. *Direitos fundamentais nas relações de trabalho*. São Paulo: LTr, 2005.

_____ . Proteção contra a despedida arbitrária. *In:* CARRION, Valentin (dir.). *Revista Jurídica Trimestral Trabalho & Processo*, São Paulo: Saraiva, n. 1, p. 3-35, jul. 1994.

_____ . *Proscrição da despedida arbitrária*. São Paulo: LTr, 2011.

RUSSOMANO, Mozart Victor. *Curso de direito do trabalho*. 4. ed. Curitiba: Juruá, 1991.

_____ . *A estabilidade do trabalhador na empresa*. Rio de Janeiro: José Konfino, 1970.

SANSEVERINO, Riva. *Curso de direito do trabalho*. Tradução de Elson Gottschalk. São Paulo: LTr, 1976.

SÃO PAULO. Tribunal de Justiça de São Paulo. *Apelação Cível n. 0150356-03.2006.8.26.0000*, 8ª Câmara de Direito Privado. Relator: Luiz Ambra. São Paulo, 4.7.2011. Disponível em: <http://www.jusbrasil.com.br/jurisprudencia/19978391/apelacao-apl-150356032006826000-sp-0150356-0320068260000-tjsp>. Acesso em: 4.1.2015.

SARLET, Ingo Wolfgang. *A eficácia dos direitos fundamentais:* uma teoria geral dos direitos fundamentais na perspectiva constitucional. 10. ed. Porto Alegre: Livraria do Advogado, 2009.

_____ . *Constituição e proporcionalidade:* o direito penal e os direitos fundamentais entre proibição de excesso e de insuficiência. Disponível em: <http://www.mundojuridico.adv.br>. Acesso em: 4.1.2015.

_____ . Os direitos fundamentais sociais na Constituição de 1988. *Revista Diálogo Jurídico*, Salvador: CAJ, n. 1, abr. 2001.

SARMENTO, Daniel. *A ponderação de interesses na constituição federal*. 1. ed. Rio de Janeiro: Lumen Juris, 2005.

_____ . *Direitos fundamentais e relações privadas*. 2. ed. Rio de Janeiro: Lumen Juris, 2006.

SCHWABE, Jürgen. O chamado efeito perante terceiros dos direitos fundamentais para a influência dos direitos fundamentais no tráfego do direito privado. Tradução e resumo de José Roberto Ludwig. *In:* HECK, Luís Afonso (org.). *Direitos fundamentais e direito privado*: textos clássicos. Porto Alegre: Sergio Antonio Fabris, 2011.

_____ . *Cinquenta anos de jurisprudência do tribunal constitucional federal alemão*. Tradução de Beatriz Hennig e outros. Montevideo: Konrad Adenauer Stiftung, 2005.

SEVERO, Valdete Souto. *O dever de motivação da despedida na ordem jurídico-constitucional brasileira*. Porto Alegre: Livraria do Advogado, 2011.

SILVA NETO, Manoel Jorge e. *Curso de direito constitucional*. Rio de Janeiro: Lumen Juris, 2006.

SILVA, Antônio Álvares da. *A Convenção n. 158 da OIT*. Belo Horizonte: RTM, 1996.

_____. *Proteção conta a dispensa na nova constituição*. Belo Horizonte: Del Rey, 1991.

SILVA, Cristiane de Melo M. S. Gazola; SALADINI, Ana Paula Sefrin. Da limitação do poder de despedir — a aplicação do art. 7º, I, da Constituição Federal aos casos de despedida abusiva de empregados portadores de doenças não ocupacionais. *Revista LTr*, São Paulo, v. 74, n. 2, p. 74-02/242-74-02/250, fev. 2010.

SILVA, José Afonso da. *Aplicabilidade das normas constitucionais*. 7. ed. São Paulo: Malheiros, 2007.

_____. *Curso de direito constitucional positivo*. 25. ed. São Paulo: Malheiros, 2005.

_____. *Comentário contextual à constituição*. 8. ed. São Paulo: Malheiros, 2012.

SILVA, Virgílio Afonso da. *A constitucionalização do direito*: os direitos fundamentais nas relações entre particulares. 1. ed. São Paulo: Malheiros, 2011.

SILVEIRA, Ramais de Castro. *Estabilidade no emprego*: possível, urgente, revolucionária. Porto Alegre: Dom Quixote, 2008.

SOARES, Ricardo Maurício Freire. *O princípio da dignidade da pessoa humana*. São Paulo: Saraiva, 2010.

SOARES FILHO, José. A Convenção n. 158 da OIT e a questão relativa a constitucionalidade, em face do direito interno brasileiro. *Revista Trabalhista de Direito e Processo*, São Paulo: LTr, n. 39, p. 125-141, 2011.

SOMBRA, Thiago Luís Santos. *A eficácia dos direitos fundamentais nas relações privadas*. 2. ed. São Paulo: Atlas, 2011.

STEINMETZ, Wilson. *A vinculação dos particulares a direitos fundamentais*. São Paulo: Malheiros, 2004.

STRECK, Lênio Luiz. A dupla face do princípio da proporcionalidade: da proibição de excesso (*Übermassverbot*) à proibição de proteção insuficiente (*Untermassverbot*) ou de como não há blindagem contra normas penais inconstitucionais. *Revista da Anajuris*, ano XXXII, n. 97, p. 180, mar. 2005.

SUPIOT, ALAN. Homos juridicus. *Ensaio sobre a função antropológica do direito*. Tradução de Maria Ermantina de Almeida Prado Galvão. São Paulo: Martins Fontes, 2007.

SÜSSEKIND, Arnaldo. *Convenções da OIT*. 2. ed. São Paulo: LTr, 1998.

SÜSSEKIND, Arnaldo; MARANHÃO, Délio; VIANNA, Segadas; TEIXEIRA, Lima. *Instituições de direito do trabalho*. 18. ed. atual. por Arnaldo Süssekind e Lima Teixeira. São Paulo: LTr, 1999. v. I.

TAVARES, André Ramos. *Curso de direito constitucional*. São Paulo: Saraiva, 2003.

TEIXEIRA, Silvia Isabelle Ribeiro. O devido processo legal e o dever de motivação na despedida de empregado público. *Revista LTr*, São Paulo, n. 12, ano 76, p. 76-12-1485-1494, dez. 2012.

TORRES, Ricardo Lobo. *Os direitos humanos e a tributação:* imunidades e isonomia. Rio de Janeiro: Renovar, 1995.

UBILLOS, Juan María Bilbao. ¿Em qué medida vinculan a los particulares los derechos fundamentales? *In:* SARLET, Ingo Wolfgang (org.). *Constituição, direitos fundamentais e direito privado.* Porto Alegre: Livraria do Advogado, 2003.

VECCHI, Ipojucan Demétrius. A eficácia dos direitos fundamentais nas relações privadas: o caso da relação de emprego. *Revista do TST*, Brasília, v. 77, n. 3, p. 111-135, jul./set. 2011.

VENOSA, Sílvio de Salvo. *Direito civil:* direitos reais. 3. ed. São Paulo: Atlas, 2003.

_____ . *Direito civil:* parte geral. 3. ed. São Paulo: Atlas, 2003.

VIANA, Márcio Túlio. Os dois modos de discriminar: velhos e novos enfoques. *In:* RENAULT, Luiz Otávio Linhares; VIANA, Márcio Túlio; CANTELLI, Paula Oliveira (orgs.). *Discriminação.* 2. ed. São Paulo: LTr, 2010.

_____ . Os paradoxos da prescrição: quando o trabalhador se faz cúmplice involuntário da perda dos seus direitos. *Revista do Tribunal Regional do Trabalho 3ª Região,* Belo Horizonte, v. 47, n. 77, p. 163-172, jan./jun. 2008.

_____ . Trabalhando sem medo: alguns argumentos em defesa da Convenção n. 158 da OIT. *Revista do Tribunal Regional do Trabalho da 3ª Região*, Belo Horizonte, v. 36, n. 76, p. 235-246, jul./dez. 2007.

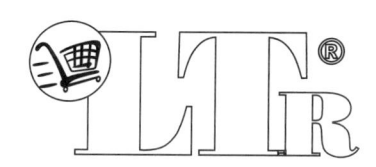

LOJA VIRTUAL
www.ltr.com.br

E-BOOKS
www.ltr.com.br